MOUNTAINS
HILLS & PEAKS

SCOTLAND

A COMPREHENSIVE
CHECKLIST OF
SUMMITS & HEIGHTS

DEFINITIONS

Arderin	Irish hill at least 500 metres high with a drop of at least 30m on all sides.
Binnion	Hill in Ireland with height below 400m and a drop of at least 100m on all sides.
Birkett	Lake District hill over 1,000ft listed in Bill Birkett's Complete Lakeland Fells.
Carn	Irish hill between 400 and 499.9m high with a drop of at least 30m on all sides.
Clem	Hill in England, Wales and the Isle of Man with a drop of 100m or at least 5km walking distance from any higher point.
Corbett	Scottish hill between 2500 and 2999 feet high with a drop of at least 500 feet (152.4m) on all sides.
Corbett Top	Scottish hill between 2500 and 2999 feet high with a drop of at least 30 metres on all sides.
County Top	The highest point within the boundary of a county.
Deleted Top	Hill that has been removed from a list.
Dewey	Hill in England, Wales and the Isle of Man at least 500m high and below 609.6m with a drop of at least 30m on all sides.

Dillon   Hill in Ireland at least 2000 feet high.

Dodd   Hill in Scotland, England, Wales, the Isle of Man and Ireland between 500m and 599.9m high with a drop of at least 30 metres on all sides.

Donald   Hill in the Scottish Lowlands at least 2000 feet high.

Fellranger   Lake District hill included in Mark Richards' Fellranger walking series.

Furth   A 3000 ft peak of the British Isles.

Graham   Scottish hil at least 600m high and below 762m (2500 feet) with a drop of at least 150 metres on all sides.

Graham Top   Scottish hill at least 600m high and below 762m (2500 feet) with a drop of at least 30 metres on all sides.

Hewitt   Hill in England, Wales and Ireland at least 2000 feet high with a drop of at least 30 metres on all sides.

Hump   The name Hump stands for Hundred Metre Prominence. A hill of any height with a drop of at least 100 metres or more on all sides.

Marilyn   A hill of any height with a drop of at least 150 metres on all sides.

Marilyn Twin Top A summit of equal height to another Marilyn where the drop between the two is less than 150m and at least 30m.

Munro Scottish hill at least 3000 feet in height.

Murdo Scottish hill at least 3000 feet in height with a drop of at least 30 metres on all sides.

Nuttall Hill in England and Wales at least 2000 feet high with a drop of at least 15 metres on all sides.

SIB Significant Islands of Britain and Ireland. Defined as "naturally occurring land, which at MHWS is shown on available OS mapping to be completely surrounded by water, with either an area of at least 30 hectares within the MHWS contour line or an 'easily accessed' summit prominence of at least 30 metres above MSL, all man-made links and structures being discounted".

Simm British hill at least 600 metres high with a drop of at least 30 metres on all sides.

Sub A hill in certain prominence based lists falling short on drop by 10m or less.

Synge Lake District hill over 1,000ft published in Tim Synges's The Lakeland Summits.

Tump	A hill of any height with at least 30m of drop.
Twin Hump	A summit of equal height to another Hump where the drop between the two summits is at least 30m but less than 100m.
Twin Tump	A summit of equal height to another Tump separated by a distance of at least 5km where the drop between the two summits is less than 30m.
Vandeleur-Lynam	Hill in Ireland at least 600 metres high with a drop of at least 15 metres on all sides.
Wainwright	One of the 214 hills listed in volumes 1-7 of Wainwright's A Pictorial Guide to the Lakeland Fells.
Wainwright Outlying Fell	Hill listed in The Outlying Fells of Lakeland.
Yeaman	Scottish hill with a drop of 100m, or, failing that, at least 5km walking distance from any higher point.

CLASSIFICATIONS

0-99m Tump	0Tu	100-199m Tump	1Tu
200-299m Tump	2Tu	300-399m Tump	3Tu
400-499m Tump	4Tu	Arderin	A
Administrative County Top	ACT	Birkett	B
Birkett	B	Current County/UA Top	CC1
Current County/UA twin-top	CC2	Dodd	D
Deleted Corbett	dCo	Deleted Donald Top	dDot
Dewey	De	Dillon	Di
Deleted Munro Top	dMut	Deleted Nuttall	dN
Donald Top	Dot	Fellranger	Fe
Furth	Fu	Hump	H
Historic County Top	HCT	Hump twin-top	HTT
London Borough Top	LBT	Marilyn	M
Marilyn twin-top	MTT	Munro	Mu
Munro Top	MuT	Nuttall	N
Other	O	Simm	S
Significant Island of Britain	SIB	Sub 490-499m hill	Su4
Subdodd	SuD	Subhump	SuH
Submarilyn	SuM	Subsimm	SuS
Synge	Sy	Unclassified	U
Vandeleur-Lynam	VL	Wainwright	W
Wainwright Outlying Fell	WOF		

LIST OF PEAKS

A' Bhainlir	1Tu	574ft	☐	A' Bheinn	2Tu	807ft	☐
A' Bheinn Bhan	M	1565ft	☐	A' Bhi	1Tu	387ft	☐
A' Bhuidheanach	dMut	3169ft	☐	A' Bhuidheanach	SuS	2891ft	☐
A' Bhuidheanach Bheag	H	3071ft	☐	A' Bhuidheanaich	H	2385ft	☐
A' Chailleach	H	2960ft	☐	A' Chailleach	H	3049ft	☐
A' Chailleach	M	3276ft	☐	A' Chailleach	4Tu	1414ft	☐
A' Chairidh	S	2390ft	☐	A' Chaoirnich	M	2871ft	☐
A' Cheir Ghorm	S	2843ft	☐	A' Chioch	dMut	3781ft	☐
A' Chioch	MuT	3106ft	☐	A' Chioch	S	2931ft	☐
A' Chioch	S	2501ft	☐	A' Chioch	S	2847ft	☐
A' Chioch	SuS	2722ft	☐	A' Chioch East Top	S	2475ft	☐
A' Chir	H	2447ft	☐	A' Chir North Top	SuS	2234ft	☐
A' Chleit	0Tu	125ft	☐	A' Choineach Beag	D	1831ft	☐
A' Choineach Beag South Top	SuD	1781ft	☐	A' Choinneach	MuT	3337ft	☐
A' Chorra-bheinn	4Tu	1509ft	☐	A' Chosag	2Tu	794ft	☐
A' Chraileag	M	3675ft	☐	A' Chraisg	H	610ft	☐
A' Chrannag	1Tu	387ft	☐	A' Chrannag	2Tu	663ft	☐
A' Chrasg	3Tu	1238ft	☐	A' Chreag	3Tu	1273ft	☐
A' Chroic	0Tu	141ft	☐	A' Chrois	H	2782ft	☐
A' Chrois	D	1870ft	☐	A' Chrois (Inch Kenneth)	0Tu	161ft	☐
A' Chrois West Top	SuS	2575ft	☐	A' Chruach	M	1201ft	☐
A' Chruach	M	1681ft	☐	A' Chruach	2Tu	889ft	☐
A' Chruach	3Tu	1296ft	☐	A' Chruach	4Tu	1581ft	☐
A' Chruach	3Tu	1237ft	☐	A' Chruach	3Tu	1197ft	☐

Name	Class	Height		Name	Class	Height
A' Chruach	3Tu	1129ft		A' Chruach	3Tu	1125ft
A' Chruach	3Tu	1043ft		A' Chruach	3Tu	1017ft
A' Chruach	2Tu	899ft		A' Chruach	2Tu	833ft
A' Chruach	2Tu	718ft		A' Chruach	2Tu	663ft
A' Chruach NW Top	2Tu	948ft		A' Chuli	0Tu	148ft
A' Creachan	2Tu	722ft		A' Ghlaise	S	2459ft
A' Ghlas-bheinn	M	3012ft		A' Ghlas-bheinn South Top	S	2487ft
A' Ghualann	0Tu	105ft		A' Mhaighdean	M	3173ft
A' Mhalairt	0Tu	112ft		A' Mhaoile	D	1841ft
A' Mhaoile	1Tu	518ft		A' Mhaol Mhor	4Tu	1421ft
A' Mharcanach	SuS	2606ft		A' Mharconaich	H	3193ft
A' Mharconaich	S	2894ft		A' Mhuc	4Tu	1378ft
A' Mhuing	D	1749ft		A' Phoit	SuS	2212ft
Aastack	0Tu	105ft		Abbey Craig	1Tu	364ft
Abbey Hill (Inner)	2Tu	917ft		Aberscross Hill	2Tu	909ft
Achadh Beithe	1Tu	489ft		Achadh Mor	1Tu	364ft
Achadh nam Brac	1Tu	397ft		Achnaslishaig Hill	3Tu	1007ft
Addinston Hill	3Tu	1257ft		Ailsa Craig	M	1115ft
Aineabhal	1Tu	610ft		Aineabhal	1Tu	545ft
Ainshval	M	2562ft		Aird	0Tu	282ft
Aird a' Chaolais	0Tu	174ft		Aird a' Chuilinn	1Tu	384ft
Aird a' Mhorain	0Tu	131ft		Aird an Eilean	0Tu	177ft
Aird Bagh Moraig	U	121ft		Aird Bheag	0Tu	180ft
Aird Bhi	0Tu	207ft		Aird Callanish	0Tu	148ft

Aird Chadhachan	4Tu	1555ft	☐	Aird Chaidhanis	0Tu	154ft	☐
Aird Chathanais	0Tu	203ft	☐	Aird Chollaim	0Tu	243ft	☐
Aird Dhubh	2Tu	673ft	☐	Aird Ghlas	3Tu	1211ft	☐
Aird Harmasaig	0Tu	157ft	☐	Aird Luing	0Tu	213ft	☐
Aird Mhanais	0Tu	108ft	☐	Aird Mhor	0Tu	256ft	☐
Aird Mhor	0Tu	220ft	☐	Aird Mhor	0Tu	262ft	☐
Aird Mhor	0Tu	125ft	☐	Aird Mhor	0Tu	285ft	☐
Aird Mhor	0Tu	131ft	☐	Aird Mhor	0Tu	102ft	☐
Aird Mhor Mill Tamna	0Tu	233ft	☐	Aird Molach	1Tu	528ft	☐
Aird Mor	0Tu	292ft	☐	Aird Mor Mhangarstaidh	0Tu	230ft	☐
Aird Mor West Top	0Tu	131ft	☐	Aird na Ban-fhaidhe	0Tu	285ft	☐
Aird Phabach	0Tu	171ft	☐	Aird Rachdaig	0Tu	279ft	☐
Aird Rubha Mor	1Tu	361ft	☐	Aird Torrisdale	1Tu	335ft	☐
Airde Beaga	0Tu	325ft	☐	Airdit Hill	1Tu	531ft	☐
Airdriehead Hill	1Tu	522ft	☐	Airds Hill	M	594ft	☐
Airds Hill SE Top	1Tu	551ft	☐	Airds Park	0Tu	256ft	☐
Airds Park West Top	0Tu	233ft	☐	Airgiod Bheinn	MuT	3483ft	☐
Airgiod-meall	S	2110ft	☐	Airhouse Hill	3Tu	1101ft	☐
Airie Hill	H	955ft	☐	Airigh Ard	U	745ft	☐
Airigh Ard	0Tu	171ft	☐	Airigh Ghlas	0Tu	253ft	☐
Airigh Iomhair	1Tu	558ft	☐	Airigh Mhic Bheathain	SuD	1795ft	☐
Airigh nan Sidhean	U	892ft	☐	Airlig	1Tu	650ft	☐
Airneabhal	M	836ft	☐	Airngath Hill	H	560ft	☐
Aisgerbheinn	1Tu	413ft	☐	Aith Ness	0Tu	256ft	☐

Aitionn Hill	2Tu	896ft	☐	Albion Park	1Tu	554ft	☐
Alhang	S	2106ft	☐	Alisary Hill	3Tu	1024ft	☐
Alkin Hill	3Tu	1178ft	☐	Allanrowie	Su4	1617ft	☐
Allanrowie East Top	4Tu	1601ft	☐	Allermuir Hill	M	1617ft	☐
Allt Sowan Hill	D	1864ft	☐	Altry Hill	4Tu	1604ft	☐
Alwhat	S	2060ft	☐	Am Bacan	S	2008ft	☐
Am Bacan North Top	S	1993ft	☐	Am Bacan South Top	S	1988ft	☐
Am Balg	0Tu	154ft	☐	Am Barr	2Tu	705ft	☐
Am Barr	1Tu	515ft	☐	Am Basteir	Mu	3064ft	☐
Am Bathach	M	2618ft	☐	Am Bathach South Top	SuS	2407ft	☐
Am Bathaich	H	2949ft	☐	Am Bathaich	S	2086ft	☐
Am Bathaich East Top	SuS	2045ft	☐	Am Beannan	3Tu	1271ft	☐
Am Beannan	U	1883ft	☐	Am Bidein	2Tu	955ft	☐
Am Binnein	D	1795ft	☐	Am Binnein	4Tu	1576ft	☐
Am Bioran	SuS	2021ft	☐	Am Bodach	MuT	3090ft	☐
Am Bodach	M	3385ft	☐	Am Bodach	3Tu	1076ft	☐
Am Bodach	0Tu	121ft	☐	Am Bord	0Tu	121ft	☐
Am Breac-leathad	0Tu	315ft	☐	Am Buachaille	4Tu	1575ft	☐
Am Buachaille	0Tu	213ft	☐	Am Buth	0Tu	312ft	☐
Am Faochagach	M	3127ft	☐	Am Fasarinen	MuT	3047ft	☐
Am Fireach	S	2339ft	☐	Am Fireach East Top	SuS	2303ft	☐
Am Mam	4Tu	1335ft	☐	Am Mam	3Tu	1181ft	☐
Am Maol	3Tu	1270ft	☐	Am Maol	2Tu	728ft	☐
Am Maol East Top	2Tu	702ft	☐	Am Meadar	S	2634ft	☐

Am Meall	H	633ft	☐	Am Meall	1Tu	331ft	☐
Am Meall	4Tu	1350ft	☐	Am Meall	4Tu	1391ft	☐
Am Meall	2Tu	679ft	☐	Am Meallan	H	2139ft	☐
Am Meallan	2Tu	938ft	☐	Am Meallan	3Tu	1171ft	☐
Am Plastair	0Tu	138ft	☐	Am Priosan	1Tu	476ft	☐
An Aird	0Tu	135ft	☐	An Ard	0Tu	157ft	☐
An Cabagach	H	1381ft	☐	An Cabagach South Top	4Tu	1368ft	☐
An Cabar	M	1834ft	☐	An Cabar	MuT	3104ft	☐
An Cabar	D	1762ft	☐	An Cabar West Top	D	1801ft	☐
An Cadha	1Tu	351ft	☐	An Caisteal	M	3267ft	☐
An Caisteal	S	2723ft	☐	An Caisteal	H	2041ft	☐
An Campar	2Tu	709ft	☐	An Campar Mor	1Tu	377ft	☐
An Car	1Tu	633ft	☐	An Carn	1Tu	335ft	☐
An Carn	1Tu	446ft	☐	An Carnach	3Tu	1106ft	☐
An Carnais	SuD	1736ft	☐	An Carnan	0Tu	292ft	☐
An Carnan	4Tu	1463ft	☐	An Carr	4Tu	1362ft	☐
An Carr	3Tu	1099ft	☐	An Cearcallach	MuT	3258ft	☐
An Cearcallach North Top	U	3217ft	☐	An Cladhan	3Tu	1178ft	☐
An Cleireach	0Tu	256ft	☐	An Cleireach Far North Top	0Tu	177ft	☐
An Cleireach North Top	0Tu	154ft	☐	An Cliseam	M	2621ft	☐
An Cnap	2Tu	673ft	☐	An Cnap	0Tu	243ft	☐
An Cnapach	SuS	2889ft	☐	An Cnoc Ard	0Tu	145ft	☐
An Cnoc Buidhe	2Tu	915ft	☐	An Coileach	M	1276ft	☐
An Coileach	S	2208ft	☐	An Coileachan	H	3031ft	☐

Name	Class	Height		Name	Class	Height	
An Coire	2Tu	784ft	☐	An Corrach	3Tu	1079ft	☐
An Creachal Beag	S	2854ft	☐	An Creachan	H	1171ft	☐
An Creachan	H	1903ft	☐	An Creachan NE Top	3Tu	1129ft	☐
An Creagan	D	1880ft	☐	An Crosan	1Tu	413ft	☐
An Cruachan	M	2313ft	☐	An Cruachan	M	1427ft	☐
An Cruachan	SuD	1906ft	☐	An Cruachan	4Tu	1565ft	☐
An Cruachan	2Tu	814ft	☐	An Cruachan	2Tu	965ft	☐
An Cruachan	1Tu	623ft	☐	An Cuaidh	M	971ft	☐
An Cula	2Tu	978ft	☐	An Curran	0Tu	249ft	☐
An Diollaid	0Tu	322ft	☐	An Diollaid	2Tu	925ft	☐
An Diollaid	0Tu	322ft	☐	An Diollaid	SuS	2316ft	☐
An Doirionnaich	1Tu	400ft	☐	An Dornabac	2Tu	863ft	☐
An Dubh-Aird	0Tu	121ft	☐	An Dun	dCo	2715ft	☐
An Dun	M	2715ft	☐	An Dun	D	1683ft	☐
An Dun	3Tu	1168ft	☐	An Dun	3Tu	1138ft	☐
An Dun	3Tu	1197ft	☐	An Dun	1Tu	515ft	☐
An Eag	S	2859ft	☐	An Eilid	H	341ft	☐
An Eilrig	S	2406ft	☐	An Eilrig	SuS	2402ft	☐
An Elric	U	2828ft	☐	An Fhaing	1Tu	404ft	☐
An Fharaid Bheag	0Tu	118ft	☐	An Fharaid Mhor	0Tu	157ft	☐
An Gallan Uigeach	0Tu	282ft	☐	An Garadh	H	2347ft	☐
An Garbhanach	MuT	3198ft	☐	An Garbh-chnoc	1Tu	413ft	☐
An Garbh-eilean	0Tu	125ft	☐	An Garbh-eilean	0Tu	105ft	☐
An Garbh-mheall	4Tu	1627ft	☐	An Gearanach	M	3220ft	☐

Name	Class	Height		Name	Class	Height
An Geurachadh	4Tu	1598ft	☐	An Gobhlach	4Tu	1339ft ☐
An Grianan	M	1801ft	☐	An Grianan	M	1532ft ☐
An Grianan	H	2830ft	☐	An Grianan	4Tu	1621ft ☐
An Grianan NE Top	4Tu	1516ft	☐	An Groban	3Tu	1257ft ☐
An Guirean	4Tu	1585ft	☐	An Guirean	4Tu	1404ft ☐
An Innis	0Tu	125ft	☐	An Laogh	H	1791ft ☐
An Leacainn	H	1358ft	☐	An Lean-charn	M	1709ft ☐
An Leth-bheinn	D	1732ft	☐	An Leth-chreag	MuT	3448ft ☐
An Leth-chreag	S	2480ft	☐	An Leth-chreag	1Tu	518ft ☐
An Liathanach	H	1667ft	☐	An Liathanach East Top	4Tu	1588ft ☐
An Reithe	S	2772ft	☐	An Reithe	4Tu	1411ft ☐
An Riabhachan	M	3704ft	☐	An Riabhachan NE Top	dMut	3691ft ☐
An Riabhachan SW Top	MuT	3563ft	☐	An Riabhachan West Top	MuT	3406ft ☐
An Ruadh-mheallan	M	2201ft	☐	An Ruadh-Stac	M	2921ft ☐
An Saig	2Tu	774ft	☐	An Sgarsoch	M	3302ft ☐
An Sgarsoch East Top	SuS	2472ft	☐	An Sgarsoch Far East Top	S	2482ft ☐
An Sgonnan	U	200ft	☐	An Sgorr	MuT	3031ft ☐
An Sgulan	S	2838ft	☐	An Sguman	S	2426ft ☐
An Sgurr	M	1283ft	☐	An Sgurr	M	1293ft ☐
An Sidhean	SuD	1791ft	☐	An Sidhean	2Tu	978ft ☐
An Sidhean	1Tu	489ft	☐	An Sithean	4Tu	1545ft ☐
An Sithean	M	2671ft	☐	An Sithean East Top	SuS	2520ft ☐
An Sleaghach	M	1690ft	☐	An Sleaghach West Top	4Tu	1506ft ☐
An Sligearnach	SuS	2743ft	☐	An Sligearnach	SuS	2580ft ☐

An Sniomh	4Tu	1604ft	☐	An Socach	M	3097ft	☐
An Socach	H	3017ft	☐	An Socach	M	3507ft	☐
An Socach	M	1188ft	☐	An Socach	H	2440ft	☐
An Socach	SuD	1729ft	☐	An Socach	1Tu	331ft	☐
An Socach	4Tu	1345ft	☐	An Socach East Top	MuT	3077ft	☐
An Socach East Top	S	2965ft	☐	An Socach East Top	U	3468ft	☐
An Socach North Top	SuS	2805ft	☐	An Socach SE Top	0Tu	325ft	☐
An Socach West Top	SuS	2761ft	☐	An Soutar	S	2231ft	☐
An Speireachan	1Tu	604ft	☐	An Stac	M	2355ft	☐
An Stac	M	2671ft	☐	An Stac	H	1732ft	☐
An Stac North Top	S	2122ft	☐	An Staonach	M	1693ft	☐
An Staonaig	S	2749ft	☐	An Staonaig West Top	S	2697ft	☐
An Stoc-bheinn	H	1103ft	☐	An Stuc	H	3665ft	☐
An Stuc	3Tu	1194ft	☐	An Stuc South Top	3Tu	1004ft	☐
An Stuchd	S	2190ft	☐	An Stuchd	3Tu	1253ft	☐
An Suidhe	H	1775ft	☐	An Suidhe	D	1686ft	☐
An Suidhe	4Tu	1335ft	☐	An t-Aigeach	0Tu	312ft	☐
An t-Aird	0Tu	256ft	☐	An t-Aonach	2Tu	804ft	☐
An Teallach - Bidein a' Ghlas Thuill	M	3486ft	☐	An Teallach - Sgurr Fiona	H	3473ft	☐
An t-Eilean Meadhoin	0Tu	135ft	☐	An t-Isean	SuS	2267ft	☐
An Tobha	M	561ft	☐	An Tobha East Top	1Tu	440ft	☐
An Torc	S	2425ft	☐	An Torr	SuS	2008ft	☐
An Torr	SuD	1713ft	☐	An Torr	1Tu	335ft	☐
An Torr	3Tu	1014ft	☐	An Torr	2Tu	663ft	☐

An Torr	0Tu	315ft	☐	An Torr	2Tu	682ft ☐
An Torr	1Tu	640ft	☐	An Torr	1Tu	620ft ☐
An t-Sail	S	2281ft	☐	An t-Sail	4Tu	1611ft ☐
An t-Sail	2Tu	768ft	☐	An t-Sail Mhor	S	2552ft ☐
An t-Slat-bheinn	S	2723ft	☐	An t-Slat-bheinn East Top	SuS	2711ft ☐
An t-Sleubhaich	H	1749ft	☐	An t-Sliabh	2Tu	725ft ☐
An t-Socach	dMut	3301ft	☐	An t-Sreang	4Tu	1332ft ☐
An t-Sron	S	2329ft	☐	An t-Sron	U	2016ft ☐
An t-Sron	1Tu	571ft	☐	An t-Sron	1Tu	469ft ☐
An t-Sron	1Tu	551ft	☐	An t-Sron	2Tu	673ft ☐
An t-Sron SW Top	0Tu	226ft	☐	An Tudair	MuT	3522ft ☐
An t-Uiriollach	S	2710ft	☐	An Tunna	3Tu	1184ft ☐
Ander Hill	1Tu	472ft	☐	Andrew Gannel Hill	S	2198ft ☐
Andrewhinney Hill	M	2222ft	☐	Angus Hill	1Tu	453ft ☐
Anguston Hill	1Tu	384ft	☐	Anne Hill	1Tu	453ft ☐
Aodann Chleireig	M	2175ft	☐	Aodann Mhor	SuS	2414ft ☐
Aonach air Chrith	M	3345ft	☐	Aonach Beag	M	4049ft ☐
Aonach Beag	Mu	3661ft	☐	Aonach Beag	2Tu	879ft ☐
Aonach Breac	SuS	2395ft	☐	Aonach Buidhe	M	2949ft ☐
Aonach Cas	SuS	2703ft	☐	Aonach Cumhang	0Tu	194ft ☐
Aonach Dubh	S	2920ft	☐	Aonach Dubh	SuD	1880ft ☐
Aonach Dubh	4Tu	1512ft	☐	Aonach Dubh a' Ghlinne	S	2772ft ☐
Aonach Dubh East Top	4Tu	1427ft	☐	Aonach Eagach	dMut	3281ft ☐
Aonach Eagach - Meall Dearg	H	3124ft	☐	Aonach Eagach - Sgorr nam Fiannaidh	M	3175ft ☐

Aonach Eagach East Peak	S	2973ft	☐	Aonach Eagach West Peak	S	2968ft	☐
Aonach Meadhoin	M	3284ft	☐	Aonach Mor	H	4004ft	☐
Aonach Mor	S	2844ft	☐	Aonach Mor	S	2016ft	☐
Aonach Mor NW Top	SuD	1886ft	☐	Aonach na Cloiche Moire	SuS	2958ft	☐
Aonach na Reise	S	2992ft	☐	Aonach Odhar	S	2106ft	☐
Aonach Pairc Dhugaill	1Tu	581ft	☐	Aonach Sgoilte	H	2785ft	☐
Aonach Sgoilte Far West Top	S	2034ft	☐	Aonach Sgoilte West Top	S	2487ft	☐
Aonach Shasuinn	M	2913ft	☐	Aonach-bheinn	4Tu	1637ft	☐
Aonaig Mhor Tamna Siar	0Tu	236ft	☐	Archibald Gair Head	4Tu	1621ft	☐
Archie Hill	4Tu	1453ft	☐	Ard an Torrain	0Tu	249ft	☐
Ard Beag	0Tu	203ft	☐	Ard Beag	1Tu	344ft	☐
Ard Bheinn	H	1680ft	☐	Ard Dubh Bhurg	1Tu	630ft	☐
Ard Farr	1Tu	367ft	☐	Ard Hill	0Tu	276ft	☐
Ard Ialltaig	0Tu	282ft	☐	Ard Mor	1Tu	331ft	☐
Ard Nev	H	1824ft	☐	Ardantrive Hill	0Tu	200ft	☐
Ardcastle Wood	0Tu	246ft	☐	Ardheslaig	0Tu	167ft	☐
Ardhuncart Hill	H	1086ft	☐	Ardmarnock Hill	2Tu	673ft	☐
Ardminish Hill	0Tu	253ft	☐	Ardmore Point	0Tu	259ft	☐
Ardnandave Hill	S	2346ft	☐	Ardnaskie Hill	0Tu	292ft	☐
Ardoch Hill	2Tu	712ft	☐	Ardsheal Hill	M	863ft	☐
Ardwall Isle	0Tu	112ft	☐	Arinarach Hill	3Tu	1024ft	☐
Arisaig Hill	H	397ft	☐	Arisaig Hill West Top	0Tu	312ft	☐
Ark Hill	3Tu	1112ft	☐	Arkle	M	2582ft	☐
Arkle South Top	S	2487ft	☐	Arkleton Hill	H	1709ft	☐

Arlick Hill	3Tu	1007ft	☐	Arnabol Hill	3Tu	1306ft ☐
Arnamuil	H	397ft	☐	Arnaval	M	1211ft ☐
Arnbarrow Hill	3Tu	1073ft	☐	Arnbath Hill	0Tu	249ft ☐
Arndrum	1Tu	453ft	☐	Arniston Colliery Bing	1Tu	598ft ☐
Arrarat Hill	4Tu	1404ft	☐	Arroch Hill	3Tu	1001ft ☐
Artfield Fell	H	892ft	☐	Arthur's Seat	M	823ft ☐
Ascleit	1Tu	492ft	☐	Ashie Moor	2Tu	914ft ☐
Ashycleuch Hill	3Tu	1302ft	☐	Askival	M	2664ft ☐
Askomill Hill	1Tu	453ft	☐	Aswanley Hill	3Tu	1020ft ☐
Auchadalvorie Muir	0Tu	325ft	☐	Auchenbainzie Hill	O	1002ft ☐
Auchencairn Height	3Tu	1014ft	☐	Auchencloy Hill	2Tu	686ft ☐
Auchendaff Hill	4Tu	1401ft	☐	Auchendolly Hill	2Tu	702ft ☐
Auchengassel Hill	2Tu	866ft	☐	Auchengeith Hill	3Tu	986ft ☐
Auchengibbert Hill	3Tu	1220ft	☐	Auchengray Hill	1Tu	646ft ☐
Auchenknight Ridge	2Tu	735ft	☐	Auchenleck Hill	4Tu	1467ft ☐
Auchenroy Hill	O	1204ft	☐	Auchensaugh Hill	3Tu	1286ft ☐
Auchensoul Hill	H	1030ft	☐	Auchensow Hill	H	1378ft ☐
Auchenstroan Craig	4Tu	1381ft	☐	Auchincally Hill	SuD	1660ft ☐
Auchindoun Castle	3Tu	991ft	☐	Auchineden Hill	H	1171ft ☐
Auchinoon Hill	3Tu	1152ft	☐	Auchnacraig Hill	4Tu	1572ft ☐
Auchnafree Craig	SuS	2359ft	☐	Auchnafree Hill	M	2583ft ☐
Auchrobert Hill	3Tu	1135ft	☐	Auchronie Hill	4Tu	1516ft ☐
Auchronie Hill	2Tu	732ft	☐	Auchterhouse Hill	4Tu	1391ft ☐
Auchtertyre Hill	M	1483ft	☐	Auchtitench Hill	4Tu	1532ft ☐

Auld Darkney	H	1788ft ☐	Auld Hill	0Tu	239ft ☐
Auld Man	3Tu	1079ft ☐	Auldcraigoch Hill	3Tu	1214ft ☐
Avernish Hill	H	420ft ☐	Avisyard Hill	3Tu	1083ft ☐
Ba' Hill	2Tu	781ft ☐	Baa-neap	0Tu	279ft ☐
Bac an Eich	M	2785ft ☐	Bac Mor	0Tu	282ft ☐
Bac na Creige	S	2530ft ☐	Bac nam Foid	SuD	1916ft ☐
Bac nam Fuaran	S	2724ft ☐	Baca Ruadh	H	2094ft ☐
Back Drum	2Tu	942ft ☐	Back Hill	0Tu	220ft ☐
Back Hill	2Tu	732ft ☐	Back of Ollaberry	0Tu	203ft ☐
Backhill of Clunie	1Tu	604ft ☐	Backlass Hill	1Tu	371ft ☐
Backwater Rig	SuD	1677ft ☐	Bad a' Chlamhain	H	1004ft ☐
Bad a' Chreamha	M	1296ft ☐	Bad an Fhithich Mhoir	D	1660ft ☐
Bad an Loin	D	1900ft ☐	Bad an Tuirc	S	1985ft ☐
Bad Bheith	1Tu	371ft ☐	Bad Dearg	1Tu	545ft ☐
Bad na h-Achlaise	4Tu	1391ft ☐	Bad nam Beith	2Tu	735ft ☐
Bad nan Cuileag	SuS	2333ft ☐	Bada na Goibhre	SuS	2175ft ☐
Badandun Hill	M	2428ft ☐	Baddoch	H	1864ft ☐
Badentree Hill	4Tu	1604ft ☐	Baderonach Hill	4Tu	1558ft ☐
Badlia Hill	2Tu	705ft ☐	Badnambreac	1Tu	410ft ☐
Bagi Stack	0Tu	135ft ☐	Baile Sear	SIB	49ft ☐
Bailie Hill	1Tu	443ft ☐	Baillie Hill	2Tu	799ft ☐
Bainloch Hill	M	942ft ☐	Balantyre Hill	1Tu	558ft ☐
Balblair Hill	2Tu	778ft ☐	Balcarres Craig	1Tu	404ft ☐
Balcnock	H	2274ft ☐	Bald Hill	D	1641ft ☐

Balduff Hill	H	1394ft	☐	Balephetrish Hill	0Tu	118ft	☐
Balgay Hill	1Tu	479ft	☐	Balgreggie Craigs	1Tu	453ft	☐
Balkello Hill	3Tu	1302ft	☐	Balkenna Hill	0Tu	179ft	☐
Ballageich Hill	3Tu	1093ft	☐	Ballaird Hill	U	573ft	☐
Ballaman Hill	SuD	1778ft	☐	Ballencleuch Law	M	2260ft	☐
Balligmorrie Hill	2Tu	775ft	☐	Ballindalloch Hill	2Tu	810ft	☐
Ballywilline Hill	2Tu	709ft	☐	Balmashanner Hill	1Tu	571ft	☐
Balmeadow Hill	1Tu	643ft	☐	Balmurrie Fell	2Tu	814ft	☐
Balnaboth Craig	4Tu	1509ft	☐	Balnacoul Castle	D	1853ft	☐
Balsalloch Hill	1Tu	614ft	☐	Balshando Hill	2Tu	873ft	☐
Balthayock Hill	2Tu	718ft	☐	Balunton Hill	3Tu	1106ft	☐
Balvattan	3Tu	1109ft	☐	Balvicar Hill	0Tu	135ft	☐
Bandirran Hill	2Tu	902ft	☐	Bandrum	2Tu	738ft	☐
Bank Hill	H	1739ft	☐	Bank Hill	2Tu	755ft	☐
Bankhead of Raith	1Tu	538ft	☐	Banks Hill	1Tu	541ft	☐
Baosbheinn	M	2871ft	☐	Baosbheinn East Top	H	2641ft	☐
Baosbheinn North Top	S	2759ft	☐	Bar	1Tu	541ft	☐
Bar Hill	1Tu	397ft	☐	Bar Hill	1Tu	358ft	☐
Bar Hill	1Tu	482ft	☐	Bar Hill	0Tu	231ft	☐
Baraskomill Fort	1Tu	430ft	☐	Barbay Hill	H	417ft	☐
Barchain Hill	1Tu	427ft	☐	Barclay Bank	0Tu	325ft	☐
Barclosh Hill	1Tu	456ft	☐	Barcloy Hill	1Tu	331ft	☐
Barcloy Hill	0Tu	259ft	☐	Bardarroch Hill	2Tu	696ft	☐
Bardennoch Hill	3Tu	1083ft	☐	Bareback Knowe	Dot	2152ft	☐

Barend Hill	1Tu	620ft	☐	Barend Hill	1Tu	528ft ☐
Bareness Craig	0Tu	322ft	☐	Bargain Hill	2Tu	718ft ☐
Bargane Hill	1Tu	545ft	☐	Bargatton Hill	1Tu	387ft ☐
Barhastry Hill	1Tu	331ft	☐	Barkeval	H	1939ft ☐
Barlae Hill	1Tu	558ft	☐	Barlaes Hill	2Tu	814ft ☐
Barlay Hill	1Tu	650ft	☐	Barlcudda	0Tu	108ft ☐
Barlia Hill	1Tu	344ft	☐	Barlochan Hill	1Tu	531ft ☐
Barlockhart Fell	1Tu	413ft	☐	Barlogon Hill	1Tu	495ft ☐
Barluka Hill	1Tu	436ft	☐	Barmekin Hill	2Tu	899ft ☐
Barmoffity Hill	1Tu	561ft	☐	Barmore Hill	1Tu	469ft ☐
Barmore Hill	1Tu	459ft	☐	Barmore Island	0Tu	200ft ☐
Barnamon Hill	0Tu	256ft	☐	Barnbackle Hill	1Tu	604ft ☐
Barnbrock Hill	1Tu	617ft	☐	Barncorkrie Moor	1Tu	505ft ☐
Barncorse Knowe	SuD	1801ft	☐	Barney Hill	1Tu	594ft ☐
Barnmuir Hill	2Tu	676ft	☐	Barnshangan Hill	0Tu	302ft ☐
Barntimpen Hill	2Tu	860ft	☐	Barone Hill	H	531ft ☐
Barr a' Bhealaich	0Tu	190ft	☐	Barr a' Chapuill	2Tu	778ft ☐
Barr a' Chuirn	1Tu	571ft	☐	Barr a' Ghartain	1Tu	554ft ☐
Barr a' Ghlaoigh Mor	1Tu	633ft	☐	Barr Aille	1Tu	538ft ☐
Barr an Daimh	2Tu	732ft	☐	Barr an Daimh	1Tu	449ft ☐
Barr an Eich	1Tu	528ft	☐	Barr an Longairt	1Tu	538ft ☐
Barr an t-Sithiche	1Tu	443ft	☐	Barr Ban	2Tu	794ft ☐
Barr Beithe	2Tu	718ft	☐	Barr Buidhe	0Tu	243ft ☐
Barr Chrom	1Tu	591ft	☐	Barr Creagach	1Tu	499ft ☐

Barr Cruinn	U	286ft	☐	Barr Dubh	1Tu	374ft	☐
Barr Dubh	0Tu	154ft	☐	Barr Ganuisg	1Tu	509ft	☐
Barr Hill	1Tu	387ft	☐	Barr Hill	2Tu	899ft	☐
Barr Hill	1Tu	604ft	☐	Barr Hill	1Tu	453ft	☐
Barr Hill	1Tu	344ft	☐	Barr Hill	0Tu	322ft	☐
Barr Iola	1Tu	531ft	☐	Barr Iolaich	1Tu	381ft	☐
Barr Kilmhealaird	2Tu	774ft	☐	Barr Lagan	1Tu	535ft	☐
Barr Leathan	1Tu	390ft	☐	Barr Lochan Taynish	0Tu	180ft	☐
Barr Mor	H	417ft	☐	Barr Mor	1Tu	456ft	☐
Barr Mor	2Tu	663ft	☐	Barr Mor	1Tu	604ft	☐
Barr Mor	1Tu	571ft	☐	Barr Mor	1Tu	522ft	☐
Barr Mor	1Tu	479ft	☐	Barr Mor	1Tu	420ft	☐
Barr Mor	1Tu	413ft	☐	Barr Mor	1Tu	348ft	☐
Barr Mor	1Tu	335ft	☐	Barr Mor	1Tu	335ft	☐
Barr Mor	1Tu	328ft	☐	Barr Mor	0Tu	269ft	☐
Barr Mor	0Tu	217ft	☐	Barr Mor South Top	0Tu	259ft	☐
Barr na Circe	1Tu	482ft	☐	Barr na Cour	0Tu	282ft	☐
Barr nam Mult	0Tu	299ft	☐	Barr nan Cadhag	1Tu	374ft	☐
Barr nan Damh	H	574ft	☐	Barr nan Damh	1Tu	561ft	☐
Barr of Baroile	1Tu	387ft	☐	Barr Sailleach	2Tu	689ft	☐
Barr Salachaidh	SuD	1850ft	☐	Barr Thormaid	H	427ft	☐
Barr Treshtil	0Tu	184ft	☐	Barr Wood Hill	1Tu	505ft	☐
Barra Mor	0Tu	302ft	☐	Barraer Fell	1Tu	404ft	☐
Barran an Aoil	1Tu	341ft	☐	Barran an Fhraoich	1Tu	531ft	☐

Name	Class	Height		Name	Class	Height	
Barran Dronnach	1Tu	545ft	☐	Barran Dubh	3Tu	1020ft	☐
Barras Hill	1Tu	433ft	☐	Barrel Buttress	U	2080ft	☐
Barrel Law	3Tu	1260ft	☐	Barrs Hill	2Tu	715ft	☐
Barry Hill	2Tu	682ft	☐	Barry Hill	2Tu	863ft	☐
Barscarrow Hill	0Tu	295ft	☐	Barscraigh Hill	1Tu	420ft	☐
Barscube Hill	1Tu	639ft	☐	Barskeoch Fell	1Tu	581ft	☐
Barskeoch Hill	1Tu	597ft	☐	Barskeoch Hill	1Tu	354ft	☐
Barsoles	1Tu	440ft	☐	Barsolis Hill	U	560ft	☐
Barstobrick Hill	1Tu	535ft	☐	Barwood Hill	1Tu	430ft	☐
Baspard Hill	1Tu	646ft	☐	Bass Rock	H	367ft	☐
Baton Bing	2Tu	909ft	☐	Battle Hill	1Tu	606ft	☐
Bauchle Hill	3Tu	1273ft	☐	Baudnacauner	D	1883ft	☐
Bauds of Cullen	0Tu	282ft	☐	Baudy Meg	4Tu	1601ft	☐
Bawhelps	S	2717ft	☐	Beacon Hill	H	705ft	☐
Beacon Hill	2Tu	804ft	☐	Beadaig	H	886ft	☐
Beal Hill	2Tu	843ft	☐	Bean Hill	1Tu	479ft	☐
Beannain Beaga	SuS	2684ft	☐	Beannan a' Deas	2Tu	827ft	☐
Beannan a' Tuath	2Tu	778ft	☐	Beannan Beaga	H	1299ft	☐
Beannan Breaca SE Top	3Tu	1010ft	☐	Beannan Mor	2Tu	794ft	☐
Beannan Mor	0Tu	253ft	☐	Beans Hill	1Tu	479ft	☐
Bearasaigh	0Tu	190ft	☐	Bearnaraigh Beag	0Tu	138ft	☐
Bearraich	4Tu	1417ft	☐	Beart an Fhir	0Tu	184ft	☐
Beasdale Hill	1Tu	410ft	☐	Beasdale Hill East Top	1Tu	377ft	☐
Beattock Hill	2Tu	863ft	☐	Beauty Hill	1Tu	548ft	☐

Name	Class	Height		Name	Class	Height	
Beinisbhal	H	623ft	☐	Beinn a' Bhacaidh	M	1821ft	☐
Beinn a' Bhacaidh South Top	SuD	1673ft	☐	Beinn a' Bhaillidh	M	869ft	☐
Beinn a' Bhaillidh West Top	2Tu	718ft	☐	Beinn a' Bhainne	3Tu	1240ft	☐
Beinn a' Bhathaich	H	1496ft	☐	Beinn a' Bhathaich Ard	M	2828ft	☐
Beinn a' Bhearnais	1Tu	374ft	☐	Beinn a' Bheithir - Sgorr Dhearg	M	3360ft	☐
Beinn a' Bheithir - Sgorr Dhonuill	M	3284ft	☐	Beinn a' Bheurlaich	4Tu	1581ft	☐
Beinn a' Bhoth	3Tu	1010ft	☐	Beinn a' Bhragaidh	3Tu	1302ft	☐
Beinn a' Bhraghad	M	1512ft	☐	Beinn a' Bhraghad West Top	3Tu	991ft	☐
Beinn a' Bhric	S	2868ft	☐	Beinn a' Bhric	H	1450ft	☐
Beinn a' Bhuic	SuS	2884ft	☐	Beinn a' Bhuird	M	3927ft	☐
Beinn a' Bhuird South Top	MuT	3866ft	☐	Beinn a' Bhuiridh	M	2948ft	☐
Beinn a' Bhuna	1Tu	489ft	☐	Beinn a' Bhutha	H	1796ft	☐
Beinn a' Chairein	S	2119ft	☐	Beinn a' Chaisgein Beag	M	2239ft	☐
Beinn a' Chaisgein Beag North Top	SuS	2071ft	☐	Beinn a' Chaisgein Mor	M	2808ft	☐
Beinn a' Chaisil	M	1434ft	☐	Beinn a' Chaisteil	M	2907ft	☐
Beinn a' Chaisteil	M	2582ft	☐	Beinn a' Chaisteil East Top	SuS	2014ft	☐
Beinn a' Chait	H	2948ft	☐	Beinn a' Chaoinich	M	1345ft	☐
Beinn a' Chaol-airigh	H	417ft	☐	Beinn a' Chaolais	M	2412ft	☐
Beinn a' Chaolais	0Tu	220ft	☐	Beinn a' Chaorainn	M	3553ft	☐
Beinn a' Chaorainn	M	3442ft	☐	Beinn a' Chaorainn	S	2539ft	☐
Beinn a' Chaorainn	H	1729ft	☐	Beinn a' Chaorainn Bheag	MuT	3337ft	☐
Beinn a' Chaorainn Far South Top	SuS	2068ft	☐	Beinn a' Chaorainn North Top	MuT	3422ft	☐
Beinn a' Chaorainn South Top	MuT	3440ft	☐	Beinn a' Chaorainn South Top	3Tu	1129ft	☐
Beinn a' Chapuill	M	2493ft	☐	Beinn a' Chapuill	4Tu	1342ft	☐

Beinn a' Chapuill	3Tu	1211ft	☐	Beinn a' Chapuill	3Tu	1142ft ☐
Beinn a' Chapuill	1Tu	479ft	☐	Beinn a' Chapuill West Top	SuS	2434ft ☐
Beinn a' Charnain	M	643ft	☐	Beinn a' Charnain	H	705ft ☐
Beinn a' Charnain	H	377ft	☐	Beinn a' Charnain	2Tu	807ft ☐
Beinn a' Charnain	1Tu	351ft	☐	Beinn a' Charnain	0Tu	236ft ☐
Beinn a' Charnain	0Tu	226ft	☐	Beinn a' Chearcaill	M	2380ft ☐
Beinn a' Chlachain	M	2054ft	☐	Beinn a' Chlachair	M	3566ft ☐
Beinn a' Chlachair East Top	SuS	3205ft	☐	Beinn a' Chladaich Mhoir	0Tu	226ft ☐
Beinn a' Chlaidheimh	M	2999ft	☐	Beinn a' Chlaidheimh South Top	S	2670ft ☐
Beinn a' Chlaonaidh	4Tu	1394ft	☐	Beinn a' Chleibh	H	3006ft ☐
Beinn a' Chliabhain	S	2215ft	☐	Beinn a' Chochuill	M	3215ft ☐
Beinn a' Choin	M	2522ft	☐	Beinn a' Chraisg	2Tu	843ft ☐
Beinn a' Chrasgain	S	2712ft	☐	Beinn a' Chreachain	M	3545ft ☐
Beinn a' Chreachain North Top	SuS	3149ft	☐	Beinn a' Chroin	H	3089ft ☐
Beinn a' Chroin East Top	MuT	3084ft	☐	Beinn a' Chroin Far East Top	SuS	2513ft ☐
Beinn a' Chroin West Top	dMut	3077ft	☐	Beinn a' Chruachain	S	2024ft ☐
Beinn a' Chruinnich	S	2552ft	☐	Beinn a' Chrulaiste	M	2812ft ☐
Beinn a' Chuallaich	M	2927ft	☐	Beinn a' Chuirn	MuT	3028ft ☐
Beinn a' Chuirn	M	1868ft	☐	Beinn a' Chuirn	M	1978ft ☐
Beinn a' Chuirn	2Tu	787ft	☐	Beinn a' Chuirn SE Top	SuD	1804ft ☐
Beinn a' Chumhainn	H	2959ft	☐	Beinn a Deas	0Tu	184ft ☐
Beinn a' Deas	3Tu	1152ft	☐	Beinn a' Deas	1Tu	344ft ☐
Beinn a' Ghairchin	3Tu	1145ft	☐	Beinn a' Ghlinne Bhig	2Tu	682ft ☐
Beinn a' Ghlinne Mhoir	1Tu	367ft	☐	Beinn a' Ghlinne Ruaidh	1Tu	400ft ☐

Beinn a' Ghlo - Braigh Coire Chruinn-bhalgain	M	3510ft	☐	Beinn a' Ghlo - Carn Liath	M	3202ft	☐

Name	Class	Height		Name	Class	Height	
Beinn a' Ghlo - Braigh Coire Chruinn-bhalgain	M	3510ft	☐	Beinn a' Ghlo - Carn Liath	M	3202ft	☐
Beinn a' Ghlo - Carn nan Gabhar	M	3681ft	☐	Beinn a' Ghobhainn	2Tu	823ft	☐
Beinn a' Ghraig	M	1939ft	☐	Beinn a' Ghraig West Top	SuD	1739ft	☐
Beinn a' Ghrianain	4Tu	1601ft	☐	Beinn a' Ghrianain East Top	4Tu	1591ft	☐
Beinn a' Ghuilbein	4Tu	1545ft	☐	Beinn a' Mhadaidh	H	1323ft	☐
Beinn a' Mhadaidh	2Tu	722ft	☐	Beinn a' Mhadaidh East Top	3Tu	1310ft	☐
Beinn a' Mhanaich	M	2326ft	☐	Beinn a' Mheadhain	M	1358ft	☐
Beinn a' Mheadhain East Top	4Tu	1322ft	☐	Beinn a' Mheadhain Far East Top	3Tu	1135ft	☐
Beinn a' Mheadhain SW Top	3Tu	1207ft	☐	Beinn a' Mheadhoin	M	2008ft	☐
Beinn a' Mheadhoin	2Tu	863ft	☐	Beinn a' Mheadhoin	H	1977ft	☐
Beinn a' Mhonicag	M	1860ft	☐	Beinn a' Mhuil	H	1214ft	☐
Beinn a' Mhuinidh	M	2270ft	☐	Beinn a' Mhula	0Tu	282ft	☐
Beinn a' Sga	4Tu	1552ft	☐	Beinn a' Sgridhe	2Tu	879ft	☐
Beinn a' Sgumain	2Tu	978ft	☐	Beinn a' Sgurain	1Tu	595ft	☐
Beinn a' Theine	0Tu	210ft	☐	Beinn a' Tuath	H	335ft	☐
Beinn a' Tuath	3Tu	1224ft	☐	Beinn a' Tuath	1Tu	420ft	☐
Beinn Acha' Bhraghad	S	2238ft	☐	Beinn Achaladair	M	3407ft	☐
Beinn Achaladair South Top	MuT	3293ft	☐	Beinn Achara	1Tu	640ft	☐
Beinn Ailein	1Tu	595ft	☐	Beinn Aird da Loch	H	1749ft	☐
Beinn Airein	H	453ft	☐	Beinn Airein West Top	0Tu	262ft	☐
Beinn Airigh Charr	M	2598ft	☐	Beinn Akie	M	945ft	☐
Beinn Alligin - Sgurr Mor	M	3235ft	☐	Beinn Alligin - Tom na Gruagaich	M	3025ft	☐
Beinn an Achaidh Mhoir	0Tu	289ft	☐	Beinn an Albannaich	S	2031ft	☐
Beinn an Albannaich North Top	SuS	1985ft	☐	Beinn an Albannaich South Top	SuD	1877ft	☐

Name	Class	Height		Name	Class	Height
Beinn an Amair	2Tu	919ft		Beinn an Aodainn East Top	S	2349ft
Beinn an Dothaidh	M	3294ft		Beinn an Dothaidh West Top	SuS	3280ft
Beinn an Dubhaich	2Tu	771ft		Beinn an Duibh Leathaid	1Tu	459ft
Beinn an Duibhe	H	732ft		Beinn an Duin	0Tu	276ft
Beinn an Eoin	M	2805ft		Beinn an Eoin	M	1785ft
Beinn an Eoin	M	2031ft		Beinn an Eoin	S	2175ft
Beinn an Eoin	3Tu	1050ft		Beinn an Eoin Bheag	3Tu	1220ft
Beinn an Eoin North Top	S	2349ft		Beinn an Fhogharaidh	U	2021ft
Beinn an Fhreiceadain	1Tu	394ft		Beinn an Fhuarain	H	1647ft
Beinn an Fhudair	4Tu	1483ft		Beinn an Fhurain	SuS	2640ft
Beinn an Iomaire	S	2536ft		Beinn an Leathaid	H	1316ft
Beinn an Loch	1Tu	538ft		Beinn an Lochain	M	2958ft
Beinn an Lochain	3Tu	984ft		Beinn an Lochain	2Tu	830ft
Beinn an Lochain West Top	2Tu	794ft		Beinn an Oir	M	2575ft
Beinn an Righ	3Tu	1253ft		Beinn an Rubha Riabhaich	4Tu	1498ft
Beinn an Sgoltaire	1Tu	410ft		Beinn an t-Sagairt	1Tu	331ft
Beinn an t-Samhainn	D	1719ft		Beinn an t-Seilich	H	2359ft
Beinn an t-Sidhein	M	1877ft		Beinn an t-Sidhein	D	1670ft
Beinn an t-Sithein	S	2285ft		Beinn an t-Sneachda	S	2129ft
Beinn an t-Socaich	SuS	2986ft		Beinn an t-Sruthain	2Tu	886ft
Beinn an Tuim	H	2657ft		Beinn an Tuim South Top	S	2608ft
Beinn an Tuirc	M	1490ft		Beinn an Uain	4Tu	1368ft
Beinn an Uisge	3Tu	1096ft		Beinn Aoidhdailean	S	2078ft
Beinn Arnicil	0Tu	272ft		Beinn Bhac-ghlais	M	1342ft

Beinn Bhalgairean	M	2089ft	☐	Beinn Bhan	M	2611ft	☐
Beinn Bhan	M	2940ft	☐	Beinn Bhan	M	1047ft	☐
Beinn Bhan	H	1549ft	☐	Beinn Bhan	S	2337ft	☐
Beinn Bhan	H	1864ft	☐	Beinn Bhan	D	1752ft	☐
Beinn Bhan	4Tu	1332ft	☐	Beinn Bhan	1Tu	509ft	☐
Beinn Bhan Far North Top	SuS	2326ft	☐	Beinn Bhan North Top	U	2605ft	☐
Beinn Bhan South Top	S	2503ft	☐	Beinn Bhan West Top	SuS	2523ft	☐
Beinn Bharabhais	2Tu	919ft	☐	Beinn Bharrain - Mullach Buidhe	M	2367ft	☐
Beinn Bheag	M	2192ft	☐	Beinn Bheag	M	2419ft	☐
Beinn Bheag	M	2033ft	☐	Beinn Bheag	S	2021ft	☐
Beinn Bheag	S	2142ft	☐	Beinn Bheag	S	2418ft	☐
Beinn Bheag	S	2034ft	☐	Beinn Bheag	S	2444ft	☐
Beinn Bheag	H	1112ft	☐	Beinn Bheag	D	1762ft	☐
Beinn Bheag	4Tu	1542ft	☐	Beinn Bheag	4Tu	1535ft	☐
Beinn Bheag	2Tu	676ft	☐	Beinn Bheag	1Tu	607ft	☐
Beinn Bheag	1Tu	420ft	☐	Beinn Bheag	3Tu	1088ft	☐
Beinn Bheag	1Tu	358ft	☐	Beinn Bheag	1Tu	400ft	☐
Beinn Bheag	1Tu	351ft	☐	Beinn Bheag	0Tu	326ft	☐
Beinn Bheag Deas	1Tu	545ft	☐	Beinn Bheag Far West Top	SuS	2240ft	☐
Beinn Bheag South Top	D	1873ft	☐	Beinn Bheag Tuath	1Tu	558ft	☐
Beinn Bheag West Top	S	2286ft	☐	Beinn Bhearnach	SuS	2077ft	☐
Beinn Bhearnach	2Tu	912ft	☐	Beinn Bheigier	M	1611ft	☐
Beinn Bheoil	M	3343ft	☐	Beinn Bheula	M	2556ft	☐
Beinn Bhiorach	4Tu	1594ft	☐	Beinn Bhiorach	1Tu	502ft	☐

Beinn Bhiorgaig	2Tu	741ft	☐	Beinn Bhoidheach	S	2593ft	☐
Beinn Bhoidheach	D	1936ft	☐	Beinn Bhoidheach SE Top	SuD	1923ft	☐
Beinn Bhragair	M	859ft	☐	Beinn Bhreac	M	2234ft	☐
Beinn Bhreac	M	2994ft	☐	Beinn Bhreac	Mu	3054ft	☐
Beinn Bhreac	M	1079ft	☐	Beinn Bhreac	M	1470ft	☐
Beinn Bhreac	M	787ft	☐	Beinn Bhreac	M	1726ft	☐
Beinn Bhreac	D	1663ft	☐	Beinn Bhreac	M	1535ft	☐
Beinn Bhreac	M	1447ft	☐	Beinn Bhreac	M	1886ft	☐
Beinn Bhreac	M	627ft	☐	Beinn Bhreac	S	2617ft	☐
Beinn Bhreac	S	2766ft	☐	Beinn Bhreac	S	2350ft	☐
Beinn Bhreac	S	2297ft	☐	Beinn Bhreac	S	2067ft	☐
Beinn Bhreac	S	2326ft	☐	Beinn Bhreac	S	2210ft	☐
Beinn Bhreac	H	2054ft	☐	Beinn Bhreac	S	2044ft	☐
Beinn Bhreac	H	2335ft	☐	Beinn Bhreac	H	1447ft	☐
Beinn Bhreac	H	456ft	☐	Beinn Bhreac	SuS	2302ft	☐
Beinn Bhreac	SuS	2254ft	☐	Beinn Bhreac	SuD	1900ft	☐
Beinn Bhreac	SuD	1719ft	☐	Beinn Bhreac	D	1677ft	☐
Beinn Bhreac	S	1970ft	☐	Beinn Bhreac	D	1801ft	☐
Beinn Bhreac	D	1651ft	☐	Beinn Bhreac	4Tu	1493ft	☐
Beinn Bhreac	3Tu	1056ft	☐	Beinn Bhreac	2Tu	945ft	☐
Beinn Bhreac	2Tu	705ft	☐	Beinn Bhreac	4Tu	1434ft	☐
Beinn Bhreac	3Tu	1214ft	☐	Beinn Bhreac	3Tu	1171ft	☐
Beinn Bhreac	4Tu	1489ft	☐	Beinn Bhreac	4Tu	1394ft	☐
Beinn Bhreac	3Tu	1106ft	☐	Beinn Bhreac	2Tu	945ft	☐

Beinn Bhreac	1Tu	486ft	☐	Beinn Bhreac	M	2188ft	☐
Beinn Bhreac (Soay)	H	463ft	☐	Beinn Bhreac East Top	SuS	2049ft	☐
Beinn Bhreac Mhor	S	2648ft	☐	Beinn Bhreac NE Top	SuS	2771ft	☐
Beinn Bhreac NE Top	4Tu	1480ft	☐	Beinn Bhreac North Top	SuS	2300ft	☐
Beinn Bhreac North Top	4Tu	1394ft	☐	Beinn Bhreac NW Top	S	2747ft	☐
Beinn Bhreac NW Top	3Tu	1079ft	☐	Beinn Bhreac SE Top	3Tu	1165ft	☐
Beinn Bhreac South Top	SuS	2168ft	☐	Beinn Bhreac West Top	MuT	3041ft	☐
Beinn Bhreac West Top	4Tu	1407ft	☐	Beinn Bhreac-bheag	4Tu	1496ft	☐
Beinn Bhreac-liath	M	2631ft	☐	Beinn Bhrotain	M	3796ft	☐
Beinn Bhrotain East Top	SuS	3635ft	☐	Beinn Bhugan	2Tu	748ft	☐
Beinn Bhuidhe	M	3112ft	☐	Beinn Bhuidhe	M	2805ft	☐
Beinn Bhuidhe	M	1355ft	☐	Beinn Bhuidhe	S	2853ft	☐
Beinn Bhuidhe	S	2333ft	☐	Beinn Bhuidhe	H	912ft	☐
Beinn Bhuidhe	H	925ft	☐	Beinn Bhuidhe	H	528ft	☐
Beinn Bhuidhe	D	1870ft	☐	Beinn Bhuidhe	3Tu	1270ft	☐
Beinn Bhuidhe	D	1640ft	☐	Beinn Bhuidhe	4Tu	1490ft	☐
Beinn Bhuidhe	2Tu	945ft	☐	Beinn Bhuidhe	2Tu	797ft	☐
Beinn Bhuidhe	2Tu	738ft	☐	Beinn Bhuidhe	1Tu	600ft	☐
Beinn Bhuidhe	1Tu	354ft	☐	Beinn Bhuidhe	1Tu	335ft	☐
Beinn Bhuidhe	H	2304ft	☐	Beinn Bhuidhe East Top	S	2963ft	☐
Beinn Bhuidhe Mhor	D	1798ft	☐	Beinn Bhuidhe na Coille Moire	3Tu	1138ft	☐
Beinn Bhuidhe West Top	2Tu	794ft	☐	Beinn Bhuraich	S	2562ft	☐
Beinn Bhuraich	SuD	1847ft	☐	Beinn Buidhe na Creige	2Tu	712ft	☐
Beinn Capuill	4Tu	1427ft	☐	Beinn Ceadraiseal	1Tu	427ft	☐

Name	Class	Height		Name	Class	Height	
Beinn Ceann a' Mhara	1Tu	338ft	☐	Beinn Ceannabeinne	H	1257ft	☐
Beinn Ceitlein	S	2772ft	☐	Beinn Ceitlein North Top	SuS	2736ft	☐
Beinn Ceitlein South Top	SuS	2487ft	☐	Beinn Chabhair	M	3058ft	☐
Beinn Chailein	2Tu	758ft	☐	Beinn Chairn	2Tu	748ft	☐
Beinn Chairn SW Top	1Tu	561ft	☐	Beinn Challuim	M	3363ft	☐
Beinn Challuim South Top	MuT	3274ft	☐	Beinn Cham	1Tu	650ft	☐
Beinn Chaorach	M	2339ft	☐	Beinn Chaorach	M	2684ft	☐
Beinn Chaorach	4Tu	1558ft	☐	Beinn Chaorach	2Tu	712ft	☐
Beinn Chapull	M	1690ft	☐	Beinn Chapull North Top	SuD	1686ft	☐
Beinn Charsaig	H	1473ft	☐	Beinn Chas	S	2240ft	☐
Beinn Cheathaich	MuT	3076ft	☐	Beinn Chladan	0Tu	266ft	☐
Beinn Chlaonleud	M	1572ft	☐	Beinn Chlaonleud South Top	4Tu	1562ft	☐
Beinn Chleiteir	1Tu	335ft	☐	Beinn Chliad	M	676ft	☐
Beinn Chlianaig	S	2369ft	☐	Beinn Chlianaig East Top	SuS	2348ft	☐
Beinn Chochan	H	2306ft	☐	Beinn Choinnich	2Tu	690ft	☐
Beinn Cholarich	1Tu	341ft	☐	Beinn Choradail	M	1724ft	☐
Beinn Chorranach	H	2912ft	☐	Beinn Chraoibh	S	2021ft	☐
Beinn Chreagach	M	1070ft	☐	Beinn Chreagach	M	1242ft	☐
Beinn Chreagach	M	1027ft	☐	Beinn Chreagach	2Tu	860ft	☐
Beinn Chreagach Mhor	D	1900ft	☐	Beinn Chreagach Mhor East Top	SuD	1867ft	☐
Beinn Chroisg	H	1348ft	☐	Beinn Chuidhir	0Tu	223ft	☐
Beinn Chuirn	M	2887ft	☐	Beinn Chuirn South Top	S	2536ft	☐
Beinn Chul na Creige	1Tu	367ft	☐	Beinn Chuldail	1Tu	558ft	☐
Beinn Churalain	M	1801ft	☐	Beinn Churalain NE Top	D	1752ft	☐

Name	Type	Height		Name	Type	Height	
Beinn Churalain West Top	4Tu	1411ft	☐	Beinn Churlaich	0Tu	272ft	☐
Beinn Clach an Fheadain	4Tu	1568ft	☐	Beinn Clachach	M	2107ft	☐
Beinn Clachach East Top	D	1772ft	☐	Beinn Clachach South Top	SuS	1985ft	☐
Beinn Clachach West Top	S	2021ft	☐	Beinn Clachan	1Tu	394ft	☐
Beinn Clachan Gorma	2Tu	886ft	☐	Beinn Coille na Sroine	3Tu	1197ft	☐
Beinn Coire nam Fiadh	2Tu	827ft	☐	Beinn Coire nan Gall	S	2582ft	☐
Beinn Conchra	M	1486ft	☐	Beinn Conchra Far West Top	3Tu	1273ft	☐
Beinn Conchra West Top	4Tu	1407ft	☐	Beinn Cos a' Bhaich	4Tu	1398ft	☐
Beinn Cracabhaig	0Tu	238ft	☐	Beinn Dail	1Tu	532ft	☐
Beinn Damh	M	2963ft	☐	Beinn Damhain	M	2245ft	☐
Beinn Dearg	S	2318ft	☐	Beinn Dearg	M	1401ft	☐
Beinn Dearg	M	2723ft	☐	Beinn Dearg	M	3309ft	☐
Beinn Dearg	M	2998ft	☐	Beinn Dearg	M	3556ft	☐
Beinn Dearg	M	1390ft	☐	Beinn Dearg	H	1586ft	☐
Beinn Dearg	H	2249ft	☐	Beinn Dearg	4Tu	1588ft	☐
Beinn Dearg Bad Chailleach	H	896ft	☐	Beinn Dearg Bheag	M	2690ft	☐
Beinn Dearg Bheag	H	1909ft	☐	Beinn Dearg Bheag North Top	SuS	2575ft	☐
Beinn Dearg East Top	U	2763ft	☐	Beinn Dearg East Top	4Tu	1384ft	☐
Beinn Dearg Far East Top	SuS	2600ft	☐	Beinn Dearg Mheadhonach	H	2136ft	☐
Beinn Dearg Mhor	M	2398ft	☐	Beinn Dearg Mhor	M	2327ft	☐
Beinn Dearg Mhor	H	522ft	☐	Beinn Dearg Mor	M	2973ft	☐
Beinn Dearg Mor East Top	S	2740ft	☐	Beinn Dearg Mor North Top	U	2651ft	☐
Beinn Dearg North Top	SuS	2900ft	☐	Beinn Dearg North Top	SuS	2101ft	☐
Beinn Dearg West Top	SuS	2744ft	☐	Beinn Dearg West Top	4Tu	1562ft	☐

Beinn Dhorain	M	2061ft	☐	Beinn Dhubh	M	1660ft	☐
Beinn Dhubh	1Tu	505ft	☐	Beinn Direach	M	2260ft	☐
Beinn Doimhne	2Tu	974ft	☐	Beinn Domhnaill	M	1145ft	☐
Beinn Domhnuill	S	2421ft	☐	Beinn Donachain	M	2137ft	☐
Beinn Donachain SW Top	S	2112ft	☐	Beinn Donachain West Top	SuS	2079ft	☐
Beinn Donn	M	1552ft	☐	Beinn Donuill	4Tu	1470ft	☐
Beinn Dorain	M	3530ft	☐	Beinn Driniasadair	0Tu	282ft	☐
Beinn Drobhanais	1Tu	607ft	☐	Beinn Dronaig	M	2615ft	☐
Beinn Dubh	M	1667ft	☐	Beinn Dubh	H	876ft	☐
Beinn Dubh	S	2541ft	☐	Beinn Dubh	S	2106ft	☐
Beinn Dubh	D	1690ft	☐	Beinn Dubh	SuD	1883ft	☐
Beinn Dubh	2Tu	873ft	☐	Beinn Dubh Airigh	M	1506ft	☐
Beinn Dubh an Iaruinn	M	1939ft	☐	Beinn Dubh SE Top	SuD	1883ft	☐
Beinn Dubhain	M	1368ft	☐	Beinn Dubhain	S	2129ft	☐
Beinn Dubhcharaidh	H	2264ft	☐	Beinn Dubhcharaidh SW Top	SuD	1834ft	☐
Beinn Dubhchraig	M	3209ft	☐	Beinn Ducteach	H	1932ft	☐
Beinn Ducteach North Top	Su4	1631ft	☐	Beinn Ducteach West Top	Su4	1637ft	☐
Beinn Duill	1Tu	623ft	☐	Beinn Duirinnis	M	1821ft	☐
Beinn Each	M	2667ft	☐	Beinn Each Far North Top	SuS	2238ft	☐
Beinn Each North Top	SuS	2310ft	☐	Beinn Eagagach	H	2268ft	☐
Beinn Eagagach West Top	SuS	2159ft	☐	Beinn Eanacleit	0Tu	302ft	☐
Beinn Edra	H	2005ft	☐	Beinn Eibhinn	H	3620ft	☐
Beinn Eibhne	0Tu	322ft	☐	Beinn Eich	M	2306ft	☐
Beinn Eighe - Ruadh-stac Mor	M	3314ft	☐	Beinn Eighe - Spidean Coire nan Clach	M	3258ft	☐

Beinn Eilde	H	2211ft	☐	Beinn Eilideach	M	1834ft	☐
Beinn Eineig	0Tu	295ft	☐	Beinn Eireabhal	2Tu	659ft	☐
Beinn Eirisalain	1Tu	489ft	☐	Beinn Eisgein	H	423ft	☐
Beinn Enaiglair	M	2920ft	☐	Beinn Eolaigearraidh Mhor	H	344ft	☐
Beinn Eolasary	3Tu	1004ft	☐	Beinn Ernaigeitir	1Tu	417ft	☐
Beinn Eunaich	M	3245ft	☐	Beinn Eunaich East Top	S	2887ft	☐
Beinn Fhada	MuT	3123ft	☐	Beinn Fhada	M	3385ft	☐
Beinn Fhada	M	2303ft	☐	Beinn Fhada	D	1649ft	☐
Beinn Fhada	4Tu	1460ft	☐	Beinn Fhada Far East Top	S	2700ft	☐
Beinn Fhada NE Top	MuT	3054ft	☐	Beinn Fhada NW Top	D	1847ft	☐
Beinn Fheilghean Mor	1Tu	348ft	☐	Beinn Fhionnlaidh	M	3146ft	☐
Beinn Fhionnlaidh	M	3297ft	☐	Beinn Fhionnlaidh East Top	S	2759ft	☐
Beinn fo Thuath	H	587ft	☐	Beinn Freiceadain	2Tu	784ft	☐
Beinn Fuath	S	2169ft	☐	Beinn Fuathabhal	1Tu	531ft	☐
Beinn Gaire	M	2185ft	☐	Beinn Gharbh	dMut	3052ft	☐
Beinn Gharbh	H	2937ft	☐	Beinn Gharbh	S	2707ft	☐
Beinn Gharbh	D	1768ft	☐	Beinn Gharbh East Top	SuS	2575ft	☐
Beinn Gharbh SE Top	D	1680ft	☐	Beinn Gheur	2Tu	656ft	☐
Beinn Ghibeach	1Tu	453ft	☐	Beinn Ghibheach	2Tu	794ft	☐
Beinn Ghlas	M	1808ft	☐	Beinn Ghlas	H	3619ft	☐
Beinn Ghlas	M	1680ft	☐	Beinn Ghlas	M	1378ft	☐
Beinn Ghlas East Top	D	1640ft	☐	Beinn Ghlas West Top	Su4	1621ft	☐
Beinn Ghobhlach	M	2083ft	☐	Beinn Ghormaig	4Tu	1483ft	☐
Beinn Ghot	H	581ft	☐	Beinn Ghott	0Tu	121ft	☐

Beinn Ghreineabhal	0Tu	302ft	☐	Beinn Ghuilbin	H	1900ft	☐
Beinn Ghuilean	M	1161ft	☐	Beinn Ghunnaraigh	1Tu	499ft	☐
Beinn Giuthais	2Tu	823ft	☐	Beinn Glas-choire	3Tu	1142ft	☐
Beinn Gorm Loch Mor	D	1663ft	☐	Beinn Grigadale	0Tu	230ft	☐
Beinn Hough	H	390ft	☐	Beinn Hulavig	0Tu	187ft	☐
Beinn Iadain	H	1873ft	☐	Beinn Iaruinn	M	2641ft	☐
Beinn Iaruinn East Top	SuS	2552ft	☐	Beinn Ime	M	3321ft	☐
Beinn Iobhair	1Tu	489ft	☐	Beinn Iobheir	0Tu	248ft	☐
Beinn Ithearlan	4Tu	1440ft	☐	Beinn Iutharn Bheag	H	3127ft	☐
Beinn Iutharn Mhor	M	3428ft	☐	Beinn Keil	0Tu	285ft	☐
Beinn Lagan	M	1526ft	☐	Beinn Lair	M	2818ft	☐
Beinn Langais	0Tu	299ft	☐	Beinn Laoigh	4Tu	1447ft	☐
Beinn Larachan	D	1932ft	☐	Beinn Leabhainn	S	2326ft	☐
Beinn Leacach	2Tu	892ft	☐	Beinn Leamhain	M	1667ft	☐
Beinn Leathaig	0Tu	308ft	☐	Beinn Leathann Amar na h-Eit	1Tu	387ft	☐
Beinn Leoid	M	2598ft	☐	Beinn Leoid West Top	SuS	2392ft	☐
Beinn Liath	SuS	1990ft	☐	Beinn Liath Bheag	S	2418ft	☐
Beinn Liath Bheag	H	2178ft	☐	Beinn Liath Mhor	M	3038ft	☐
Beinn Liath Mhor a' Ghiubhais Li	M	2513ft	☐	Beinn Liath Mhor East Top	S	2910ft	☐
Beinn Liath Mhor Fannaich	H	3130ft	☐	Beinn Liath Mhor Far East Top	S	2874ft	☐
Beinn Liath Mhor South Top	S	2523ft	☐	Beinn Liathanach	0Tu	266ft	☐
Beinn Lice	4Tu	1585ft	☐	Beinn Lithir	0Tu	253ft	☐
Beinn Loch a' Ghlinne Bhig	2Tu	669ft	☐	Beinn Loch a' Mhuilinn	H	961ft	☐
Beinn Loch an Tuim	2Tu	906ft	☐	Beinn Loch Dhugaill	2Tu	869ft	☐

Name	Class	Height		Name	Class	Height	
Beinn Lochain	M	2306ft	☐	Beinn Lochain	SuS	2290ft	☐
Beinn Lochain	2Tu	748ft	☐	Beinn Lochain East Top	SuS	2111ft	☐
Beinn Loinne	S	2543ft	☐	Beinn Loinne East Top	S	2467ft	☐
Beinn Lora	M	1010ft	☐	Beinn Losgaintir	4Tu	1430ft	☐
Beinn Losgarnaich	S	2573ft	☐	Beinn Luibhean	M	2821ft	☐
Beinn Lunndaidh	M	1467ft	☐	Beinn Lurachan	H	2359ft	☐
Beinn Maol Chaluim	M	2973ft	☐	Beinn Maol Chaluim South Top	SuS	2779ft	☐
Beinn Meadhonach	3Tu	1047ft	☐	Beinn Mhanach	M	3127ft	☐
Beinn Mhartain	0Tu	272ft	☐	Beinn Mhartainn	H	801ft	☐
Beinn Mheadhanach	1Tu	604ft	☐	Beinn Mheadhanach	M	1302ft	☐
Beinn Mheadhoin	M	3881ft	☐	Beinn Mheadhoin	M	1824ft	☐
Beinn Mheadhoin	M	2179ft	☐	Beinn Mheadhoin	M	2425ft	☐
Beinn Mheadhoin	H	1775ft	☐	Beinn Mheadhoin	D	1827ft	☐
Beinn Mheadhoin	SuD	1696ft	☐	Beinn Mheadhoin Far West Top	SuS	1969ft	☐
Beinn Mheadhoin SW Top	SuS	3816ft	☐	Beinn Mheadhoin West Top	S	2055ft	☐
Beinn Mheadhon	3Tu	1299ft	☐	Beinn Mheadhon	S	2090ft	☐
Beinn Mheadhonach	M	2346ft	☐	Beinn Mheadhonach	M	1932ft	☐
Beinn Mheadhonach	M	2956ft	☐	Beinn Mheadhonach	D	1689ft	☐
Beinn Mheadhonach	D	1906ft	☐	Beinn Mheadhonach East Top	SuS	2031ft	☐
Beinn Mhealaich	M	1942ft	☐	Beinn Mhearsamail	H	1660ft	☐
Beinn Mhearsamail South Top	4Tu	1522ft	☐	Beinn Mhialairigh	M	1798ft	☐
Beinn Mhic Cedidh	M	2569ft	☐	Beinn Mhic Chasgaig	M	2835ft	☐
Beinn Mhic Mhonaidh	M	2612ft	☐	Beinn Mhic Mhonaidh East Top	S	2228ft	☐
Beinn Mhic na Ceisich	S	2057ft	☐	Beinn Mhic na Ceisich South Top	4Tu	1381ft	☐

Beinn Mhic Uilleim	1Tu	364ft	☐	Beinn Mholach	M	2762ft ☐
Beinn Mholach	M	958ft	☐	Beinn Mhor	M	1545ft ☐
Beinn Mhor	M	636ft	☐	Beinn Mhor	M	2433ft ☐
Beinn Mhor	M	663ft	☐	Beinn Mhor	M	1877ft ☐
Beinn Mhor	M	2035ft	☐	Beinn Mhor	M	623ft ☐
Beinn Mhor	1Tu	341ft	☐	Beinn Mhor	4Tu	1322ft ☐
Beinn Mhor	1Tu	459ft	☐	Beinn Mhor	0Tu	226ft ☐
Beinn Mhor South Top	U	1368ft	☐	Beinn Mocacleit	1Tu	574ft ☐
Beinn Molurgainn	M	2258ft	☐	Beinn Mothal	H	679ft ☐
Beinn na Bheirigh	0Tu	282ft	☐	Beinn na Boineid	H	1217ft ☐
Beinn na Boineide	3Tu	1043ft	☐	Beinn na Caillich	M	2575ft ☐
Beinn na Caillich	M	2402ft	☐	Beinn na Caillich	M	2400ft ☐
Beinn na Caillich	H	2507ft	☐	Beinn na Caillich	3Tu	1089ft ☐
Beinn na Caillich Far North Top	SuS	1979ft	☐	Beinn na Caillich North Top	S	2182ft ☐
Beinn na Cille	M	2139ft	☐	Beinn na Cille	SuD	1953ft ☐
Beinn na Cloich	1Tu	529ft	☐	Beinn na Cloiche	M	2116ft ☐
Beinn na Cloiche	2Tu	764ft	☐	Beinn na Coille	0Tu	223ft ☐
Beinn na Coinnich	3Tu	1070ft	☐	Beinn na Coinnich	U	837ft ☐
Beinn na Creiche	H	866ft	☐	Beinn na Cro	M	1877ft ☐
Beinn na Croise	M	1650ft	☐	Beinn na Doire Leithe	1Tu	541ft ☐
Beinn na Drise	M	1391ft	☐	Beinn na Duatharach	M	1496ft ☐
Beinn na Faire	2Tu	925ft	☐	Beinn na Feusaige	M	2056ft ☐
Beinn na Fhraoich	2Tu	804ft	☐	Beinn na Gainimh	M	2393ft ☐
Beinn na Gaoithe	4Tu	1316ft	☐	Beinn na Greine	M	1368ft ☐

Beinn na Gucaig	M	2021ft	☐	Beinn na Gucaig SW Top	D	1886ft	☐
Beinn na h-Aire	1Tu	476ft	☐	Beinn na h-Eaglaise	M	2641ft	☐
Beinn na h-Eaglaise	M	2415ft	☐	Beinn na h-Eaglaise South Top	S	2218ft	☐
Beinn na h-Imeilte	H	708ft	☐	Beinn na h-Iolaire	M	833ft	☐
Beinn na h-Iolaire East Top	2Tu	764ft	☐	Beinn na h-Iolaire Far East Top	1Tu	587ft	☐
Beinn na h-Uamha	M	2501ft	☐	Beinn na h-Uamha	M	1526ft	☐
Beinn na h-Uamha	3Tu	1266ft	☐	Beinn na h-Uamha	3Tu	1250ft	☐
Beinn na h-Uamha	3Tu	1276ft	☐	Beinn na h-Uidhe	1Tu	449ft	☐
Beinn na h-Urchrach	3Tu	1234ft	☐	Beinn na Laire	D	1850ft	☐
Beinn na Lap	M	3068ft	☐	Beinn na' Leac	3Tu	1047ft	☐
Beinn na Lice	M	1404ft	☐	Beinn na Moine	2Tu	709ft	☐
Beinn na Mointich	1Tu	577ft	☐	Beinn na Muice	M	2280ft	☐
Beinn na Muilne	0Tu	315ft	☐	Beinn na Seamraig	M	1841ft	☐
Beinn na Seilg	M	1129ft	☐	Beinn na Seilg North Top	3Tu	1024ft	☐
Beinn na Socaich	MuT	3304ft	☐	Beinn na Sreine	M	1709ft	☐
Beinn na Sroine	M	2087ft	☐	Beinn na Sroine	3Tu	1079ft	☐
Beinn na Teanga	4Tu	1453ft	☐	Beinn na Tobha	2Tu	846ft	☐
Beinn nam Bad Beag	2Tu	830ft	☐	Beinn nam Bad Mor	H	955ft	☐
Beinn nam Ban	M	1903ft	☐	Beinn nam Beathrach	M	1909ft	☐
Beinn nam Bo	2Tu	751ft	☐	Beinn nam Bo East Top	1Tu	607ft	☐
Beinn nam Feannag	4Tu	1529ft	☐	Beinn nam Fitheach	Su4	1617ft	☐
Beinn nam Fitheach	1Tu	344ft	☐	Beinn nam Fitheach	0Tu	295ft	☐
Beinn nam Fuaran	M	2644ft	☐	Beinn nan Aighenan	M	3150ft	☐
Beinn nan Aighenan East Top	S	2441ft	☐	Beinn nan Cabag	H	1555ft	☐

Name	Class	Height	Name	Class	Height
Beinn nan Cabar	M	1883ft	Beinn nan Cabar South Top	4Tu	1539ft
Beinn nan Cabar West Top	SuD	1841ft	Beinn nan Cailleach	D	1844ft
Beinn nan Caorach	M	2539ft	Beinn nan Caorach	H	2129ft
Beinn nan Caorach	4Tu	1509ft	Beinn nan Caorach	2Tu	689ft
Beinn nan Caorach	2Tu	899ft	Beinn nan Caorach	3Tu	1120ft
Beinn nan Caorach North Top	S	2126ft	Beinn nan Capull	2Tu	869ft
Beinn nan Capull	2Tu	840ft	Beinn nan Carn	M	988ft
Beinn nan Carn	3Tu	1089ft	Beinn nan Carnan	1Tu	535ft
Beinn nan Clach-corra	3Tu	1033ft	Beinn nan Cnaimhseag	H	1870ft
Beinn nan Codhan	2Tu	745ft	Beinn nan Coireag	2Tu	892ft
Beinn nan Dearcag	1Tu	466ft	Beinn nan Druidhneach	0Tu	213ft
Beinn nan Dubh-lochan	H	830ft	Beinn nan Each	D	1749ft
Beinn nan Eachan	MuT	3281ft	Beinn nan Eachan East Top	S	3121ft
Beinn nan Eun	M	2438ft	Beinn nan Eun	H	2070ft
Beinn nan Gabhar	D	1877ft	Beinn nan Gobhar	4Tu	1430ft
Beinn nan Gudairean	1Tu	446ft	Beinn nan Imirean	M	2785ft
Beinn nan Losgann	H	1033ft	Beinn nan Lus	M	2326ft
Beinn nan Lus North Top	SuS	2146ft	Beinn nan Lus West Top	SuS	2211ft
Beinn nan Oighreag	M	2984ft	Beinn nan Oighrean	SuD	1765ft
Beinn nan Ord	2Tu	705ft	Beinn nan Ramh	M	2333ft
Beinn nan Sgalag	1Tu	371ft	Beinn nan Sparra	H	1467ft
Beinn nan Sparra South Top	4Tu	1427ft	Beinn nan Stac	D	1791ft
Beinn nan Surrag	2Tu	656ft	Beinn Narnain	M	3041ft
Beinn Nuis	S	2601ft	Beinn Ob	1Tu	449ft

Beinn Odhar	M	2955ft	☐	Beinn Odhar	S	2054ft	☐
Beinn Odhar	SuS	2857ft	☐	Beinn Odhar	SuS	2936ft	☐
Beinn Odhar Bheag	M	2898ft	☐	Beinn Odhar Mhor	H	2855ft	☐
Beinn Orasaigh	0Tu	171ft	☐	Beinn Oronsay	0Tu	305ft	☐
Beinn Phabail	0Tu	289ft	☐	Beinn Pharlagain	S	2647ft	☐
Beinn Pharlagain - Meall na Meoig	M	2845ft	☐	Beinn Pharlagain South Top	U	2612ft	☐
Beinn Phlacaig	D	1647ft	☐	Beinn Phlacaig South Top	4Tu	1598ft	☐
Beinn Poll an Tobhair	2Tu	676ft	☐	Beinn Ra	M	876ft	☐
Beinn Raimh	H	1469ft	☐	Beinn Raodhuill	0Tu	233ft	☐
Beinn Rathacleit	2Tu	814ft	☐	Beinn Reidh	M	1860ft	☐
Beinn Reireag Bheag	2Tu	738ft	☐	Beinn Reithe	H	2153ft	☐
Beinn Resipol	M	2772ft	☐	Beinn Reudle	2Tu	761ft	☐
Beinn Riabhach	1Tu	384ft	☐	Beinn Rifa-gil	2Tu	961ft	☐
Beinn Rodagraich	1Tu	328ft	☐	Beinn Rosail	H	853ft	☐
Beinn Ruadh	M	2178ft	☐	Beinn Ruadh	2Tu	833ft	☐
Beinn Ruadh	1Tu	610ft	☐	Beinn Ruadh	3Tu	1060ft	☐
Beinn Ruadh South Top	SuS	2034ft	☐	Beinn Ruigh Choinnich	M	906ft	☐
Beinn Ruighe Raonaill	4Tu	1371ft	☐	Beinn Ruilibreac	0Tu	279ft	☐
Beinn Ruisg	D	1952ft	☐	Beinn Scolpaig	0Tu	289ft	☐
Beinn Scritheann	M	610ft	☐	Beinn Sgaillinish	H	636ft	☐
Beinn Sgapar	0Tu	289ft	☐	Beinn Sgarastaigh	0Tu	322ft	☐
Beinn Sgeireach	M	1562ft	☐	Beinn Sgiath	S	2910ft	☐
Beinn Sgluich	M	1529ft	☐	Beinn Sgorabhaig	H	341ft	☐
Beinn Sgreamhaidh	H	1427ft	☐	Beinn Sgreamhaidh West Top	4Tu	1362ft	☐

Name	Class	Height		Name	Class	Height	
Beinn Sgritheall	M	3196ft	☐	Beinn Sgritheall East Top	S	2972ft	☐
Beinn Sgritheall NW Top	MuT	3045ft	☐	Beinn Sgulaird	M	3074ft	☐
Beinn Sgulaird North Top	S	2982ft	☐	Beinn Sgulaird South Top	S	2831ft	☐
Beinn Sgurabhal	0Tu	259ft	☐	Beinn Sgurrach	4Tu	1542ft	☐
Beinn Sheasgarnaich	M	3535ft	☐	Beinn Sheasgarnaich North Top	SuS	3113ft	☐
Beinn Shiantaidh	M	2484ft	☐	Beinn Shleibhe	0Tu	305ft	☐
Beinn Sholum	3Tu	1138ft	☐	Beinn Sitheag	2Tu	699ft	☐
Beinn Smeorail	H	1594ft	☐	Beinn Spionnaidh	M	2536ft	☐
Beinn Stac	H	410ft	☐	Beinn Stacach	M	2532ft	☐
Beinn Stacach East Top	SuS	2253ft	☐	Beinn Staic	H	1352ft	☐
Beinn Stumanadh	M	1729ft	☐	Beinn Suidhe	M	2218ft	☐
Beinn Suidhe North Top	SuS	2087ft	☐	Beinn Tairbeirt	H	553ft	☐
Beinn Talaidh	M	2499ft	☐	Beinn Tangabhal	M	1089ft	☐
Beinn Tarsuinn	M	3064ft	☐	Beinn Tarsuinn	M	2710ft	☐
Beinn Tarsuinn	H	1824ft	☐	Beinn Tarsuinn	D	1785ft	☐
Beinn Tarsuinn	4Tu	1365ft	☐	Beinn Tarsuinn SW Top	D	1729ft	☐
Beinn Tart a' Mhill	M	761ft	☐	Beinn Teallach	M	3001ft	☐
Beinn Thacleit	1Tu	381ft	☐	Beinn Tharsuinn	M	2831ft	☐
Beinn Tharsuinn	M	2329ft	☐	Beinn Tharsuinn	M	2270ft	☐
Beinn Tharsuinn	S	2152ft	☐	Beinn Tharsuinn	H	2031ft	☐
Beinn Tharsuinn	3Tu	1059ft	☐	Beinn Tharsuinn Chaol	H	2139ft	☐
Beinn Tharsuinn Chaol East Top	D	1903ft	☐	Beinn Tharsuinn Chaol Far East Top	SuD	1857ft	☐
Beinn Tharsuinn Chaol Far West Top	S	1988ft	☐	Beinn Tharsuinn Chaol West Top	S	2096ft	☐
Beinn Tharsuinn Far North Top	SuS	2654ft	☐	Beinn Tharsuinn North Top	S	2680ft	☐

Beinn Tharsuinn South Top	SuS	2467ft	☐	Beinn Tharsuinn West Top	S	2608ft	☐
Beinn Thorsiadair	1Tu	465ft	☐	Beinn Thrasda	2Tu	860ft	☐
Beinn Thuathalain	2Tu	709ft	☐	Beinn Thulabaigh	1Tu	502ft	☐
Beinn Thunicaraidh	S	2126ft	☐	Beinn Tighe	3Tu	1033ft	☐
Beinn Tioraidh	0Tu	197ft	☐	Beinn Toaig	S	2731ft	☐
Beinn Trilleachan	M	2756ft	☐	Beinn Tuirc	0Tu	246ft	☐
Beinn Tulaichean	H	3103ft	☐	Beinn Uamha	M	1958ft	☐
Beinn Uamha North Top	SuD	1909ft	☐	Beinn Udlaidh	M	2757ft	☐
Beinn Udlamain	M	3314ft	☐	Beinn Uidhe	H	2431ft	☐
Beinn Uidhe South Top	S	2100ft	☐	Beinn Uilleim	2Tu	755ft	☐
Beinn Uird	M	1959ft	☐	Beinn Ulbhaidh	H	1627ft	☐
Beinn Uraraidh	4Tu	1496ft	☐	Beinnean Dearga	2Tu	682ft	☐
Beins Law	2Tu	879ft	☐	Beith Og	D	1952ft	☐
Bekka Hill	0Tu	302ft	☐	Beld Hill	4Tu	1352ft	☐
Beld Knowe	D	1663ft	☐	Belig	M	2302ft	☐
Bell Craig	S	2044ft	☐	Bell Hill	3Tu	1024ft	☐
Bellahouston Park	0Tu	165ft	☐	Belling Hill	M	1163ft	☐
Bell's Hill	4Tu	1332ft	☐	Bellscraigs Hill	3Tu	1007ft	☐
Bellybought Hill	H	1463ft	☐	Belrorie Hill	2Tu	932ft	☐
Belt Knowe	1Tu	338ft	☐	Bemersyde Hill	2Tu	751ft	☐
Ben A'an	4Tu	1489ft	☐	Ben Aden	M	2910ft	☐
Ben Aigan	M	1545ft	☐	Ben Alder	M	3766ft	☐
Ben Alisky	3Tu	1145ft	☐	Ben Armine	M	2314ft	☐
Ben Arnaboll	H	761ft	☐	Ben Aslak	M	1998ft	☐

Ben Auskaird	3Tu	1270ft	☐	Ben Auskaird East Top	3Tu	1191ft ☐
Ben Avon - Leabaidh an Daimh Bhuidhe	M	3845ft	☐	Ben Avon North Tor	U	3733ft ☐
Ben Avon South Tor	U	3671ft	☐	Ben Avon West Top	SuS	3732ft ☐
Ben Blandy	1Tu	617ft	☐	Ben Blandy North Top	1Tu	512ft ☐
Ben Borrowston	0Tu	279ft	☐	Ben Bowie	M	1027ft ☐
Ben Breaclete	0Tu	256ft	☐	Ben Brogaskil	3Tu	1089ft ☐
Ben Buck	O	2228ft	☐	Ben Buck NE Top	D	1913ft ☐
Ben Buie	M	2356ft	☐	Ben Chonzie	M	3054ft ☐
Ben Chracaig	1Tu	489ft	☐	Ben Clach	M	1749ft ☐
Ben Clach North Top	3Tu	1306ft	☐	Ben Cladville	1Tu	427ft ☐
Ben Cleat	2Tu	909ft	☐	Ben Cleuch	M	2365ft ☐
Ben Connan	2Tu	804ft	☐	Ben Corkeval	H	1152ft ☐
Ben Cruachan	M	3698ft	☐	Ben Dearg	M	1811ft ☐
Ben Diubaig	2Tu	709ft	☐	Ben Donich	M	2779ft ☐
Ben Donich North Top	SuS	2352ft	☐	Ben Dorrery	H	801ft ☐
Ben Dreavie	M	1673ft	☐	Ben Dreavie West Top	3Tu	1175ft ☐
Ben Duagrich	3Tu	997ft	☐	Ben Earb	S	2630ft ☐
Ben Ettow	2Tu	965ft	☐	Ben Ever	S	2041ft ☐
Ben Feall	0Tu	217ft	☐	Ben Garrisdale	M	1224ft ☐
Ben Garrisdale NW Top	3Tu	1197ft	☐	Ben Geary	M	932ft ☐
Ben Glas	S	2145ft	☐	Ben Griam Beg	M	1903ft ☐
Ben Griam Mor	M	1936ft	☐	Ben Gulabin	M	2644ft ☐
Ben Gullipen	4Tu	1358ft	☐	Ben Halton	S	2035ft ☐
Ben Hee	M	2864ft	☐	Ben Hee North Top	S	2792ft ☐

Ben Heilam	H	584ft	☐	Ben Hiant	M	1732ft	☐
Ben Hiel	M	1755ft	☐	Ben Hogh	H	348ft	☐
Ben Hope	M	3041ft	☐	Ben Hope East Top	SuS	2644ft	☐
Ben Horn	M	1706ft	☐	Ben Horn South Top	4Tu	1430ft	☐
Ben Horneval	H	866ft	☐	Ben Hutig	M	1339ft	☐
Ben Idrigill	3Tu	1119ft	☐	Ben Inverveigh	H	2092ft	☐
Ben John	3Tu	1161ft	☐	Ben Killilan	S	2483ft	☐
Ben Killilan Far North Top	SuS	2182ft	☐	Ben Killilan North Top	S	2201ft	☐
Ben Killilan West Top	S	2470ft	☐	Ben Klibreck - Meall nan Con	M	3156ft	☐
Ben Laga	M	1680ft	☐	Ben Laimishader	1Tu	379ft	☐
Ben Lawers	M	3983ft	☐	Ben Ledi	M	2884ft	☐
Ben Lee	M	1457ft	☐	Ben Leribreck	1Tu	420ft	☐
Ben Lomond	M	3195ft	☐	Ben Loyal - An Caisteal	M	2507ft	☐
Ben Lui	M	3712ft	☐	Ben Lui NW Top	dMut	3698ft	☐
Ben Macdui	M	4295ft	☐	Ben Macdui North Top	dMut	4249ft	☐
Ben Main	4Tu	1437ft	☐	Ben Meabost	M	1134ft	☐
Ben Meadie	2Tu	712ft	☐	Ben More	M	3852ft	☐
Ben More	M	3169ft	☐	Ben More Assynt	M	3274ft	☐
Ben More Assynt South Top	MuT	3150ft	☐	Ben More Assynt West Top	SuS	3196ft	☐
Ben More Coigach	M	2438ft	☐	Ben Nevis	M	4411ft	☐
Ben Newe	M	1854ft	☐	Ben Oss	M	3376ft	☐
Ben Oss North Top	SuS	3088ft	☐	Ben Our	S	2443ft	☐
Ben Reoch	H	2166ft	☐	Ben Reoch East Top	S	2071ft	☐
Ben Rinnes	M	2759ft	☐	Ben Roishader	1Tu	640ft	☐

Ben Sca	2Tu	928ft	☐	Ben Scaladal	1Tu	341ft	☐
Ben Screavie	H	1093ft	☐	Ben Scudaig	2Tu	722ft	☐
Ben Shee	D	1693ft	☐	Ben Shieldaig	M	1752ft	☐
Ben Shieldaig Far SE Top	4Tu	1440ft	☐	Ben Shieldaig NW Top	SuD	1736ft	☐
Ben Shieldaig SE Top	4Tu	1631ft	☐	Ben Skievie	D	1759ft	☐
Ben Skriaig	H	1014ft	☐	Ben Stack	M	2362ft	☐
Ben Starav	M	3542ft	☐	Ben Strome	4Tu	1421ft	☐
Ben Strome North Top	4Tu	1394ft	☐	Ben Strome West Top	4Tu	1368ft	☐
Ben Tarvie	2Tu	906ft	☐	Ben Tee	M	2966ft	☐
Ben Thrush	4Tu	1496ft	☐	Ben Tianavaig	M	1355ft	☐
Ben Tirran	M	2943ft	☐	Ben Tongue	3Tu	991ft	☐
Ben Tote	1Tu	371ft	☐	Ben Tuishaval	1Tu	417ft	☐
Ben Uarie	S	2044ft	☐	Ben Uigshader	2Tu	807ft	☐
Ben Vane	M	3004ft	☐	Ben Vane Far North Top	S	2467ft	☐
Ben Vane North Top	SuS	2462ft	☐	Ben Venue	M	2392ft	☐
Ben Venue East Top	S	2385ft	☐	Ben Volovaig	1Tu	364ft	☐
Ben Vorlich	M	3233ft	☐	Ben Vorlich	M	3093ft	☐
Ben Vorlich North Top	MuT	3058ft	☐	Ben Vorlich South Top	S	2570ft	☐
Ben Vrackie	M	2763ft	☐	Ben Vratabreck	3Tu	1030ft	☐
Ben Vuirich	M	2963ft	☐	Ben Wyvis - Glas Leathad Mor	M	3432ft	☐
Benachally	H	1598ft	☐	Ben-a-chielt	H	942ft	☐
Benan Ardifuir	1Tu	453ft	☐	Benan Ardifuir East Top	1Tu	453ft	☐
Benan Hill	2Tu	705ft	☐	Benaquhallie	M	1621ft	☐
Benarty Hill	M	1168ft	☐	Benbeoch	M	1519ft	☐

Benbrack	D	1906ft	☐	Benbrack	4Tu	1470ft ☐
Benbrack	3Tu	1178ft	☐	Benbrack	D	1693ft ☐
Benbrake Hill	3Tu	1024ft	☐	Bench Vird	1Tu	420ft ☐
Bendeallt	D	1854ft	☐	Bendrie	U	1012ft ☐
Beneraird	M	1440ft	☐	Benfadyeon	2Tu	915ft ☐
Bengairn	M	1283ft	☐	Bengengie Hill	D	1854ft ☐
Bengray	M	1204ft	☐	Beninner	S	2329ft ☐
Benmeal	3Tu	1184ft	☐	Bennachie - Oxen Craig	M	1736ft ☐
Bennan	M	1306ft	☐	Bennan	H	1250ft ☐
Bennan	SuD	1844ft	☐	Bennan	3Tu	1175ft ☐
Bennan Hill	D	1795ft	☐	Bennan Hill	2Tu	846ft ☐
Bennan Hill	3Tu	1129ft	☐	Bennan Hill	2Tu	945ft ☐
Bennan Hill	2Tu	928ft	☐	Bennan of Kirkcalla	1Tu	554ft ☐
Benneeve	3Tu	1175ft	☐	Bennel Hill	1Tu	531ft ☐
Benniguinea	H	1270ft	☐	Benquhat Hill	4Tu	1427ft ☐
Benscravie	4Tu	1404ft	☐	Benshaw Hill	SuD	1650ft ☐
Bentudor	2Tu	899ft	☐	Benty Roads	S	2764ft ☐
Benvane	M	2694ft	☐	Benyellary	S	2359ft ☐
Beoraidbeg Hill	1Tu	407ft	☐	Beorgs of Housetter	1Tu	482ft ☐
Beorgs of Skelberry	1Tu	650ft	☐	Beorgs of Uyea	1Tu	571ft ☐
Ber Dale	0Tu	269ft	☐	Bernera Island	0Tu	190ft ☐
Berrgutters	0Tu	210ft	☐	Berrie Craigs	3Tu	1276ft ☐
Berry Cairn	4Tu	1460ft	☐	Berry Fell	3Tu	1037ft ☐
Berry Hill	3Tu	994ft	☐	Berry Knowe	4Tu	1342ft ☐

Berry Top	1Tu	558ft	☐	Berryhill	0Tu	262ft ☐
Berryhill	0Tu	285ft	☐	Bersa Hill	1Tu	561ft ☐
Bervie Brow	1Tu	452ft	☐	Beul Choire nan Each	S	2303ft ☐
Beul Leathad	2Tu	774ft	☐	Bhacasaigh	0Tu	112ft ☐
Bhalaigh	0Tu	98ft	☐	Bhasteir Tooth	MuT	3009ft ☐
Bheinn Shuardail	H	922ft	☐	Bhoiseabhal	3Tu	1227ft ☐
Bibblon Hill	4Tu	1414ft	☐	Bid nam Fiadh	1Tu	407ft ☐
Bidean an Eoin Deirg	MuT	3434ft	☐	Bidean Bad na h-Iolaire	M	1732ft ☐
Bidean nam Bian	M	3771ft	☐	Bidean nam Bian West Top	U	3744ft ☐
Bideanan	1Tu	367ft	☐	Bidein a' Chabair	M	2846ft ☐
Bidein a' Choire Sheasgaich	M	3100ft	☐	Bidein a' Choire Sheasgaich North Top	SuS	2795ft ☐
Bidein a' Ghlas Thuill East Top	SuS	3421ft	☐	Bidein a' Ghlas Thuill Far East Top	U	3289ft ☐
Bidein an Fhithich	1Tu	486ft	☐	Bidein Clann Raonaild	M	1529ft ☐
Bidein Druim nan Ramh	H	2851ft	☐	Bidein Druim nan Ramh North Top	SuS	2794ft ☐
Bidein na h-Iolaire	H	331ft	☐	Bidigidh	D	1640ft ☐
Bidigidh	1Tu	463ft	☐	Big Airds Hill	1Tu	335ft ☐
Big Brae	dMut	3084ft	☐	Big Craigenlee	2Tu	886ft ☐
Big Dod	4Tu	1503ft	☐	Big Doon	U	597ft ☐
Big Fell	3Tu	1037ft	☐	Big Garvoun	S	2434ft ☐
Big Garvoun West Top	SuS	2293ft	☐	Big Hill	4Tu	1417ft ☐
Big Hill of Glenmount	H	1253ft	☐	Big Hill of the Baing	3Tu	1188ft ☐
Big Hunt Hill	SuD	1710ft	☐	Big Morton Hill	H	1369ft ☐
Bigga	0Tu	112ft	☐	Bile Buidhe	SuS	2398ft ☐
Billia Field	1Tu	364ft	☐	Bin of Cullen	M	1050ft ☐

Name	Class	Height		Name	Class	Height	
Bine Hill	0Tu	308ft	☐	Binga Fea	1Tu	512ft	☐
Binks Hill	3Tu	1089ft	☐	Binn Hill	0Tu	292ft	☐
Binn Hill	2Tu	909ft	☐	Binn Hill	1Tu	560ft	☐
Binnean nan Gobhar	M	1923ft	☐	Binnean nan Gobhar NE Top	SuD	1880ft	☐
Binnein	2Tu	781ft	☐	Binnein an Fhidhleir	H	2661ft	☐
Binnein Ban	2Tu	689ft	☐	Binnein Beag	M	3094ft	☐
Binnein Furachail	0Tu	285ft	☐	Binnein Mor	M	3707ft	☐
Binnein Mor	H	1804ft	☐	Binnein Mor	1Tu	558ft	☐
Binnein Mor	3Tu	1148ft	☐	Binnein Mor South Top	MuT	3484ft	☐
Binnein Riabhach	1Tu	394ft	☐	Binnein Shios	M	2189ft	☐
Binnein Shuas	M	2451ft	☐	Binnein Shuas North Top	SuS	2316ft	☐
Binnilidh Mhor	4Tu	1440ft	☐	Binns Hill	1Tu	371ft	☐
Binny Craig	2Tu	725ft	☐	Biod an Athair	M	1030ft	☐
Biod an Fhithich	M	2119ft	☐	Biod an Fhithich North Top	SuD	1772ft	☐
Biod Ban	1Tu	495ft	☐	Biod Ban	1Tu	646ft	☐
Biod Mor	M	1260ft	☐	Biod Ruadh	2Tu	922ft	☐
Bioda Buidhe	M	1529ft	☐	Bioda Mor	M	586ft	☐
Biorach a' Mheannain	S	2477ft	☐	Bioran na Circe	S	2369ft	☐
Bioruaslum	0Tu	236ft	☐	Birgidale Hill	1Tu	404ft	☐
Birka Stack	U	148ft	☐	Birka Vird	1Tu	394ft	☐
Birkenside	2Tu	770ft	☐	Birkhill	2Tu	920ft	☐
Birks Hill	dDot	2047ft	☐	Birkscairn Hill	S	2169ft	☐
Birkside Law	D	1949ft	☐	Birnam Hill - King's Seat	M	1325ft	☐
Birniehill	2Tu	863ft	☐	Birnies Bowrock	O	2208ft	☐

Birny Hills	3Tu	1184ft ☐	Birsemore Hill	3Tu	1093ft ☐
Bishop Forest Hill	M	1286ft ☐	Bishop Hill	M	1512ft ☐
Bishop's Seat	D	1654ft ☐	Bizzyberry Hill	H	1191ft ☐
Blabheinn	M	3048ft ☐	Blabheinn South Top	MuT	3040ft ☐
Black Binks	D	1654ft ☐	Black Briggs	2Tu	912ft ☐
Black Burn Head	4Tu	1549ft ☐	Black Cleuch Hill	Dot	2215ft ☐
Black Craig	M	1713ft ☐	Black Craig	S	2270ft ☐
Black Craig	S	2100ft ☐	Black Craig	D	1736ft ☐
Black Craig	D	1850ft ☐	Black Craig	D	1732ft ☐
Black Craig	2Tu	666ft ☐	Black Creich Hill	4Tu	1453ft ☐
Black Dod	D	1798ft ☐	Black Fell	4Tu	1532ft ☐
Black Hill	M	1644ft ☐	Black Hill	M	1030ft ☐
Black Hill	S	2479ft ☐	Black Hill	S	2474ft ☐
Black Hill	S	2276ft ☐	Black Hill	H	699ft ☐
Black Hill	D	1657ft ☐	Black Hill	D	1864ft ☐
Black Hill	D	1808ft ☐	Black Hill	D	1742ft ☐
Black Hill	H	1258ft ☐	Black Hill	4Tu	1453ft ☐
Black Hill	2Tu	732ft ☐	Black Hill	1Tu	587ft ☐
Black Hill	1Tu	495ft ☐	Black Hill	3Tu	1053ft ☐
Black Hill	1Tu	620ft ☐	Black Hill	0Tu	230ft ☐
Black Hill	3Tu	1181ft ☐	Black Hill	2Tu	741ft ☐
Black Hill	3Tu	1171ft ☐	Black Hill	4Tu	1585ft ☐
Black Hill	3Tu	1224ft ☐	Black Hill	2Tu	951ft ☐
Black Hill	2Tu	854ft ☐	Black Hill	4Tu	1555ft ☐

Black Hill	3Tu	1178ft	☐	Black Hill	3Tu	1181ft ☐
Black Hill	3Tu	1122ft	☐	Black Hill East Top	3Tu	1197ft ☐
Black Hill of Mark	S	2539ft	☐	Black Hillock	SuD	1798ft ☐
Black Knowe	H	1801ft	☐	Black Knowe	D	1713ft ☐
Black Knowe	4Tu	1486ft	☐	Black Knowe	3Tu	1178ft ☐
Black Knowe Head	D	1806ft	☐	Black Law	H	2290ft ☐
Black Law	H	801ft	☐	Black Law	H	1109ft ☐
Black Law	4Tu	1529ft	☐	Black Law SW Top	dDot	2283ft ☐
Black Loch Hill	2Tu	705ft	☐	Black Maller	3Tu	1102ft ☐
Black Meldon	H	1335ft	☐	Black Moss	4Tu	1529ft ☐
Black Mount	M	1693ft	☐	Black Mount	1Tu	453ft ☐
Black Rig	D	1673ft	☐	Black Rock	4Tu	1355ft ☐
Blackbellie Hill	1Tu	446ft	☐	Blackbreast	H	938ft ☐
Blackcastle Hill	2Tu	909ft	☐	Blackcock Hill	2Tu	974ft ☐
Blackcraig Hill	M	2300ft	☐	Blackcraig Hill	4Tu	1578ft ☐
Blackcraig Hill	D	1647ft	☐	Blackcraig Hill	2Tu	803ft ☐
Blackcraig Hill	4Tu	1332ft	☐	Blackdean Curr	D	1644ft ☐
Blackford Hill	1Tu	538ft	☐	Blackgrain Height	Su4	1627ft ☐
Blackhall Hill	4Tu	1578ft	☐	Blackhall Hill	3Tu	1243ft ☐
Blackhill	1Tu	427ft	☐	Blackhill	U	926ft ☐
Blackhope Scar	M	2136ft	☐	Blacklaw Hill	2Tu	932ft ☐
Blacklaw Hill West Top	2Tu	896ft	☐	Blacklorg Hill	H	2234ft ☐
Blackpark Hill	1Tu	469ft	☐	Blackshaw Hill	2Tu	712ft ☐
Blackwood Hill	M	1467ft	☐	Blackwood Hill	3Tu	1014ft ☐

Blackwood Hill	1Tu	606ft	☐	Blackwoodridge	1Tu	448ft ☐
Blaeberry Hill	1Tu	627ft	☐	Blaeberry Hill	4Tu	1463ft ☐
Blaeberry Hill	4Tu	1378ft	☐	Blaeloch Hill	M	1335ft ☐
Blaik Law	U	863ft	☐	Blair Hill	2Tu	902ft ☐
Blair More Hill	0Tu	318ft	☐	Blairbeg Hill	3Tu	1263ft ☐
Blairdenon Hill	S	2073ft	☐	Blairinnie Hill	2Tu	712ft ☐
Blairlinnans Strip	U	490ft	☐	Blairmore Hill	4Tu	1542ft ☐
Blairshinnoch Hill	1Tu	650ft	☐	Blake Muir	4Tu	1532ft ☐
Blakehope Head	D	1778ft	☐	Blar Achaidh	D	1690ft ☐
Blar na Coinnich	1Tu	381ft	☐	Blargie Craig	S	2667ft ☐
Blary Hill	2Tu	928ft	☐	Blath Bhalg	M	2101ft ☐
Blath Bhalg West Top	SuS	2086ft	☐	Blathaisbhal	1Tu	358ft ☐
Blawquhairn Hill	1Tu	522ft	☐	Blaze Hill	2Tu	847ft ☐
Bleabhal	M	1306ft	☐	Bleak Law	4Tu	1460ft ☐
Blindhillbush Hill	1Tu	627ft	☐	Bloodstone Hill	H	1273ft ☐
Blotchnie Fiold	M	820ft	☐	Blue Craig	2Tu	814ft ☐
Blyth Bank Hill	3Tu	1014ft	☐	Blyth Hill	3Tu	1010ft ☐
Blyth Muir	3Tu	1017ft	☐	Boat Bay Hill	1Tu	407ft ☐
Boc Beag	4Tu	1499ft	☐	Boc Craoibhe-chaoruinn	D	1703ft ☐
Boc Craoibhe-chaoruinn South Top	SuD	1667ft	☐	Boc Craoibhe-chaoruinn West Top	Su4	1621ft ☐
Boc Mor	S	2065ft	☐	Boc Mor NE Top	SuD	1896ft ☐
Bodach Beag	H	2743ft	☐	Boddum Hill	2Tu	699ft ☐
Bodesbeck Law	H	2179ft	☐	Bodnasparet	S	2222ft ☐
Bodsberry Hill	4Tu	1319ft	☐	Bogha-cloiche	H	2946ft ☐

Name	Class	Height		Name	Class	Height	
Bogha-cloiche West Top	SuS	2871ft	☐	Boghill	2Tu	843ft	☐
Bogrie Hill	M	1417ft	☐	Bolabhal Sgarasta	2Tu	869ft	☐
Bolinn Hill	2Tu	751ft	☐	Bolla Hill	1Tu	400ft	☐
Bombie Hill	3Tu	1138ft	☐	Bonchester Hill	3Tu	1060ft	☐
Bonerick Hill	2Tu	663ft	☐	Bonlee Hill	4Tu	1631ft	☐
Boon Hill	H	1073ft	☐	Boor Hill	1Tu	574ft	☐
Bora Chnoc	4Tu	1319ft	☐	Bord Mor	H	1332ft	☐
Boreland Fell	0Tu	295ft	☐	Boreland Hill	4Tu	1631ft	☐
Boreland Hills	0Tu	276ft	☐	Borgan Hill	3Tu	1280ft	☐
Borichill Mor	0Tu	299ft	☐	Borland Hill	1Tu	463ft	☐
Borraichill Mor	1Tu	512ft	☐	Borrobol Hill	H	863ft	☐
Borrodale Hill	0Tu	236ft	☐	Borthaugh Hill	2Tu	879ft	☐
Both Hill	3Tu	1076ft	☐	Botich	SuD	1758ft	☐
Bottle Island	0Tu	118ft	☐	Bourblach Hill	1Tu	387ft	☐
Boursa Island	0Tu	138ft	☐	Boustie Ley	S	2874ft	☐
Bow	S	2011ft	☐	Bow Fiddle	0Tu	100ft	☐
Bow Field	1Tu	528ft	☐	Bow Hill	1Tu	446ft	☐
Bow Middle Top	dDot	2001ft	☐	Bow SW Top	dDot	2008ft	☐
Bowbeat Hill	S	2054ft	☐	Bowbeat Rig Head	SuD	1919ft	☐
Bowden Hill	2Tu	751ft	☐	Bowerhope Law	4Tu	1568ft	☐
Bowshank Hill	3Tu	1243ft	☐	Box Law	4Tu	1549ft	☐
Bracken Noits	3Tu	1168ft	☐	Brackenridge Hill	U	1012ft	☐
Brackenstake	4Tu	1555ft	☐	Bradastac	0Tu	207ft	☐
Brae of Lethen	1Tu	463ft	☐	Brae of Moan	1Tu	400ft	☐

Braecroft Hill	*1Tu*	430ft	☐	Braeriach	*M*	4252ft	☐
Braes of Fowlis	*2Tu*	811ft	☐	Braid Cairn	*H*	2910ft	☐
Braid Fell	*2Tu*	771ft	☐	Braid Hills	*2Tu*	699ft	☐
Braigh a' Choire Bhig	*dMut*	3307ft	☐	Braigh a' Choire Mhoir	*1Tu*	522ft	☐
Braigh Clais Daimh	*SuS*	2862ft	☐	Braigh Coire Caochan nan Laogh	*S*	2618ft	☐
Braigh Coire na Conlaich	*H*	2739ft	☐	Braigh Dubh Dhoire	*1Tu*	509ft	☐
Braigh Feith Ghiubhsachain	*SuS*	2374ft	☐	Braigh na Glaice Moire	*1Tu*	584ft	☐
Braigh na Glaice Moire North Top	*1Tu*	577ft	☐	Braigh na h-Eaglaise	*M*	1390ft	☐
Braigh na Leitire	*4Tu*	1565ft	☐	Braigh nan Creagan Breac	*S*	2903ft	☐
Braigh nan Uamhachan	*M*	2510ft	☐	Braigh Sron Ghorm	*S*	2884ft	☐
Bramberry Hill	*0Tu*	246ft	☐	Bramblebrae	*2Tu*	699ft	☐
Bransly Hill	*3Tu*	1306ft	☐	Branxholm Braes	*2Tu*	797ft	☐
Branxholmpark Hill	*2Tu*	850ft	☐	Braon a' Mheallain	*H*	876ft	☐
Brat Bheinn	*H*	1122ft	☐	Brattibreck	*0Tu*	299ft	☐
Braughty Hill	*3Tu*	1070ft	☐	Braushie Cree	*4Tu*	1483ft	☐
Breabag	*M*	2674ft	☐	Breabag North Top	*S*	2356ft	☐
Breac Leac	*SuS*	2429ft	☐	Breac Leathad	*D*	1929ft	☐
Breac-Bheinn	*M*	1522ft	☐	Breac-Bheinn East Top	*3Tu*	1243ft	☐
Breach Law	*SuD*	1886ft	☐	Breagach Hill	*D*	1827ft	☐
Breakachy Hill	*2Tu*	879ft	☐	Breaker Hill	*2Tu*	778ft	☐
Brechin Earth Station	*1Tu*	453ft	☐	Brecklach Hill	*2Tu*	863ft	☐
Breckonside Hill	*3Tu*	1181ft	☐	Breconside Hill	*3Tu*	1201ft	☐
Breeches Rock	*0Tu*	132ft	☐	Breiti Stack	*0Tu*	236ft	☐
Brekk Hill	*0Tu*	197ft	☐	Breoch Hill	*1Tu*	414ft	☐

Name	Class	Height		Name	Class	Height	
Brimmond Hill	M	873ft	☐	Brin Rock	4Tu	1427ft	☐
Brindister Hill	0Tu	190ft	☐	Brinkies Brae	0Tu	308ft	☐
Brinneabhal	2Tu	699ft	☐	Broad Cairn	Mu	3274ft	☐
Broad Cairn East Top	SuS	2211ft	☐	Broad Head	4Tu	1617ft	☐
Broad Hill	SuD	1685ft	☐	Broad Hill	4Tu	1539ft	☐
Broad Law	M	2756ft	☐	Broad Lee	0Tu	230ft	☐
Broad Moss	2Tu	981ft	☐	Broad Stack	0Tu	118ft	☐
Broadfield Height	3Tu	1148ft	☐	Broadfield Hill	2Tu	774ft	☐
Broadgair Hill	SuD	1808ft	☐	Broc-bheinn	3Tu	1135ft	☐
Brockie Law	3Tu	1201ft	☐	Brockloch Hill	2Tu	938ft	☐
Brockloch Hill	1Tu	627ft	☐	Broken Back	D	1670ft	☐
Broken Cross Muir	2Tu	981ft	☐	Bromley Muir	H	998ft	☐
Brona Cleit	0Tu	177ft	☐	Broom Craig	SuS	1974ft	☐
Broom Hill	4Tu	1637ft	☐	Broom Hill	D	1890ft	☐
Broom Hill	2Tu	702ft	☐	Broom Hill	3Tu	1119ft	☐
Broom Hill	0Tu	180ft	☐	Broom Hill	3Tu	1007ft	☐
Broom Hill	0Tu	159ft	☐	Broomhill	2Tu	958ft	☐
Broomhillbank Hill	2Tu	873ft	☐	Broomie Law	2Tu	883ft	☐
Broomy Law	M	1398ft	☐	Broomy Law	D	1808ft	☐
Broomy Law	D	1752ft	☐	Broomy Law	4Tu	1519ft	☐
Brosdale Island	0Tu	118ft	☐	Brother Isle	SIB	82ft	☐
Brotherstone Hill	4Tu	1371ft	☐	Brotherstone Hill West	2Tu	873ft	☐
Brough Hill	0Tu	200ft	☐	Brough of Birsay	0Tu	151ft	☐
Broughton Heights	M	1873ft	☐	Brown Carrick Hill	M	944ft	☐

Name	Class	Height		Name	Class	Height	
Brown Caterthun	2Tu	938ft	☐	Brown Cow Hill	M	2720ft	☐
Brown Cow Hill East Top	SuS	2457ft	☐	Brown Dod	D	1762ft	☐
Brown Dod	4Tu	1604ft	☐	Brown Hill	4Tu	1591ft	☐
Brown Hill	3Tu	1024ft	☐	Brown Hill	1Tu	653ft	☐
Brown Hill	4Tu	1375ft	☐	Brown Hill	4Tu	1562ft	☐
Brown Hill	3Tu	1257ft	☐	Brown Hill	3Tu	1148ft	☐
Brown Hill	3Tu	1129ft	☐	Brown Hill	1Tu	515ft	☐
Brown Knowe	dDot	2316ft	☐	Brown Knowe	D	1716ft	☐
Brown Moor	1Tu	515ft	☐	Brown Muir	M	1112ft	☐
Brown Rig	3Tu	1243ft	☐	Brownmoor Hill	3Tu	1201ft	☐
Brownmuir	2Tu	659ft	☐	Brown's Hill	U	1094ft	☐
Brownside Hill	2Tu	673ft	☐	Brox Law	0Tu	325ft	☐
Bruach Apigill	1Tu	594ft	☐	Bruach Dubh	SuD	1775ft	☐
Bruach na Frithe	H	3146ft	☐	Bruach na Sean-pheighinne	1Tu	522ft	☐
Bruach nan Imirichean	SuS	2690ft	☐	Bruach nan Iomairean	dMut	3182ft	☐
Bruairnis	0Tu	315ft	☐	Bruce's Camp	1Tu	571ft	☐
Bruna Ness	0Tu	194ft	☐	Brunt Hill	1Tu	361ft	☐
Brunt Hill	2Tu	740ft	☐	Brunton Hill	U	502ft	☐
Bruntshields	D	1745ft	☐	Bruray Ward (Out Skerries East)	0Tu	174ft	☐
Bruse Holm	0Tu	102ft	☐	Bruthach na Craoibhe	S	2699ft	☐
Bruthach nan Creagan	H	2803ft	☐	Brux Hill	4Tu	1558ft	☐
Bruxie Hill	2Tu	712ft	☐	Bryan's Heights	3Tu	1165ft	☐
Brylach Hill	3Tu	1070ft	☐	Buachailean	3Tu	1135ft	☐
Buachaille Bolla	SuS	2024ft	☐	Buachaille Breige	S	2444ft	☐

Buachaille Breige	SuD	1651ft	☐	Buachaille Breige Far West Top	SuS	2303ft	☐
Buachaille Breige North Top	2Tu	919ft	☐	Buachaille Breige West Top	S	2359ft	☐
Buachaille Etive Beag - Stob Coire Raineach	M	3033ft	☐	Buachaille Etive Beag - Stob Dubh	M	3143ft	☐
Buachaille Etive Mor - Stob Dearg	M	3351ft	☐	Buachaille Etive Mor - Stob na Broige	H	3128ft	☐
Buaile a' Mhullaich	0Tu	230ft	☐	Buaile Breacleit	0Tu	167ft	☐
Buailebhal Mor	0Tu	318ft	☐	Bualabhal	0Tu	325ft	☐
Buchan Hill	4Tu	1617ft	☐	Buckholm Hill	3Tu	1076ft	☐
Bught Fell	2Tu	673ft	☐	Bught Hill	4Tu	1480ft	☐
Buidhe Bheinn	M	2905ft	☐	Buidhe Bheinn North Top	S	2723ft	☐
Buidhe Bheinn West Top	S	2884ft	☐	Buittle Hill	1Tu	528ft	☐
Bulabhall	H	1161ft	☐	Bulg	S	1991ft	☐
Bun Bacabhat	0Tu	99ft	☐	Burach	M	1991ft	☐
Burebhal	H	482ft	☐	Burga Stacks North	0Tu	112ft	☐
Burga Stacks South	0Tu	98ft	☐	Burgh Hill	0Tu	154ft	☐
Burgh Hill	3Tu	1030ft	☐	Burghmuir	1Tu	354ft	☐
Burgiehill	M	833ft	☐	Burifa' Hill	1Tu	377ft	☐
Burnswark Hill	H	942ft	☐	Burnt Hill	S	2179ft	☐
Burnt Hill	4Tu	1329ft	☐	Burra Dale	1Tu	486ft	☐
Burra Stack	0Tu	144ft	☐	Burrach Mor	S	2713ft	☐
Burrach Mor South Top	S	2628ft	☐	Burrashield	1Tu	492ft	☐
Bushie Law	SuD	1719ft	☐	Butter Hill	3Tu	1122ft	☐
Buttergask Hill	3Tu	1007ft	☐	Bye Hill	4Tu	1634ft	☐
Byehass Hill	4Tu	1384ft	☐	Bynack Beg	MuT	3182ft	☐
Bynack More	M	3576ft	☐	Byne Hill	2Tu	702ft	☐

Byrehope Mount	H	1759ft	☐	Byrelee Hill	3Tu	1211ft	☐
Byres Hill	0Tu	180ft	☐	Byres Hill	1Tu	594ft	☐
Byreside Hill	2Tu	807ft	☐	Cac Carn Mor	SuS	3777ft	☐
Cacra Hill	M	1545ft	☐	Cacrabank Hill	2Tu	896ft	☐
Cadboll Mount	0Tu	262ft	☐	Caddleton Hill	1Tu	371ft	☐
Cademuir Fort	4Tu	1328ft	☐	Cademuir Hill	M	1365ft	☐
Cadha Ban	SuS	2464ft	☐	Cadha Ban South Top	SuS	2385ft	☐
Cadha Cleit	2Tu	778ft	☐	Cadha Mor	2Tu	794ft	☐
Cadha nam Bo Ruadha	S	2674ft	☐	Cadha Riach	1Tu	407ft	☐
Cadha Ruadh	S	2402ft	☐	Cadhachan Riabhach	S	2254ft	☐
Cadhachan Riabhach West Top	SuS	2175ft	☐	Caerketton Hill	4Tu	1568ft	☐
Caerloch Dhu	S	2164ft	☐	Caile Mullach	0Tu	239ft	☐
Caimhlin Mor	S	2169ft	☐	Cairds Hill	3Tu	988ft	☐
Caireasbhal	0Tu	250ft	☐	Cairn Ardachy	3Tu	1115ft	☐
Cairn Ballantruan	4Tu	1496ft	☐	Cairn Bannoch	Mu	3320ft	☐
Cairn Broadlands	SuS	2795ft	☐	Cairn Caidloch	S	2127ft	☐
Cairn Cattoch	3Tu	1211ft	☐	Cairn Connell Hill	0Tu	315ft	☐
Cairn Culchavie	S	2382ft	☐	Cairn Doos	SuS	2066ft	☐
Cairn Dregnie	SuS	1985ft	☐	Cairn Duhie	3Tu	1024ft	☐
Cairn Dulnan	S	2421ft	☐	Cairn Edward Hill	H	1066ft	☐
Cairn Ellick	D	1736ft	☐	Cairn Ewen	SuS	2873ft	☐
Cairn Fell	H	539ft	☐	Cairn Geldie	S	2044ft	☐
Cairn Gibbs	D	1709ft	☐	Cairn Gorm	H	4084ft	☐
Cairn Hill	M	1480ft	☐	Cairn Hill	4Tu	1637ft	☐

Name	Class	Height		Name	Class	Height	
Cairn Hill	1Tu	640ft	☐	Cairn Hill	0Tu	256ft	☐
Cairn Hill	0Tu	239ft	☐	Cairn Hill	4Tu	1578ft	☐
Cairn Hill	2Tu	886ft	☐	Cairn Hill	U	454ft	☐
Cairn Hill (Stroma)	0Tu	174ft	☐	Cairn Hill of the Moil	2Tu	955ft	☐
Cairn Kincraig	SuD	1834ft	☐	Cairn Kinney	H	1617ft	☐
Cairn Leuchan	S	2296ft	☐	Cairn Lick	S	2238ft	☐
Cairn Lochan	MuT	3983ft	☐	Cairn Lunkard	SuS	2827ft	☐
Cairn na Burgh More	0Tu	115ft	☐	Cairn Nairvie	SuD	1831ft	☐
Cairn of Barns	S	2130ft	☐	Cairn of Claise	H	3491ft	☐
Cairn of Gowal	MuT	3251ft	☐	Cairn of Gowal South Top	dMut	3225ft	☐
Cairn of Meadows	S	2254ft	☐	Cairn Pat	M	597ft	☐
Cairn Poullachie	3Tu	1247ft	☐	Cairn Rynettin	4Tu	1555ft	☐
Cairn Table	M	1946ft	☐	Cairn Tammock	1Tu	640ft	☐
Cairn Toul	M	4236ft	☐	Cairn Uish	3Tu	1201ft	☐
Cairn Vachich	S	2140ft	☐	Cairn Vungie	S	2344ft	☐
Cairn Vungie South Top	SuS	2310ft	☐	Cairn William	M	1470ft	☐
Cairnacay	4Tu	1608ft	☐	Cairnagour Hill	S	2438ft	☐
Cairnballoch	2Tu	919ft	☐	Cairnbeg Hill	3Tu	1129ft	☐
Cairnbowie Hill	1Tu	331ft	☐	Cairnbrallan	S	2031ft	☐
Cairncurran Hill	2Tu	909ft	☐	Cairndaie Hill	1Tu	646ft	☐
Cairndale Hill	1Tu	400ft	☐	Cairngarroch	D	1827ft	☐
Cairngryffe Hill (quarried)	H	1084ft	☐	Cairnharrow	M	1499ft	☐
Cairnie Hill	M	751ft	☐	Cairnkinna Hill	M	1818ft	☐
Cairnmon Fell	1Tu	381ft	☐	Cairn-mon-earn	M	1242ft	☐

Name	Class	Height		Name	Class	Height
Cairnmorris Hill	S	1989ft		Cairnmuir	1Tu	410ft
Cairnoch Hill	H	1357ft		Cairnpapple Hill	M	1024ft
Cairnsaigh Hill	2Tu	945ft		Cairnsgarroch	H	2162ft
Cairnshee	2Tu	735ft		Cairnsmore	M	1617ft
Cairnsmore of Carsphairn	M	2615ft		Cairnsmore of Fleet	M	2333ft
Cairntosh Hill	3Tu	1079ft		Cairny Hill	3Tu	1220ft
Caisteal	MuT	3629ft		Caisteal a' Garbh-Choire	S	2722ft
Caisteal Abhail	M	2818ft		Caisteal Abhail East Top	S	2493ft
Caisteal Abhail Far East Top	S	2385ft		Caisteal an Fhithich	0Tu	105ft
Caisteal an Reubadair	0Tu	148ft		Caisteal Corrach	SuD	1936ft
Caisteal Duin	3Tu	1083ft		Caisteal na Caillich	S	2828ft
Caisteal na Caillich South Top	SuS	2789ft		Caisteal Suidhe Cheannaidh	2Tu	718ft
Caiteseal	M	1473ft		Caitha Hill	3Tu	1129ft
Caitiosbhal	H	480ft		Cakemuir Hill	3Tu	1211ft
Calbha Beag	0Tu	135ft		Calbha Mor	0Tu	220ft
Caldron Hill	3Tu	1089ft		Calf of Eday	0Tu	177ft
Caliach Point	0Tu	223ft		Calkin Rig	M	1480ft
Calla Hill	2Tu	971ft		Callachy Hill	2Tu	725ft
Callart Hill	2Tu	863ft		Callaw Cairn	SuD	1663ft
Callum's Hill	1Tu	522ft		Calpa Mor	S	2671ft
Calton Hill	0Tu	207ft		Calton Hill	1Tu	348ft
Calve Island	SIB	62ft		Cam Chreag	M	2828ft
Cam Chreag	M	2899ft		Cam Chreag	S	2666ft
Cam Chreag South Top	U	2881ft		Cam Sgriob	H	1591ft

Camas an Leim	0Tu	190ft	☐	Camas Ruadh	0Tu	194ft	☐
Cambret Hill	3Tu	1152ft	☐	Cam-Chreag	S	2928ft	☐
Camock Hill	S	2274ft	☐	Camp Hill	1Tu	440ft	☐
Camp Hill	1Tu	351ft	☐	Camp Hill	0Tu	308ft	☐
Camp Wood Hill	2Tu	883ft	☐	Campaigh	0Tu	112ft	☐
Campbells Hill	4Tu	1486ft	☐	Campbelton Hill	0Tu	249ft	☐
Camperdown Hill	1Tu	354ft	☐	Campland Hill	4Tu	1568ft	☐
Canada Hill	SuD	1732ft	☐	Candiehead	1Tu	609ft	☐
Candle Hill	2Tu	669ft	☐	Canisp	M	2779ft	☐
Cannock Hill	D	1949ft	☐	Cant Hills	3Tu	1004ft	☐
Canup	4Tu	1480ft	☐	Caol Bheinn	H	1414ft	☐
Caol Bheinn East Top	3Tu	1276ft	☐	Caolas Liubharsaigh	0Tu	128ft	☐
Cap Law	Su4	1629ft	☐	Cap of Balnacraig	2Tu	692ft	☐
Cape Law	S	2369ft	☐	Capel Fell	M	2225ft	☐
Capel Hill	D	1673ft	☐	Capel Hill	D	1709ft	☐
Capelaw Hill	4Tu	1489ft	☐	Capet Law	U	1377ft	☐
Capull Cloch	2Tu	771ft	☐	Capull Cloiche	D	1893ft	☐
Caputh Hill	1Tu	571ft	☐	Carabad	S	2157ft	☐
Carberry Hill	1Tu	525ft	☐	Carbeth Hill	1Tu	622ft	☐
Carby Hill	2Tu	879ft	☐	Carcant Hill	4Tu	1394ft	☐
Carding Hill	1Tu	354ft	☐	Cardon Hill	S	2215ft	☐
Cardon Law	D	1929ft	☐	Carfrae	3Tu	990ft	☐
Carfrae Hill	2Tu	741ft	☐	Carlavin Hill	Dot	2415ft	☐
Carleatheran	M	1591ft	☐	Carlin Tooth	D	1808ft	☐

Name	Class	Height		Name	Class	Height	
Carlin Tooth	D	1677ft	☐	Carlin's Cairn	S	2648ft	☐
Carlochan Hill	1Tu	564ft	☐	Carlock Hill	H	1056ft	☐
Carlunie Hill	3Tu	1115ft	☐	Carmichael Hill	H	1158ft	☐
Carmodle	4Tu	1339ft	☐	Carmont Hill	H	774ft	☐
Carn a' Bhacain	H	2444ft	☐	Carn a' Bhacain NE Top	SuD	1844ft	☐
Carn a' Bhainne	3Tu	1286ft	☐	Carn a' Bhainne	3Tu	1227ft	☐
Carn a' Bhainne	3Tu	1217ft	☐	Carn a' Bhainne NE Top	3Tu	1207ft	☐
Carn a' Bhealaich	SuD	1667ft	☐	Carn a' Bhealaich Mhoir	3Tu	1125ft	☐
Carn a' Bhiorain	H	1667ft	☐	Carn a' Bhodaich	M	1644ft	☐
Carn a' Bhodaich	S	2149ft	☐	Carn a' Bhothain Mholaich	S	2799ft	☐
Carn a' Bhreabadair	H	1575ft	☐	Carn a' Bhreabadair	Su4	1608ft	☐
Carn a' Bhreabadair South Top	4Tu	1496ft	☐	Carn a' Bhuilg	2Tu	843ft	☐
Carn a' Bhutha	SuS	2972ft	☐	Carn a' Chaochain	M	2318ft	☐
Carn a' Chaochain Chruaidh	D	1663ft	☐	Carn a' Chaochain North Top	SuS	2311ft	☐
Carn a' Chaorainn	D	1831ft	☐	Carn a' Chaorainn NW Top	SuD	1814ft	☐
Carn a' Chiaraidh	S	2858ft	☐	Carn a' Chlaiginn	D	1719ft	☐
Carn a' Chlamain	M	3161ft	☐	Carn a' Chlamain North Top	dMut	3123ft	☐
Carn a' Chlarsaich	S	2858ft	☐	Carn a' Chlarsaich East Top	U	2803ft	☐
Carn a' Chnuic	H	1660ft	☐	Carn a' Choin Deirg	M	2300ft	☐
Carn a' Choin Deirg South Top	S	2188ft	☐	Carn a' Choire Bhoidheach	Mu	3641ft	☐
Carn a' Choire Bhuidhe	S	2779ft	☐	Carn a' Choire Ghairbh	M	2830ft	☐
Carn a' Choire Ghlaise	SuS	2553ft	☐	Carn a' Choire Ghlaise East Top	SuS	2550ft	☐
Carn a' Choire Leith	H	2123ft	☐	Carn a' Choire Mhoir	S	2057ft	☐
Carn a' Choire Odhair	D	1673ft	☐	Carn a' Choire Sheilich	SuS	2600ft	☐

Carn a' Chuaille	SuD	1857ft	☐	Carn a' Chuilinn	M	2680ft	☐
Carn a' Chuilinn East Top	S	2575ft	☐	Carn a' Chuilinn Far East Top	S	2585ft	☐
Carn a' Chuilinn North Top	SuS	2562ft	☐	Carn a' Chuilinn South Top	S	2520ft	☐
Carn a' Chullaich	D	1739ft	☐	Carn a' Coire Dhoimhneid	D	1963ft	☐
Carn a' Coire Dhoimhneid East Top	D	1909ft	☐	Carn a' Ghaill	M	692ft	☐
Carn a' Gharbh-choire	4Tu	1581ft	☐	Carn a' Gheoidh	M	3202ft	☐
Carn a' Ghille Chearr	M	2329ft	☐	Carn a' Ghlinne	H	1768ft	☐
Carn a' Ghobhair	M	1798ft	☐	Carn a' Ghorm-locha	S	2415ft	☐
Carn a' Ghrianain	1Tu	486ft	☐	Carn a' Mhadaidh	4Tu	1424ft	☐
Carn a' Mhadaidh-ruaidh	SuS	3016ft	☐	Carn a' Mhadaidh-ruaidh	D	1650ft	☐
Carn a' Mhadaidh-ruaidh	SuD	1923ft	☐	Carn a' Mhaim	M	3402ft	☐
Carn a' Mhais Leathain	SuD	1706ft	☐	Carn a' Mhanaich	0Tu	112ft	☐
Carn a' Mheallain Odhair	D	1804ft	☐	Carn a' Mhearlaich	4Tu	1575ft	☐
Carn a' Mhuilt	SuS	2191ft	☐	Carn a' Mhuilt East Top	SuS	2171ft	☐
Carn a' Mhurraich	SuD	1808ft	☐	Carn a' Phris-ghiubhais	SuS	2133ft	☐
Carn Airigh an Easain	3Tu	1142ft	☐	Carn Airigh Charn	3Tu	1286ft	☐
Carn Airigh Shomhairle	0Tu	249ft	☐	Carn Ait	S	2837ft	☐
Carn Alladale	S	2087ft	☐	Carn Allt a' Chlaiginn	SuS	2037ft	☐
Carn Allt Laoigh	D	1873ft	☐	Carn Allt na Baranachd	Su4	1634ft	☐
Carn Allt na Bradh	3Tu	1096ft	☐	Carn Allt na Caime	3Tu	1020ft	☐
Carn Allt na Caime South Top	1Tu	653ft	☐	Carn an Achaidh Mhoir	1Tu	446ft	☐
Carn an Ailean	D	1801ft	☐	Carn an Airich Mor	Su4	1617ft	☐
Carn an Alltain Riabhaich	S	2146ft	☐	Carn an Aonaich Odhair	SuS	2730ft	☐
Carn an Daimh	S	2471ft	☐	Carn an Daimh	SuS	2024ft	☐

Carn an Daimh Bhain	SuS	2054ft	☐	Carn an Daraich	2Tu	732ft	☐
Carn an Dubh-ghlaic	3Tu	1148ft	☐	Carn an Duine	0Tu	210ft	☐
Carn an Eich Dheirg	1Tu	404ft	☐	Carn an Fheadain	4Tu	1447ft	☐
Carn an Fhiadhain	SuS	2635ft	☐	Carn an Fhidhleir	SuD	1699ft	☐
Carn an Fhidhleir	M	3261ft	☐	Carn an Fhidhleir Lorgaidh	H	2784ft	☐
Carn an Fhidhleir Lorgaidh West Top	SuS	2666ft	☐	Carn an Fhidhleir South Top	SuS	2971ft	☐
Carn an Fhradhairc	D	1650ft	☐	Carn an Fhreiceadain	M	2881ft	☐
Carn an Fhuarain Mhoir	SuD	1781ft	☐	Carn an Leanaidh	D	1890ft	☐
Carn an Leth-choin	S	2769ft	☐	Carn an Lochain Duibh	2Tu	679ft	☐
Carn an Lochan	S	2119ft	☐	Carn an Readh-bhric	3Tu	1050ft	☐
Carn an Righ	M	3376ft	☐	Carn an Ruidh Mhaoil	2Tu	722ft	☐
Carn an Ruighe Dhuibh	SuD	1703ft	☐	Carn an Ruighe Dhuibh East Top	SuD	1677ft	☐
Carn an Sgianair	U	2159ft	☐	Carn an Sgoltaidh	SuD	1706ft	☐
Carn an Sgumbain	4Tu	1345ft	☐	Carn an Sgumbain NE Top	3Tu	1201ft	☐
Carn an Teas	1Tu	630ft	☐	Carn an Tionail	M	2489ft	☐
Carn an Tionail	SuS	2346ft	☐	Carn an t-Sagairt	2Tu	797ft	☐
Carn an t-Sagairt Beag	MuT	3426ft	☐	Carn an t-Sagairt Mor	Mu	3435ft	☐
Carn an t-Saighdeir	3Tu	1260ft	☐	Carn an t-Seana-bhlair	4Tu	1437ft	☐
Carn an t-Sean-liathanaich	S	2083ft	☐	Carn an t-Seididh	1Tu	453ft	☐
Carn an t-Slamain	4Tu	1457ft	☐	Carn an t-Sluic Dhuibh	D	1860ft	☐
Carn an t-Sneachda	2Tu	863ft	☐	Carn an t-Suidhe	SuS	2408ft	☐
Carn an t-Suidhe	4Tu	1476ft	☐	Carn an Tuairneir	D	1909ft	☐
Carn an Tuairneir	D	1759ft	☐	Carn an Tuairneir East Top	D	1749ft	☐
Carn an Tuirc	Mu	3343ft	☐	Carn an Uillt Deirg	SuD	1775ft	☐

Carn Aosda	H	3003ft	☐	Carn Aosda North Top	SuS	2822ft	☐
Carn Bad a' Chreamha	H	2078ft	☐	Carn Bad a' Ghuail	S	2064ft	☐
Carn Bad an Daimh	S	2126ft	☐	Carn Bad an Ducharaich	2Tu	846ft	☐
Carn Bad Leabhraidh	4Tu	1342ft	☐	Carn Bad na Caorach	4Tu	1565ft	☐
Carn Bad na Circe	4Tu	1624ft	☐	Carn Bad na h-Achlaise	2Tu	797ft	☐
Carn Bad nan Cuileag	2Tu	787ft	☐	Carn Bad nan Cuileag South Top	2Tu	787ft	☐
Carn Bad nan Luibhean	H	1545ft	☐	Carn Ballach (NE Top)	dMut	3016ft	☐
Carn Ballach (SW Top)	MuT	3018ft	☐	Carn Ban	MuT	3092ft	☐
Carn Ban	M	2767ft	☐	Carn Ban	M	814ft	☐
Carn Ban	H	2418ft	☐	Carn Ban	4Tu	1519ft	☐
Carn Ban	1Tu	495ft	☐	Carn Ban Beag	SuS	2347ft	☐
Carn Ban Far South Top	SuS	2702ft	☐	Carn Ban Mor	MuT	3447ft	☐
Carn Ban Mor West Top	S	2569ft	☐	Carn Ban South Top	SuS	2752ft	☐
Carn Banchor	SuD	1699ft	☐	Carn Beag	H	1509ft	☐
Carn Beag	D	1804ft	☐	Carn Beag	SuS	2044ft	☐
Carn Beag Dearg	dMut	3314ft	☐	Carn Beag East Top	4Tu	1444ft	☐
Carn Bealach na h-Imrich	2Tu	771ft	☐	Carn Bhac	M	3101ft	☐
Carn Bhac South Top	S	2682ft	☐	Carn Bhac SW Top	MuT	3012ft	☐
Carn Bheadhair	H	2638ft	☐	Carn Bhinnein	MuT	3010ft	☐
Carn Bhithir	D	1880ft	☐	Carn Bhrain	S	2083ft	☐
Carn Bhreabaig	2Tu	840ft	☐	Carn Bhrunachain	S	2372ft	☐
Carn Bingally	3Tu	1273ft	☐	Carn Bingally NE Top	3Tu	1004ft	☐
Carn Biorach	H	1371ft	☐	Carn Braig	0Tu	295ft	☐
Carn Breac	M	2224ft	☐	Carn Breac Beag	3Tu	1270ft	☐

Carn Breac Meadhonach	4Tu	1499ft	☐	Carn Breac Mor	D	1673ft	☐
Carn Breagach	1Tu	502ft	☐	Carn Breagach NE Top	1Tu	469ft	☐
Carn Breugach	M	620ft	☐	Carn Cadh' a' Ghobhainn	4Tu	1457ft	☐
Carn Cadha an Eididh	U	2220ft	☐	Carn Caol	S	2343ft	☐
Carn Cas nan Gabhar	S	1985ft	☐	Carn Cas nan Gabhar SE Top	SuD	1824ft	☐
Carn Chailein	SuD	1663ft	☐	Carn Chaiseachain	3Tu	1043ft	☐
Carn Choire Odhair	S	2536ft	☐	Carn Choire Odhair	S	1997ft	☐
Carn Choire Riabhaich	H	1775ft	☐	Carn Choire Ruithe	SuD	1864ft	☐
Carn Chois	H	2579ft	☐	Carn Chomh-Stri	S	2349ft	☐
Carn Chrom	D	1650ft	☐	Carn Chuinneag	M	2753ft	☐
Carn Chuinneag West Top	S	2720ft	☐	Carn Clach nan Fearna	4Tu	1585ft	☐
Carn Cloich-mhuilinn	MuT	3091ft	☐	Carn Coille Bhlaraidh	3Tu	1197ft	☐
Carn Coire Dhealanaich	S	2247ft	☐	Carn Coire Dhealanaich East Top	SuS	2244ft	☐
Carn Coire na Caorach	S	2087ft	☐	Carn Coire na Coille	D	1713ft	☐
Carn Coire na Creiche	S	2707ft	☐	Carn Coire na h-Easgainn	S	2595ft	☐
Carn Coire na h-Eirghe	S	2428ft	☐	Carn Coire na h-Inghinn	S	2457ft	☐
Carn Creagach	H	2933ft	☐	Carn Creagach	S	2409ft	☐
Carn Crom	S	2920ft	☐	Carn Crom-gleann	SuS	2149ft	☐
Carn Crom-loch	S	2126ft	☐	Carn Cruinn	SuS	2831ft	☐
Carn Cruinn	3Tu	1066ft	☐	Carn Cul-sgor	S	2020ft	☐
Carn Daimh	M	1870ft	☐	Carn Dallaig	S	2815ft	☐
Carn Dallaig South Top	SuS	2502ft	☐	Carn Dallaig West Top	S	2189ft	☐
Carn Daraich	4Tu	1532ft	☐	Carn Dar-riach	SuD	1650ft	☐
Carn Dearg	M	3392ft	☐	Carn Dearg	M	3087ft	☐

Name	Class	Height		Name	Class	Height
Carn Dearg	M	3103ft		Carn Dearg	M	2679ft
Carn Dearg	M	2520ft		Carn Dearg	M	2738ft
Carn Dearg	M	1434ft		Carn Dearg	S	2582ft
Carn Dearg	S	2579ft		Carn Dearg	SuS	2913ft
Carn Dearg	S	2616ft		Carn Dearg	S	2416ft
Carn Dearg	S	2234ft		Carn Dearg	S	2223ft
Carn Dearg	H	978ft		Carn Dearg	D	1830ft
Carn Dearg	S	2599ft		Carn Dearg	D	1709ft
Carn Dearg	SuD	1693ft		Carn Dearg	4Tu	1499ft
Carn Dearg	1Tu	358ft		Carn Dearg	2Tu	942ft
Carn Dearg	SuS	2152ft		Carn Dearg (NW)	MuT	4006ft
Carn Dearg (SW)	MuT	3346ft		Carn Dearg Ailein	1Tu	413ft
Carn Dearg Beag	S	2228ft		Carn Dearg Beag	SuS	2281ft
Carn Dearg Meadhonach	MuT	3868ft		Carn Dearg Mor	M	2812ft
Carn Dearg Mor	S	2156ft		Carn Dearg Mor	S	2340ft
Carn Dearg Mor South Top	D	1939ft		Carn Dearg North Top	S	2526ft
Carn Dearg North Top	S	2506ft		Carn Dearg North Top	SuS	2349ft
Carn Dearg SE Top	MuT	3031ft		Carn Deas	0Tu	138ft
Carn Dhugaill Odhair	1Tu	430ft		Carn Doire Chaorach	D	1736ft
Carn Doire Mhurchaidh	3Tu	1220ft		Carn Doire na Guaile	0Tu	315ft
Carn Doire na Guaile South Top	U	282ft		Carn Doire na h-Achlais	SuS	2073ft
Carn Doire nan Aighean	SuD	1837ft		Carn Donnachaidh	1Tu	374ft
Carn Donnachaidh Beag	S	2860ft		Carn Dubh	S	2697ft
Carn Dubh	S	2513ft		Carn Dubh	S	2369ft

Carn Dubh	SuS	2848ft	☐	Carn Dubh	D	1903ft	☐
Carn Dubh	S	1982ft	☐	Carn Dubh	D	1942ft	☐
Carn Dubh	D	1929ft	☐	Carn Dubh	2Tu	810ft	☐
Carn Dubh	3Tu	1086ft	☐	Carn Dubh	2Tu	823ft	☐
Carn Dubh	4Tu	1552ft	☐	Carn Dubh	4Tu	1486ft	☐
Carn Dubh Ic an Deoir	S	2461ft	☐	Carn Dubh Mor	SuD	1883ft	☐
Carn Dubh North Top	2Tu	778ft	☐	Carn Dubh South Top	SuS	2460ft	☐
Carn Dubh South Top	SuS	2306ft	☐	Carn Duchara	M	1611ft	☐
Carn Eachainn	1Tu	522ft	☐	Carn Ealasaid	M	2598ft	☐
Carn Eas	MuT	3569ft	☐	Carn Easgainn Mor	S	2337ft	☐
Carn Easgann Bana	H	2562ft	☐	Carn Easgann Bana East Top	S	2365ft	☐
Carn Easgann Bana North Top	SuS	2480ft	☐	Carn Easgann Bana West Top	S	2257ft	☐
Carn Eighe	M	3881ft	☐	Carn Eilrig	H	2434ft	☐
Carn Eite	4Tu	1519ft	☐	Carn Eiteige	S	2894ft	☐
Carn Eitidh	D	1667ft	☐	Carn Elrig Mor	SuS	2094ft	☐
Carn Etchachan	MuT	3675ft	☐	Carn Fada	1Tu	410ft	☐
Carn Faire nan Con	M	1214ft	☐	Carn Fearna	4Tu	1460ft	☐
Carn Fearna SW Top	U	1417ft	☐	Carn Feith a' Mhadaidh	2Tu	932ft	☐
Carn Feur-lochain	H	2270ft	☐	Carn Feur-lochain	SuD	1949ft	☐
Carn Feur-lochain South Top	SuS	2126ft	☐	Carn Feur-lochan	D	1939ft	☐
Carn Fhuarain	4Tu	1414ft	☐	Carn Fiaclach	M	1499ft	☐
Carn Fiaclach	S	2457ft	☐	Carn Fiaclach	SuS	2405ft	☐
Carn Fiaclach	SuS	2645ft	☐	Carn Fiaclach Beag	SuS	2116ft	☐
Carn Fionnach	SuS	2287ft	☐	Carn Fliuch-bhaid	S	2162ft	☐

Carn Four-pollan	2Tu	656ft	☐	Carn Fraoich	S	2511ft	☐
Carn Gaibhre	4Tu	1512ft	☐	Carn Gaineamhach	4Tu	1470ft	☐
Carn Gairbhthinn	4Tu	1358ft	☐	Carn Garbh	M	1788ft	☐
Carn Garbh	4Tu	1421ft	☐	Carn Garbh South Top	SuD	1657ft	☐
Carn Geal	S	2547ft	☐	Carn Gearresith	S	2388ft	☐
Carn Gearresith West Top	SuS	2326ft	☐	Carn Geuradainn	D	1949ft	☐
Carn Geuradainn East Top	SuD	1923ft	☐	Carn Geuradainn SE Top	D	1916ft	☐
Carn Ghaltair	M	679ft	☐	Carn Gharbh-baid	Su4	1627ft	☐
Carn Ghiubhais	4Tu	1411ft	☐	Carn Ghluasaid	Mu	3140ft	☐
Carn Ghriogair	S	2644ft	☐	Carn Ghriogair North Top	S	2441ft	☐
Carn Glac an Eich	S	2077ft	☐	Carn Glas	Su4	1627ft	☐
Carn Glas Iochdarach	S	2531ft	☐	Carn Glas-choire	M	2162ft	☐
Carn Gleann an Tairbhidh	SuD	1870ft	☐	Carn Goraig	2Tu	784ft	☐
Carn Gorm	M	3376ft	☐	Carn Gorm	M	2222ft	☐
Carn Gorm	S	2871ft	☐	Carn Gorm	D	1824ft	☐
Carn Gorm East Top	SuS	2341ft	☐	Carn Gorm East Top	SuS	2215ft	☐
Carn Gorm-loch	H	2982ft	☐	Carn Greannach	SuS	2886ft	☐
Carn Gruama Beag	2Tu	712ft	☐	Carn Gruama Mor	2Tu	860ft	☐
Carn Gruama Mor NW Top	2Tu	810ft	☐	Carn Gruamach	SuS	2077ft	☐
Carn Iar	0Tu	164ft	☐	Carn Icean Duibhe	S	2654ft	☐
Carn Innis Mhic Thomais	1Tu	643ft	☐	Carn Inverianvie	2Tu	748ft	☐
Carn Kitty	D	1713ft	☐	Carn Kitty North Top	4Tu	1457ft	☐
Carn Labhruinn	D	1847ft	☐	Carn Lamigo	1Tu	377ft	☐
Carn Leac	H	2896ft	☐	Carn Leac East Top	SuS	2868ft	☐

Carn Leac Saighdeir	S	2297ft	☐	Carn Leacan Sleamhuinn	SuS	2106ft	☐
Carn Leachtar Dhubh	S	2139ft	☐	Carn Leachter	4Tu	1598ft	☐
Carn Leachter Beag	S	2201ft	☐	Carn Leitir an Lochain	4Tu	1368ft	☐
Carn Lethendry	4Tu	1437ft	☐	Carn Leum Niall	2Tu	679ft	☐
Carn Liath	S	2826ft	☐	Carn Liath	Mu	3301ft	☐
Carn Liath	S	2684ft	☐	Carn Liath	S	2598ft	☐
Carn Liath	D	1801ft	☐	Carn Liath	4Tu	1325ft	☐
Carn Liath-bhaid	S	2322ft	☐	Carn Loch a' Bhodaich	2Tu	955ft	☐
Carn Loch a' Bhothain	D	1896ft	☐	Carn Loch a' Chada-charnaich	1Tu	587ft	☐
Carn Loch a' Chlaidheimh	3Tu	1033ft	☐	Carn Loch a' Choire Dhuibh	Su4	1621ft	☐
Carn Loch a' Chuilinn	1Tu	646ft	☐	Carn Loch a' Mhadaidh Beag	1Tu	643ft	☐
Carn Loch a' Mhuilinn	D	1860ft	☐	Carn Loch an Droighinn	3Tu	1129ft	☐
Carn Loch an Rathaid	1Tu	367ft	☐	Carn Loch an t-Sabhail	Su4	1631ft	☐
Carn Loch an t-Sionnaich	D	1729ft	☐	Carn Loch an Tuirc	4Tu	1539ft	☐
Carn Loch Aslaich	4Tu	1637ft	☐	Carn Loch Beag	1Tu	387ft	☐
Carn Loch Bhuic Mhoir	D	1923ft	☐	Carn Loch Bhuic Mhoir South Top	SuD	1880ft	☐
Carn Loch Braig	0Tu	305ft	☐	Carn Loch Fada	0Tu	239ft	☐
Carn Loch Ghiubhsachain	3Tu	1286ft	☐	Carn Loch Liath	D	1962ft	☐
Carn Loch Liath SE Top	SuD	1824ft	☐	Carn Loch na Dubharaiche	SuD	1867ft	☐
Carn Loch na Gobhlaig	H	2349ft	☐	Carn Loch na Laire Baine	2Tu	922ft	☐
Carn Loch na Leitir	4Tu	1362ft	☐	Carn Loch nam Bat	2Tu	948ft	☐
Carn Loch nan Amhaichean	M	2287ft	☐	Carn Loch nan Eilean	S	2149ft	☐
Carn Loch nan Eun	H	1945ft	☐	Carn Loch Scalpaidh	1Tu	614ft	☐
Carn Loch Sian	0Tu	148ft	☐	Carn Loch Sruban Mora	S	2415ft	☐

Carn Loch Thollaidh	3Tu	1158ft	☐	Carn Loch Tolldhoire	1Tu	453ft ☐
Carn Lochain Sgeireich	S	2070ft	☐	Carn Lochan Dubh	2Tu	942ft ☐
Carn Lochan Dubh Braigh a' Ghlinne	2Tu	722ft	☐	Carn Lochan Dubh nam Biast	SuD	1693ft ☐
Carn Lochan Dubh nam Breac	2Tu	699ft	☐	Carn Lochan na Bearta	D	1844ft ☐
Carn Lochan na Beinne	SuS	2270ft	☐	Carn Loisgte	SuS	2080ft ☐
Carn Luig	4Tu	1404ft	☐	Carn Macoul	S	2639ft ☐
Carn Macsna	D	1722ft	☐	Carn Maire	S	2425ft ☐
Carn Mairg	M	3422ft	☐	Carn Mairi	D	1686ft ☐
Carn Meadhonach	H	1929ft	☐	Carn Meadhonach	SuD	1667ft ☐
Carn Meadhonach	0Tu	318ft	☐	Carn Meadhonach	2Tu	912ft ☐
Carn Meilich	H	1529ft	☐	Carn Mhartuin	D	1765ft ☐
Carn Mhic an Toisich	M	2224ft	☐	Carn Mhic Iamhair	S	2562ft ☐
Carn Mhic Raonuill	SuD	1864ft	☐	Carn Mhic Ruairidh	4Tu	1621ft ☐
Carn Mhic'ille Riabhaich	2Tu	715ft	☐	Carn Mor	M	2720ft ☐
Carn Mor	H	1126ft	☐	Carn Mor	M	2638ft ☐
Carn Mor	S	2868ft	☐	Carn Mor	S	2316ft ☐
Carn Mor	S	2126ft	☐	Carn Mor	H	2096ft ☐
Carn Mor	H	1670ft	☐	Carn Mor	H	1690ft ☐
Carn Mor	H	400ft	☐	Carn Mor	U	2079ft ☐
Carn Mor	S	1984ft	☐	Carn Mor	SuS	2003ft ☐
Carn Mor	D	1916ft	☐	Carn Mor	D	1896ft ☐
Carn Mor	4Tu	1568ft	☐	Carn Mor	3Tu	1220ft ☐
Carn Mor	4Tu	1499ft	☐	Carn Mor	4Tu	1555ft ☐
Carn Mor	3Tu	1142ft	☐	Carn Mor	1Tu	443ft ☐

Carn Mor	0Tu	161ft	☐	Carn Mor Dearg	M	4003ft ☐
Carn Mor East Top	S	2021ft	☐	Carn Mor NE Top	3Tu	1306ft ☐
Carn Mor North Top	4Tu	1348ft	☐	Carn Mor South Top	SuS	2251ft ☐
Carn Mor South Top	4Tu	1348ft	☐	Carn Mor SW Top	4Tu	1355ft ☐
Carn Moraig	SuD	1831ft	☐	Carn Moraig	D	1867ft ☐
Carn Muldonich	D	1906ft	☐	Carn na Beiste	H	1699ft ☐
Carn na Beiste	3Tu	988ft	☐	Carn na Beiste North Top	2Tu	938ft ☐
Carn na Breabaig	M	2228ft	☐	Carn na Bruar	H	2241ft ☐
Carn na Cailliche	H	1325ft	☐	Carn na Caim	M	3087ft ☐
Carn na Caim South Top	MuT	3001ft	☐	Carn na Canaich	4Tu	1545ft ☐
Carn na Caorach	S	2001ft	☐	Carn na Caorach	4Tu	1585ft ☐
Carn na Ceardaich	H	1873ft	☐	Carn na Cloiche	SuS	2172ft ☐
Carn na Cloiche Moire	D	1942ft	☐	Carn na Coinnich	M	2209ft ☐
Carn na Coire Mheadhoin	MuT	3274ft	☐	Carn na Con Dhu	MuT	3173ft ☐
Carn na Craoibhe Seileich	SuS	2377ft	☐	Carn na Craoibhe-caoruinn	2Tu	846ft ☐
Carn na Cre	H	1867ft	☐	Carn na Cre	H	1519ft ☐
Carn na Creige	3Tu	1155ft	☐	Carn na Criche	MuT	4150ft ☐
Carn na Criche	MuT	3155ft	☐	Carn na Criche	S	2874ft ☐
Carn na Croite	SuD	1847ft	☐	Carn na Doire Duibhe	1Tu	627ft ☐
Carn na Doire Leithe	3Tu	1158ft	☐	Carn na Drochaide	M	2684ft ☐
Carn na Drochaide	S	2723ft	☐	Carn na Dubh Choille	M	1575ft ☐
Carn na Farraidh	H	2257ft	☐	Carn na Farraidh North Top	SuS	2152ft ☐
Carn na Feola	H	2489ft	☐	Carn na Fiacail	SuD	1916ft ☐
Carn na Fiacail South Top	SuD	1893ft	☐	Carn na Fiacail West Top	SuD	1903ft ☐

Carn na Gabhalach	SuS	2339ft	☐	Carn na Gaoithe	1Tu	495ft	☐
Carn na Garbh-lice	SuD	1696ft	☐	Carn na Gearraig	H	1322ft	☐
Carn na Gearrsaich	D	1916ft	☐	Carn na Glaic Buidhe	2Tu	840ft	☐
Carn na Glaic Fhluich	D	1804ft	☐	Carn na Glaic Riabhaich	2Tu	709ft	☐
Carn na Glaic Riabhaich NW Top	2Tu	679ft	☐	Carn na Glascoill	SuS	2399ft	☐
Carn na Gobhlaig-beithe	D	1834ft	☐	Carn na Guaille	S	2205ft	☐
Carn na h-Ailig	S	2090ft	☐	Carn na h-Aire	1Tu	617ft	☐
Carn na h-Annaite Mor	3Tu	1296ft	☐	Carn na h-Easgainn	M	2025ft	☐
Carn na h-Imrich	D	1781ft	☐	Carn na h-Iolaire	D	1742ft	☐
Carn na h-Iolaire	2Tu	669ft	☐	Carn na h-Iolhaire	4Tu	1312ft	☐
Carn na h-Onaich	3Tu	1132ft	☐	Carn na h-Uamhaig	1Tu	364ft	☐
Carn na h-Ulach	4Tu	1371ft	☐	Carn na Lair	D	1962ft	☐
Carn na Larach	S	2449ft	☐	Carn na Laraiche Maoile	H	2661ft	☐
Carn na Laraiche Maoile South Top	S	2616ft	☐	Carn na Leitir Beithe	4Tu	1572ft	☐
Carn na Leitire	4Tu	1526ft	☐	Carn na Leitire	4Tu	1424ft	☐
Carn na Loine	M	1801ft	☐	Carn na Loinne	H	1506ft	☐
Carn na Loinne	4Tu	1634ft	☐	Carn na Loinne	D	1788ft	☐
Carn na Loinne	D	1667ft	☐	Carn na Moine	SuS	2493ft	☐
Carn na Nathrach	M	2579ft	☐	Carn na Paite	2Tu	837ft	☐
Carn na Ruabraich	S	2267ft	☐	Carn na Ruighe Duibhe	S	2011ft	☐
Carn na Ruighe Duibhe Far North Top	SuS	1971ft	☐	Carn na Ruighe Duibhe Mid North Top	U	1958ft	☐
Carn na Ruighe Duibhe North Top	S	2010ft	☐	Carn na Ruighe Duibhe West Top	SuS	1987ft	☐
Carn na Saobhaidh	S	2343ft	☐	Carn na Saobhaidh	SuS	2517ft	☐
Carn na Saobhaidh East Top	S	2097ft	☐	Carn na Saobhaidh Far East Top	SuS	1975ft	☐

Name	Class	Height		Name	Class	Height	
Carn na Saobhaidhe	M	2661ft	☐	Carn na Saobhaidhe	S	2352ft	☐
Carn na Saobhaidhe	S	1982ft	☐	Carn na Saobhaidhe	4Tu	1549ft	☐
Carn na Saobhaidhe South Top	SuS	2558ft	☐	Carn na Saobhaidhe South Top	4Tu	1516ft	☐
Carn na Seanalaich	D	1798ft	☐	Carn na Sean-luibe	H	1909ft	☐
Carn na Sean-luibe East Top	SuD	1906ft	☐	Carn na Seile Leithe	4Tu	1437ft	☐
Carn na Sguabaich	D	1890ft	☐	Carn na Sguabaich	4Tu	1529ft	☐
Carn na Snaobhaig	1Tu	646ft	☐	Carn na Sroine	U	1684ft	☐
Carn na Toiteil	SuD	1663ft	☐	Carn nam Bad	M	1503ft	☐
Carn nam Bain-tighearna	S	2080ft	☐	Carn nam Barran	SuD	1791ft	☐
Carn nam Bo Maola	4Tu	1391ft	☐	Carn nam Buailtean	H	1286ft	☐
Carn nam Buailtean South Top	3Tu	1260ft	☐	Carn nam Feithean	H	1827ft	☐
Carn nam Feuaich	H	2399ft	☐	Carn nam Feuaich West Top	SuS	2350ft	☐
Carn nam Fiacail	D	1706ft	☐	Carn nam Fiaclan	MuT	3258ft	☐
Carn nam Fiadh	1Tu	459ft	☐	Carn nam Meirleach	S	2556ft	☐
Carn nan Aighean	S	2060ft	☐	Carn nan Aighean East Top	SuD	1959ft	☐
Carn nan Caorach	D	1781ft	☐	Carn nan Caorach	2Tu	791ft	☐
Carn nan Caorach South Top	2Tu	771ft	☐	Carn nan Ceannaichean	3Tu	1047ft	☐
Carn nan Clacha Garbha	4Tu	1371ft	☐	Carn nan Coireachan Cruaidh	S	2861ft	☐
Carn nan Con Ruadha	S	2205ft	☐	Carn nan Conbhairean	S	2848ft	☐
Carn nan Con-easan	1Tu	564ft	☐	Carn nan Cuileag	2Tu	732ft	☐
Carn nan Dubh Lochan	D	1952ft	☐	Carn nan Eagan	D	1745ft	☐
Carn nan Earb	S	2176ft	☐	Carn nan Eun	2Tu	873ft	☐
Carn nan Gabhar North Top	SuS	3107ft	☐	Carn nan Gearran Bana	SuS	2504ft	☐
Carn nan Gillean	2Tu	938ft	☐	Carn nan Gillean	1Tu	617ft	☐

Name	Class	Height		Name	Class	Height	
Carn nan Gobhar	H	3255ft	☐	Carn nan Gobhar	M	3258ft	☐
Carn nan Gobhar	3Tu	1296ft	☐	Carn nan Grainnseag	D	1883ft	☐
Carn nan Iomairean	M	1591ft	☐	Carn nan Iomairean North Top	4Tu	1427ft	☐
Carn nan Luibean Glas	SuS	2382ft	☐	Carn nan Sac	dMut	3017ft	☐
Carn nan Searrach	S	2808ft	☐	Carn nan Sgliat	H	2264ft	☐
Carn nan Speireig	4Tu	1453ft	☐	Carn nan Suilean Dubha	S	2300ft	☐
Carn nan Tri-tighearnan	M	2018ft	☐	Carn nan Uaighean	3Tu	1191ft	☐
Carn Nead na Feannaig	SuD	1699ft	☐	Carn Odhar	S	2631ft	☐
Carn Odhar	S	2408ft	☐	Carn Odhar	4Tu	1565ft	☐
Carn Odhar Beag	SuS	2349ft	☐	Carn Odhar na Criche	S	2939ft	☐
Carn Odhar na Criche North Top	SuS	2908ft	☐	Carn Odhar South Top	SuS	2569ft	☐
Carn Odhar West Top	SuS	2359ft	☐	Carn Oighreag	S	2310ft	☐
Carn Palascaig	2Tu	676ft	☐	Carn Phadruig	SuS	2323ft	☐
Carn Phris Mhoir	S	2028ft	☐	Carn Poll-eisg	SuS	2280ft	☐
Carn Poul-an-tarie	1Tu	558ft	☐	Carn Ruabraich	S	2021ft	☐
Carn Ruadh-bhreac	S	2028ft	☐	Carn Ruairidh	3Tu	1240ft	☐
Carn Ruigh Chorrach	4Tu	1588ft	☐	Carn Ruigh na Creadha	S	1982ft	☐
Carn Ruighe an Uain	D	1791ft	☐	Carn Ruighe Shamhraich	D	1880ft	☐
Carn Salachaidh	M	2123ft	☐	Carn Sasunnaich	SuS	3497ft	☐
Carn Sgeir na h-Iolaire	0Tu	144ft	☐	Carn Sgolbaidh	4Tu	1355ft	☐
Carn Sgrabach	3Tu	1175ft	☐	Carn Sgriobhaich	D	1795ft	☐
Carn Sgriobhaich NW Top	SuD	1755ft	☐	Carn Sgulain	Mu	3019ft	☐
Carn Sgulain	S	2664ft	☐	Carn Sgulain West Top	U	2976ft	☐
Carn Sgumain	H	1368ft	☐	Carn Shalag	4Tu	1575ft	☐

Carn Sleamhuinn	SuS	2221ft	☐	Carn Sonraichte	D	1686ft	☐
Carn Spiris	0Tu	174ft	☐	Carn Suidhe Ghoiril	D	1922ft	☐
Carn Tarsuinn	S	2021ft	☐	Carn Tarsuinn	SuS	2490ft	☐
Carn Tarsuinn	SuS	2259ft	☐	Carn Tarsuinn	SuD	1765ft	☐
Carn Tarsuinn	4Tu	1552ft	☐	Carn Tarsuinn Beag	SuD	1693ft	☐
Carn Tarsuinn North Top	SuD	1916ft	☐	Carn Thollaidh	2Tu	869ft	☐
Carn Thomais	SuS	2272ft	☐	Carn Tiekeiver	S	2533ft	☐
Carn Tighearn	4Tu	1391ft	☐	Carn Toll-doire	2Tu	778ft	☐
Carn Torcaidh	SuS	2643ft	☐	Carn Torr Gaimhne	1Tu	597ft	☐
Carn Torr Mheadhoin	SuD	1788ft	☐	Carn Tuairneir	S	2280ft	☐
Carn Tubhainn	SuD	1837ft	☐	Carn Tuile	3Tu	1286ft	☐
Carn Tullich	3Tu	1224ft	☐	Carn Turret	SuD	1732ft	☐
Carn Turret SW Top	SuD	1709ft	☐	Carn Uilleim	S	2136ft	☐
Carn Uilleim South Top	SuS	2098ft	☐	Carn Ulie	S	2133ft	☐
Carnach	1Tu	620ft	☐	Carnach Mor	S	2080ft	☐
Carn-achaidh	3Tu	1161ft	☐	Carnachie	3Tu	1178ft	☐
Carnan	M	896ft	☐	Carnan	3Tu	1152ft	☐
Carnan Aulaidh	0Tu	187ft	☐	Carnan Ban	S	2133ft	☐
Carnan Ban	4Tu	1562ft	☐	Carnan Ban East Top	SuS	2123ft	☐
Carnan Cruithneachd	M	2388ft	☐	Carnan Eoin	H	470ft	☐
Carnan Mor	H	463ft	☐	Carnan Mor	0Tu	295ft	☐
Carnan Mor	0Tu	256ft	☐	Carnan Mor	0Tu	161ft	☐
Carnan Mora	0Tu	207ft	☐	Carnan Mora	0Tu	207ft	☐
Carnaveron Hill	2Tu	869ft	☐	Carnethy Hill	H	1880ft	☐

Name	Class	Height		Name	Class	Height	
Carnferg	H	1722ft	☐	Carnis Mhor	D	1804ft	☐
Carr Mor	0Tu	174ft	☐	Carrachan Dubh	3Tu	1270ft	☐
Carra-crom	1Tu	394ft	☐	Carradale Point	0Tu	135ft	☐
Carraig Gheal	4Tu	1503ft	☐	Carran	2Tu	804ft	☐
Carran Hill	4Tu	1368ft	☐	Carrick Hill	0Tu	285ft	☐
Carrier's Hill	U	654ft	☐	Carrifran Gans	S	2484ft	☐
Carroch Hill	2Tu	801ft	☐	Carroch Hill	4Tu	1358ft	☐
Carrol Rock	2Tu	689ft	☐	Carrot Hill	2Tu	850ft	☐
Carruchan Hill	0Tu	249ft	☐	Carsaig Hill	0Tu	279ft	☐
Carsaig Island	0Tu	121ft	☐	Carscreugh Fell	1Tu	561ft	☐
Carsgailoch Hill	U	1194ft	☐	Carsinker Law	3Tu	1250ft	☐
Carskerdo Hill	2Tu	663ft	☐	Carwaur	2Tu	951ft	☐
Casteal na h-Iolaire	S	2346ft	☐	Castland Hill	0Tu	279ft	☐
Castle Cree	0Tu	194ft	☐	Castle Dow	3Tu	1115ft	☐
Castle Hill	H	1585ft	☐	Castle Hill	1Tu	410ft	☐
Castle Hill	1Tu	331ft	☐	Castle Hill	U	1060ft	☐
Castle Hill	3Tu	1053ft	☐	Castle Hill	3Tu	994ft	☐
Castle Hill	1Tu	512ft	☐	Castle Law	2Tu	820ft	☐
Castlelaw Hill	4Tu	1601ft	☐	Castleside Hill	2Tu	922ft	☐
Castramon Hill	H	1175ft	☐	Castramont Hill	2Tu	764ft	☐
Cat Craigs	4Tu	1497ft	☐	Cat Law	M	2199ft	☐
Catcraig Hill	1Tu	430ft	☐	Cathair Bhan	2Tu	725ft	☐
Cathair Dubh	1Tu	384ft	☐	Cathar na Seilge	4Tu	1421ft	☐
Cathelle Houses	S	2833ft	☐	Cathkin Braes	CC1	656ft	☐

Catrail Edge	4Tu	1519ft	☐	Cats Craig	U	797ft	☐
Cats Craig	1Tu	636ft	☐	Catstone	4Tu	1470ft	☐
Catstone Hill	2Tu	852ft	☐	Cauld Face	D	1759ft	☐
Cauldcleuch Head	M	2030ft	☐	Cauldhame Hill	0Tu	285ft	☐
Cauldshiels Hill	3Tu	1079ft	☐	Cauldshiels Hill	2Tu	879ft	☐
Cauldside Hill	1Tu	558ft	☐	Causeway Grain Head	4Tu	1614ft	☐
Cava	0Tu	125ft	☐	Caver's Hill	3Tu	1207ft	☐
Caverton Hill	1Tu	607ft	☐	Cawin Hill	2Tu	873ft	☐
Ceadraiseal	0Tu	318ft	☐	Ceallasaigh Beag	SIB	52ft	☐
Ceallasaigh Mor	SIB	43ft	☐	Ceann a' Mhara	0Tu	302ft	☐
Ceann an t-Siumpain	0Tu	207ft	☐	Ceann Beag	S	2313ft	☐
Ceann Caol Druim a' Bhidh	1Tu	344ft	☐	Ceann Caol na Creige	D	1926ft	☐
Ceann Creagach	SuD	1808ft	☐	Ceann Creige	4Tu	1568ft	☐
Ceann Garbh	MuT	3176ft	☐	Ceann Garbh	S	2959ft	☐
Ceann Garbh	S	2638ft	☐	Ceann Garbh	2Tu	722ft	☐
Ceann Garbh	0Tu	180ft	☐	Ceann Garbh	0Tu	157ft	☐
Ceann Garbh Meallan Chuaich	H	2287ft	☐	Ceann Mor	2Tu	823ft	☐
Ceann Mor	1Tu	394ft	☐	Ceann Mor	0Tu	190ft	☐
Ceann na Baintighearna	SuS	2300ft	☐	Ceann na Baintighearna East Top	SuD	1929ft	☐
Ceann na Baintighearna Far East	SuD	1886ft	☐	Ceann na Beinne	2Tu	735ft	☐
Ceann na Saile	1Tu	351ft	☐	Ceann Reamhar	H	1532ft	☐
Ceann Reamhar	3Tu	1115ft	☐	Ceann Reamhar na Sroine	H	1171ft	☐
Ceann Uachdarach (Bhalaigh)	0Tu	125ft	☐	Ceanna Mor	0Tu	262ft	☐
Ceannabhaid	3Tu	1102ft	☐	Ceannamhor	0Tu	157ft	☐

Name	Class	Height		Name	Class	Height	
Ceannmhoir	0Tu	180ft	☐	Ceapabhal	M	1207ft	☐
Ceapabhal NW Top	3Tu	1112ft	☐	Cearnabhal	M	1240ft	☐
Cearstaigh	0Tu	167ft	☐	Ceartabhal	H	1824ft	☐
Ceathramh Garbh	1Tu	377ft	☐	Ceathramh Garbh West Top	1Tu	367ft	☐
Ceileagraigh	0Tu	148ft	☐	Ceum na h-Aon-choise	SuS	3034ft	☐
Ceum na h-Aon-choise South Top	SuS	3025ft	☐	Chalk Rig Edge	D	1640ft	☐
Challoch Hill	1Tu	486ft	☐	Change Hill	1Tu	610ft	☐
Changue	SuD	1709ft	☐	Chanlock Rig	3Tu	1148ft	☐
Chapel Hill	2Tu	882ft	☐	Chapel Hill	3Tu	1027ft	☐
Chapelgill Hill	H	2290ft	☐	Chatto Craig	3Tu	1025ft	☐
Chester Hill	1Tu	351ft	☐	Chiorabhal	1Tu	381ft	☐
Chno Dearg	M	3432ft	☐	Choinneachain Hill	S	2579ft	☐
Church Hill	U	675ft	☐	Ciche na Beinne Deirge	D	1670ft	☐
Cioch Mhor	4Tu	1581ft	☐	Cioch Mhor	SuD	1808ft	☐
Ciochan a' Chop	S	2399ft	☐	Ciorabhal	2Tu	792ft	☐
Cipeagal Bheag	M	1102ft	☐	Cipeagal Mhor	3Tu	1040ft	☐
Cir Mhor	M	2618ft	☐	Cirein Seileageo	0Tu	102ft	☐
Ciste Dhubh	SuS	3640ft	☐	Ciste Dhubh	M	3219ft	☐
Ciste Dhubh East Top	SuS	3487ft	☐	Ciste Dhubh South Top	SuS	3061ft	☐
Cithis Bheag	1Tu	389ft	☐	Cithis Mhor	1Tu	479ft	☐
Clach a' Bhealaich	3Tu	1302ft	☐	Clach an Roin	O	961ft	☐
Clach Bhan	U	2857ft	☐	Clach Bharr	2Tu	778ft	☐
Clach Bheag na Faraid	0Tu	105ft	☐	Clach Bheinn	H	2110ft	☐
Clach Bheinn	H	1447ft	☐	Clach Choutsaich	SuS	3678ft	☐

Clach Criche	SuS	2212ft	☐	Clach Glas	S	2579ft ☐
Clach Leathad	MuT	3606ft	☐	Clach Loundrain	3Tu	1010ft ☐
Clach MacKenny	2Tu	663ft	☐	Clach Mhic Leoid	0Tu	200ft ☐
Clach Mhor na Faraid	0Tu	174ft	☐	Clach na h-Ealtainne	1Tu	545ft ☐
Clach nam Ban	SuD	1811ft	☐	Clach Sgoilte	D	1880ft ☐
Clachaig Mhor	2Tu	686ft	☐	Clachan Hill	0Tu	318ft ☐
Clachan Yell	S	2054ft	☐	Clachard	0Tu	157ft ☐
Clach-bheinn	D	1890ft	☐	Clach-bheinn South Top	SuD	1798ft ☐
Clachcurr	4Tu	1384ft	☐	Clach-dhruim Mor	2Tu	955ft ☐
Clachertyfarlie Knowes	D	1795ft	☐	Clach-mheall	S	2050ft ☐
Clach-Mheall Dubh	H	2029ft	☐	Clachnaben	D	1932ft ☐
Clack Hill	2Tu	689ft	☐	Clackleith Hill	3Tu	1263ft ☐
Clagan na Rusgachan	2Tu	764ft	☐	Claigeann Mor	2Tu	942ft ☐
Claise Luchraich	0Tu	253ft	☐	Claon Leitir	2Tu	833ft ☐
Clark Fell	2Tu	820ft	☐	Clashenteple Hill	H	1900ft ☐
Clashmach Hill	3Tu	1230ft	☐	Clatto Hill	2Tu	814ft ☐
Clatto Hill	1Tu	551ft	☐	Clauchland Hills	H	851ft ☐
Clauchrie Hill	3Tu	1237ft	☐	Clauchrie Hill	U	852ft ☐
Clawbelly Hill	H	768ft	☐	Clayshot Hill	4Tu	1404ft ☐
Cleanhill	1Tu	568ft	☐	Cleat	H	1102ft ☐
Cleaver Rock	0Tu	126ft	☐	Cleiseabhal	D	1680ft ☐
Cleit	0Tu	295ft	☐	Cleit a' Bhraigh	0Tu	226ft ☐
Cleit a' Gheodha Ruaidh	0Tu	135ft	☐	Cleit a' Ghuib Choille	2Tu	666ft ☐
Cleit a' Loch Fheoir	0Tu	312ft	☐	Cleit an Eoin	1Tu	367ft ☐

Name	Class	Height		Name	Class	Height
Cleit an Rathaid	0Tu	217ft	☐	Cleit an t-Seabhaig	1Tu	535ft	☐
Cleit Ard	H	1076ft	☐	Cleit Bheag	0Tu	121ft	☐
Cleit Chairisiadair	1Tu	348ft	☐	Cleit Conachro	1Tu	358ft	☐
Cleit Duastal	1Tu	523ft	☐	Cleit Faoph	H	571ft	☐
Cleit Lamadale	1Tu	330ft	☐	Cleit Mhor	1Tu	420ft	☐
Cleit Mhor	0Tu	138ft	☐	Cleit na Beiste	0Tu	279ft	☐
Cleit na Ceardaich	U	548ft	☐	Cleit na h-Airde Molaich	0Tu	292ft	☐
Cleit na Speireig	1Tu	610ft	☐	Cleit nam Bothan Ard	1Tu	435ft	☐
Cleit nan Uamhannan	1Tu	498ft	☐	Cleit Niosaboist	H	518ft	☐
Cleit Torray	1Tu	474ft	☐	Cleite Beag Loch a' Bhreacaich	0Tu	246ft	☐
Cleite Catriona	1Tu	456ft	☐	Cleite Ghiosla	1Tu	604ft	☐
Cleite Loch Shaghachain	0Tu	256ft	☐	Cleite na Beiste	1Tu	564ft	☐
Cleite na Cloich Ard	1Tu	617ft	☐	Cleite nan Caorach	1Tu	564ft	☐
Cleite Rainich	0Tu	249ft	☐	Cleitean Bhaile Neacail	0Tu	164ft	☐
Cleiteichean Ochain	1Tu	387ft	☐	Cleitichean Mor	1Tu	443ft	☐
Cleitreabhal a Deas	1Tu	436ft	☐	Cleitseal a Deas	1Tu	348ft	☐
Clerk Hill	3Tu	1037ft	☐	Clete Charmaig	0Tu	276ft	☐
Clett	0Tu	138ft	☐	Cleuchhead Hill	3Tu	1230ft	☐
Cleuchheads Hill	2Tu	682ft	☐	Cley Stacks East	0Tu	180ft	☐
Cley Stacks West	0Tu	197ft	☐	Cliatasaigh	0Tu	105ft	☐
Cliff Hill	H	751ft	☐	Cliff Skerry	0Tu	138ft	☐
Clifton Craig	1Tu	600ft	☐	Clingera	1Tu	351ft	☐
Clints Dod	3Tu	1309ft	☐	Clints of Dromore East	2Tu	935ft	☐
Cloch Hill	1Tu	499ft	☐	Clochandighter	1Tu	545ft	☐

Name	Class	Height		Name	Class	Height
Clocklowie Hill	4Tu	1450ft	☐	Clockmore	S	2103ft	☐
Clog Knowe	H	1775ft	☐	Cloghill	2Tu	657ft	☐
Cloichedubh Hill	4Tu	1594ft	☐	Cloon	3Tu	1135ft	☐
Clough's Crag	SuD	1903ft	☐	Clova Hill	4Tu	1598ft	☐
Cloven Craigs	2Tu	925ft	☐	Clover Law	4Tu	1617ft	☐
Cluain Circle	3Tu	1155ft	☐	Clubb of Tronister	1Tu	427ft	☐
Clune Hill	H	1047ft	☐	Clunie Hill	2Tu	673ft	☐
Cluny Hill	4Tu	1421ft	☐	Cluny Hill - Nelson Tower	0Tu	253ft	☐
Clyde Law	D	1791ft	☐	Cnap a' Chleirich	MuT	3852ft	☐
Cnap a' Choire Bhuidhe	S	1985ft	☐	Cnap an Dobhrain	SuS	2277ft	☐
Cnap Chaochan Aitinn	M	2346ft	☐	Cnap Coire Loch Tuath	S	2897ft	☐
Cnap Coire na Spreidhe	MuT	3778ft	☐	Cnap Cruinn	M	2434ft	☐
Cnap Cruinn South Top	SuS	2411ft	☐	Cnap Eas Chaorach	SuS	2297ft	☐
Cnap Mor	1Tu	538ft	☐	Cnap na Clais Giubhais	SuD	1808ft	☐
Cnap na Feola	D	1900ft	☐	Cnap na Stri	S	2375ft	☐
Cnap nan Gobhar	S	2347ft	☐	Cnapan a' Choire Odhair Mhoir	S	1977ft	☐
Cnapan a' Choire Odhair Mhoir South	SuD	1827ft	☐	Cnapan a' Mheirlich	SuS	2251ft	☐
Cnapan Garbh	S	2205ft	☐	Cnapan Loch Tilt	D	1814ft	☐
Cnapan Mor	S	2930ft	☐	Cnapan nan Clach	S	2462ft	☐
Cnapan Nathraichean	S	2705ft	☐	Cnoc a' Bhac Fhalaichte	3Tu	1273ft	☐
Cnoc a' Bhaid Daraich	2Tu	764ft	☐	Cnoc a' Bhaid Shalaich	0Tu	272ft	☐
Cnoc a' Bhaid-bheithe	2Tu	919ft	☐	Cnoc a' Bhaid-rallaich	M	1785ft	☐
Cnoc a' Bhaid-rallaich West Top	SuD	1697ft	☐	Cnoc a' Bhaile-shios	M	1385ft	☐
Cnoc a' Bhainne	1Tu	600ft	☐	Cnoc a' Bharaille	4Tu	1621ft	☐

Cnoc a' Bharra Leathain	0Tu	318ft	☐	Cnoc a' Bhealaich Mhoir	1Tu	528ft	☐
Cnoc a' Bhith	3Tu	1007ft	☐	Cnoc a' Bholla	4Tu	1319ft	☐
Cnoc a' Bhothain	2Tu	735ft	☐	Cnoc a' Bhraghad	2Tu	791ft	☐
Cnoc a' Bhraidein	2Tu	787ft	☐	Cnoc a' Bhreacaich	H	1112ft	☐
Cnoc a' Bhuachaille	3Tu	1296ft	☐	Cnoc a' Bhuthain	1Tu	384ft	☐
Cnoc a' Chaise	1Tu	430ft	☐	Cnoc a' Chaise Moire	1Tu	558ft	☐
Cnoc a' Chaisteil	3Tu	1093ft	☐	Cnoc a' Chaolais Mhoir	0Tu	223ft	☐
Cnoc a' Chaorainn	4Tu	1604ft	☐	Cnoc a' Chapuill	4Tu	1371ft	☐
Cnoc a' Charnain	0Tu	164ft	☐	Cnoc a' Cheathraimh	2Tu	702ft	☐
Cnoc a' Chinn	1Tu	364ft	☐	Cnoc a' Chlaiginn	2Tu	866ft	☐
Cnoc a' Chlamhain	1Tu	354ft	☐	Cnoc a Chlarsair	2Tu	741ft	☐
Cnoc a' Choilich	H	1227ft	☐	Cnoc a' Choilich	4Tu	1365ft	☐
Cnoc a' Choilich South Top	3Tu	1237ft	☐	Cnoc a' Choin Deirg	1Tu	492ft	☐
Cnoc a' Choin Deirg SE Top	1Tu	486ft	☐	Cnoc a' Choire	H	1316ft	☐
Cnoc a' Choire Bhig	2Tu	951ft	☐	Cnoc a' Choire Bhuidhe	H	978ft	☐
Cnoc a' Choire Mhoir	1Tu	646ft	☐	Cnoc a' Choire Mhoir	1Tu	574ft	☐
Cnoc a' Choire Riabhaich	2Tu	843ft	☐	Cnoc a' Chomh-stri	H	1135ft	☐
Cnoc a' Chraois	3Tu	1148ft	☐	Cnoc a' Chreachain	3Tu	1030ft	☐
Cnoc a' Chrochadair	0Tu	187ft	☐	Cnoc a' Chromain	1Tu	502ft	☐
Cnoc a' Chrom-uillt	2Tu	794ft	☐	Cnoc a' Chuilbh	1Tu	646ft	☐
Cnoc a' Fhradhaire	0Tu	302ft	☐	Cnoc a' Gharbh Doire	1Tu	427ft	☐
Cnoc a' Gharbh-leathaid	2Tu	928ft	☐	Cnoc a' Gheodha Ruaidh	1Tu	597ft	☐
Cnoc a' Ghille Shuilich	1Tu	338ft	☐	Cnoc a' Ghiubhais	H	978ft	☐
Cnoc a' Ghiubhais	3Tu	1142ft	☐	Cnoc a' Ghlinne Mhoir	0Tu	223ft	☐

Cnoc a' Ghlinnein	3Tu	1122ft	☐	Cnoc a' Ghriama	3Tu	1220ft ☐
Cnoc a' Ghrianain Mor	1Tu	463ft	☐	Cnoc a' Leum	0Tu	223ft ☐
Cnoc a' Loch an Fhir Mhaoil	1Tu	364ft	☐	Cnoc a' Loch na Muilne	0Tu	141ft ☐
Cnoc a' Loch Shalaich	1Tu	364ft	☐	Cnoc a' Mhadaidh	D	1949ft ☐
Cnoc a' Mhadaidh	1Tu	568ft	☐	Cnoc a' Mhadaidh	2Tu	978ft ☐
Cnoc a' Mhadaidh-ruaidh	1Tu	331ft	☐	Cnoc a' Mhaoil Ruaidh	2Tu	945ft ☐
Cnoc a' Mhargadaidh	3Tu	1037ft	☐	Cnoc a' Mheadhoin	2Tu	915ft ☐
Cnoc a' Mheirlich	2Tu	873ft	☐	Cnoc a' Mhoid	2Tu	830ft ☐
Cnoc a' Mhoraire	3Tu	1047ft	☐	Cnoc a' Mhor-fhir	0Tu	223ft ☐
Cnoc a' Mhuilin	1Tu	367ft	☐	Cnoc a' Mhuilinn	1Tu	364ft ☐
Cnoc a' Mhuilinn-Thairbh	2Tu	696ft	☐	Cnoc a' Phollain Bheithe	1Tu	420ft ☐
Cnoc a' Phollain Bheithe North Top	0Tu	305ft	☐	Cnoc a' Phreasain Challtuinne	1Tu	449ft ☐
Cnoc a' Phreasan Chailltean	0Tu	308ft	☐	Cnoc a' Phrop	2Tu	784ft ☐
Cnoc a' Phuillachair	1Tu	397ft	☐	Cnoc a' Sga	0Tu	279ft ☐
Cnoc Abhail	1Tu	482ft	☐	Cnoc Achadh nan Cleireach	2Tu	971ft ☐
Cnoc Achahoish	1Tu	627ft	☐	Cnoc Ach'na h-Uai'	2Tu	932ft ☐
Cnoc Achnabourin	1Tu	495ft	☐	Cnoc Adharcain	3Tu	1017ft ☐
Cnoc Ailein	2Tu	722ft	☐	Cnoc Airigh Luachraich	2Tu	817ft ☐
Cnoc Airigh na Beinne	2Tu	738ft	☐	Cnoc Alasdair	3Tu	1027ft ☐
Cnoc Allt an Ulbhaidh	3Tu	1093ft	☐	Cnoc Allt na Beithe	3Tu	1155ft ☐
Cnoc Allt na Meine	2Tu	951ft	☐	Cnoc Allt nan Damh	1Tu	636ft ☐
Cnoc Allt Rubha na Moine	0Tu	302ft	☐	Cnoc Alltan Easain Rabail	1Tu	417ft ☐
Cnoc Alltan'abradhan	0Tu	266ft	☐	Cnoc Altandhu	1Tu	361ft ☐
Cnoc an Aingil	1Tu	489ft	☐	Cnoc an Airgeid Coille	1Tu	459ft ☐

Cnoc an Aite Mhoir	1Tu	374ft	☐	Cnoc an Alltain Duibh	1Tu	545ft ☐
Cnoc an Alltain Riabhaich	1Tu	535ft	☐	Cnoc an Amais	1Tu	623ft ☐
Cnoc an Auchingeon	2Tu	915ft	☐	Cnoc an Breac	0Tu	239ft ☐
Cnoc an da Chinn	H	1283ft	☐	Cnoc an Daimh	H	1686ft ☐
Cnoc an Daimh	1Tu	456ft	☐	Cnoc an Daimh	1Tu	433ft ☐
Cnoc an Daimh	0Tu	266ft	☐	Cnoc an Daimh Beag	2Tu	968ft ☐
Cnoc an Daimh Mor	M	1171ft	☐	Cnoc an Daimh West Top	1Tu	427ft ☐
Cnoc an Drobhair	1Tu	577ft	☐	Cnoc an Droighinn	4Tu	1329ft ☐
Cnoc an Droighinn	4Tu	1565ft	☐	Cnoc an Dubharlainn	H	738ft ☐
Cnoc an Duin	2Tu	948ft	☐	Cnoc an Easain	1Tu	394ft ☐
Cnoc an Eich	1Tu	367ft	☐	Cnoc an Eireannaich	H	1699ft ☐
Cnoc an Eoin	1Tu	528ft	☐	Cnoc an Fhithich	0Tu	276ft ☐
Cnoc an Fhithich	0Tu	299ft	☐	Cnoc an Fhreacadain	0Tu	272ft ☐
Cnoc an Fhreiceadain	3Tu	1007ft	☐	Cnoc an Fhuarain Bhain	4Tu	1608ft ☐
Cnoc an Fhuarain Bhain	2Tu	797ft	☐	Cnoc an Fhuarain Bhain East Top	3Tu	1293ft ☐
Cnoc an Ime	M	994ft	☐	Cnoc an Laoigh	1Tu	646ft ☐
Cnoc an Leathaid Bhig	H	1240ft	☐	Cnoc an Leathaid Bhuidhe	3Tu	1207ft ☐
Cnoc an Leathaid Bhuidhe	3Tu	1201ft	☐	Cnoc an Leothaid	2Tu	883ft ☐
Cnoc an Liath-bhaid	3Tu	1276ft	☐	Cnoc an Liath-bhaid	2Tu	942ft ☐
Cnoc an Liath-bhaid Mhoir	M	1417ft	☐	Cnoc an Loch	1Tu	449ft ☐
Cnoc an Locha	2Tu	925ft	☐	Cnoc an Lochain Dhuibh	1Tu	495ft ☐
Cnoc an Lochain Fheoir	1Tu	482ft	☐	Cnoc an Lochan Duighe	2Tu	932ft ☐
Cnoc an Loin Bhain	1Tu	387ft	☐	Cnoc an Lomair	1Tu	410ft ☐
Cnoc an Luig Mhoir	1Tu	394ft	☐	Cnoc an Oir	2Tu	778ft ☐

Cnoc an Ratha	1Tu	381ft	☐	Cnoc an Ruadhlaich	1Tu	650ft	☐
Cnoc an Rubha	1Tu	351ft	☐	Cnoc an Ruighe Dhorcha	1Tu	607ft	☐
Cnoc an Sgaid	0Tu	210ft	☐	Cnoc an Sgumain	U	676ft	☐
Cnoc an Staca	U	417ft	☐	Cnoc an Stob	U	390ft	☐
Cnoc an Tailleir	1Tu	650ft	☐	Cnoc an Teine	0Tu	194ft	☐
Cnoc an Tigh Odhair	0Tu	312ft	☐	Cnoc an Tighe	0Tu	289ft	☐
Cnoc an Tiumpain	H	2355ft	☐	Cnoc an Tiumpain North Top	SuS	2323ft	☐
Cnoc an Tolla Bhaid	0Tu	305ft	☐	Cnoc an Tosgaire	2Tu	686ft	☐
Cnoc an t-Sabhail	M	1247ft	☐	Cnoc an t-Sabhail	M	1056ft	☐
Cnoc an t-Sabhail	1Tu	423ft	☐	Cnoc an t-Sabhail	0Tu	318ft	☐
Cnoc an t-Samhla	0Tu	305ft	☐	Cnoc an t-Samhlaidh	H	866ft	☐
Cnoc an t-Samhlaidh	1Tu	335ft	☐	Cnoc an t-Samhlaidh	1Tu	574ft	☐
Cnoc an t-Seallaidh Bhig	2Tu	814ft	☐	Cnoc an t-Sean Eoin	0Tu	318ft	☐
Cnoc an t-Seilich	2Tu	814ft	☐	Cnoc an t-Sidhean	1Tu	453ft	☐
Cnoc an t-Sidhein Mor	S	2162ft	☐	Cnoc an t-Sithein	3Tu	1224ft	☐
Cnoc an t-Sithein	3Tu	988ft	☐	Cnoc an t-Sleibhe	0Tu	308ft	☐
Cnoc an t-Socaich Ghlais	1Tu	610ft	☐	Cnoc an t-Srathaidh	3Tu	1043ft	☐
Cnoc an t-Srathain	1Tu	554ft	☐	Cnoc an t-Suidhe	0Tu	256ft	☐
Cnoc an Tubait	H	1388ft	☐	Cnoc an Tuill Dhuibh	0Tu	249ft	☐
Cnoc an Uird	2Tu	814ft	☐	Cnoc an Ulbhaidh	2Tu	958ft	☐
Cnoc Anndrais	1Tu	384ft	☐	Cnoc Ard	0Tu	239ft	☐
Cnoc Ard an Tionail	2Tu	876ft	☐	Cnoc Ardaneaskan	1Tu	505ft	☐
Cnoc Ardlair	2Tu	748ft	☐	Cnoc Arrisa	0Tu	210ft	☐
Cnoc Bad a' Baine	1Tu	374ft	☐	Cnoc Bad a' Chigean	1Tu	472ft	☐

Cnoc Bad a' Choille	H	1115ft	☐	Cnoc Bad a' Chrasgaidh	2Tu	696ft ☐
Cnoc Bad a' Ghille Dhuibh	2Tu	958ft	☐	Cnoc Bad an Aon Tighe	1Tu	374ft ☐
Cnoc Bad an Leathaid	H	932ft	☐	Cnoc Bad Asgaraidh	2Tu	866ft ☐
Cnoc Bad na Baighe	1Tu	449ft	☐	Cnoc Bad na Conaire	1Tu	430ft ☐
Cnoc Bad na Fainne	2Tu	856ft	☐	Cnoc Bad na Gallaig	2Tu	909ft ☐
Cnoc Bad na Goibhre	1Tu	443ft	☐	Cnoc Bad na h-Achlaise	2Tu	676ft ☐
Cnoc Bad na h-Achlaise	2Tu	866ft	☐	Cnoc Bad nan Aighean	1Tu	381ft ☐
Cnoc Bad nan Aighean West Top	1Tu	367ft	☐	Cnoc Bad nan Cuileag	2Tu	715ft ☐
Cnoc Badaireach na Gaoithe	2Tu	699ft	☐	Cnoc Badan na h-Earbaige	1Tu	499ft ☐
Cnoc Bagh a' Choit	1Tu	374ft	☐	Cnoc Ballygowan	2Tu	741ft ☐
Cnoc Barmolloch	2Tu	663ft	☐	Cnoc Barnayarry	1Tu	404ft ☐
Cnoc Barnluasgan	1Tu	413ft	☐	Cnoc Beag	0Tu	302ft ☐
Cnoc Bealach a' Phollaidh	4Tu	1509ft	☐	Cnoc Bealach an Fheadain	2Tu	925ft ☐
Cnoc Bealach an Tarabairt	0Tu	322ft	☐	Cnoc Bealach Gaoithe	2Tu	656ft ☐
Cnoc Bealach na Ceardaich	2Tu	722ft	☐	Cnoc Bealach Salach nan Airm	2Tu	896ft ☐
Cnoc Beithe	4Tu	1466ft	☐	Cnoc Berul	0Tu	187ft ☐
Cnoc Beul na Faire	2Tu	667ft	☐	Cnoc Bharr	SIB	62ft ☐
Cnoc Bhomasdal	1Tu	354ft	☐	Cnoc Bhuaile Bhig	0Tu	164ft ☐
Cnoc Bhuirgh	0Tu	279ft	☐	Cnoc Biorach	0Tu	223ft ☐
Cnoc Bioraiche	0Tu	207ft	☐	Cnoc Blain	1Tu	558ft ☐
Cnoc Blar an Dubhaidh	2Tu	945ft	☐	Cnoc Blarach	2Tu	843ft ☐
Cnoc Bothan Uisge-beatha	2Tu	909ft	☐	Cnoc Brannan	3Tu	1306ft ☐
Cnoc Braonach	1Tu	377ft	☐	Cnoc Breac	H	919ft ☐
Cnoc Breac	2Tu	961ft	☐	Cnoc Breac	2Tu	778ft ☐

Cnoc Breac	1Tu	636ft	☐	Cnoc Breac	1Tu	627ft	☐
Cnoc Breac	1Tu	476ft	☐	Cnoc Breacam	2Tu	768ft	☐
Cnoc Brochel	1Tu	400ft	☐	Cnoc Buidhe	2Tu	906ft	☐
Cnoc Buidhe	3Tu	1024ft	☐	Cnoc Buidhe	2Tu	950ft	☐
Cnoc Buidhe North Top	3Tu	1014ft	☐	Cnoc Cailleach-Iain	1Tu	591ft	☐
Cnoc Cailliche	3Tu	1155ft	☐	Cnoc Calgary	1Tu	509ft	☐
Cnoc Caliach	0Tu	236ft	☐	Cnoc Callanta	0Tu	203ft	☐
Cnoc Camascoille	0Tu	295ft	☐	Cnoc Camas-longart	0Tu	184ft	☐
Cnoc Cammassie	1Tu	423ft	☐	Cnoc Caol Chaorann	0Tu	299ft	☐
Cnoc Caolas-sgeire-buidhe	0Tu	184ft	☐	Cnoc Carach	3Tu	1040ft	☐
Cnoc Carn a' Bhodaich	1Tu	390ft	☐	Cnoc Carnach	2Tu	883ft	☐
Cnoc Carnach	1Tu	420ft	☐	Cnoc Carnachadh	2Tu	686ft	☐
Cnoc Carpach	0Tu	174ft	☐	Cnoc Cas-bhearnach	2Tu	666ft	☐
Cnoc Ceann nam Bad	2Tu	879ft	☐	Cnoc Ceislein	M	1716ft	☐
Cnoc Chalbha	1Tu	577ft	☐	Cnoc Chalmac	4Tu	1601ft	☐
Cnoc Chaorachain	D	1726ft	☐	Cnoc Chaorainn	3Tu	1083ft	☐
Cnoc Chaornaidh	H	935ft	☐	Cnoc Charaidh	3Tu	1220ft	☐
Cnoc Chleamants	D	1850ft	☐	Cnoc Chliamain	3Tu	1165ft	☐
Cnoc Chrisdein	2Tu	853ft	☐	Cnoc Chruinn a' Bhraighe Bhuide	1Tu	650ft	☐
Cnoc Clachamish	0Tu	292ft	☐	Cnoc Clais Ardbhair	1Tu	623ft	☐
Cnoc Coill' Ardachaidh	0Tu	295ft	☐	Cnoc Coille an Leatraich	0Tu	305ft	☐
Cnoc Coille Bharr	0Tu	226ft	☐	Cnoc Coille Dhubh	2Tu	961ft	☐
Cnoc Coille Mhor	0Tu	203ft	☐	Cnoc Coille-ghuail	0Tu	295ft	☐
Cnoc Coinnich	M	2505ft	☐	Cnoc Coir a' Phuill	4Tu	1326ft	☐

Cnoc Coir' an Uillt Chaoruinn	4Tu	1427ft	☐	Cnoc Coire na Fearna	4Tu	1430ft	☐
Cnoc Cologin	1Tu	607ft	☐	Cnoc Corr	0Tu	325ft	☐
Cnoc Corr Guinie	M	1299ft	☐	Cnoc Corrach	0Tu	236ft	☐
Cnoc Cracail	2Tu	968ft	☐	Cnoc Craggie	H	1047ft	☐
Cnoc Craggie	2Tu	794ft	☐	Cnoc Craobhach	2Tu	915ft	☐
Cnoc Creach	2Tu	787ft	☐	Cnoc Creag an Fhuaraidh	0Tu	174ft	☐
Cnoc Creagach	2Tu	705ft	☐	Cnoc Criadhach Mhor	2Tu	725ft	☐
Cnoc Cro a' Mhail	0Tu	312ft	☐	Cnoc Crun na Maoil	1Tu	531ft	☐
Cnoc Cul nan Uamh	2Tu	764ft	☐	Cnoc Cumnann Beag	0Tu	282ft	☐
Cnoc Dail-chairn	2Tu	666ft	☐	Cnoc Daimh	3Tu	1129ft	☐
Cnoc Daimh	1Tu	630ft	☐	Cnoc Daimh	1Tu	486ft	☐
Cnoc Daimh	1Tu	354ft	☐	Cnoc Dalchenna	1Tu	571ft	☐
Cnoc Damh	M	1929ft	☐	Cnoc Dhaibhidh	1Tu	623ft	☐
Cnoc Dhoire Mhartuin	2Tu	869ft	☐	Cnoc Dhomhnuill	0Tu	308ft	☐
Cnoc Dhugail	1Tu	456ft	☐	Cnoc Donn	4Tu	1329ft	☐
Cnoc Donn	2Tu	659ft	☐	Cnoc Donn	1Tu	597ft	☐
Cnoc Donn	0Tu	322ft	☐	Cnoc Donn Mor	1Tu	371ft	☐
Cnoc Druidean	0Tu	266ft	☐	Cnoc Duail	D	1648ft	☐
Cnoc Duartmore	U	213ft	☐	Cnoc Dubh	D	1788ft	☐
Cnoc Dubh	2Tu	751ft	☐	Cnoc Dubh	0Tu	292ft	☐
Cnoc Dubh	0Tu	246ft	☐	Cnoc Dubh	1Tu	377ft	☐
Cnoc Dubh	1Tu	617ft	☐	Cnoc Dubh	1Tu	466ft	☐
Cnoc Dubh	1Tu	551ft	☐	Cnoc Dubh	3Tu	1122ft	☐
Cnoc Dubh	0Tu	184ft	☐	Cnoc Dubh	1Tu	535ft	☐

Cnoc Dubh Beag	U	934ft	☐	Cnoc Dubh Heilla	1Tu	413ft	☐
Cnoc Dubh Loch	2Tu	892ft	☐	Cnoc Dubh Loch	1Tu	577ft	☐
Cnoc Dubh Mor	H	1115ft	☐	Cnoc Dubhaidh	3Tu	1191ft	☐
Cnoc Dubh-loch	2Tu	709ft	☐	Cnoc Duchaire	3Tu	1178ft	☐
Cnoc Eaghainn	4Tu	1322ft	☐	Cnoc Eignaig	0Tu	289ft	☐
Cnoc Eilean nan Gall	0Tu	220ft	☐	Cnoc Eilig	1Tu	633ft	☐
Cnoc Eille Mor	4Tu	1316ft	☐	Cnoc Eiric	2Tu	820ft	☐
Cnoc Eirionnaich	4Tu	1414ft	☐	Cnoc Eirionnaich Far North Top	3Tu	1308ft	☐
Cnoc Eirionnaich North Top	4Tu	1395ft	☐	Cnoc Eisg-brachaidh	1Tu	492ft	☐
Cnoc Eoghainn	2Tu	955ft	☐	Cnoc Eoin	2Tu	823ft	☐
Cnoc Fadail	0Tu	253ft	☐	Cnoc Falaisge	0Tu	276ft	☐
Cnoc Farr	1Tu	407ft	☐	Cnoc Fearnoch	1Tu	518ft	☐
Cnoc Feith na Fola	2Tu	804ft	☐	Cnoc Feith nan Cleireach	SuS	2096ft	☐
Cnoc Fergan	H	1575ft	☐	Cnoc Fhearchair	4Tu	1352ft	☐
Cnoc Fionn Loch	2Tu	735ft	☐	Cnoc Fionn Loch	1Tu	636ft	☐
Cnoc Fiscary	1Tu	413ft	☐	Cnoc Fraing	H	2444ft	☐
Cnoc Fraing South Top	S	2139ft	☐	Cnoc Fraoich	1Tu	531ft	☐
Cnoc Fraoich SW Top	1Tu	505ft	☐	Cnoc Frith Dhughaill	1Tu	640ft	☐
Cnoc Fuar	U	449ft	☐	Cnoc Fyrish	4Tu	1486ft	☐
Cnoc Garbh	1Tu	417ft	☐	Cnoc Garbh	0Tu	312ft	☐
Cnoc Garbh a' Mhill	1Tu	410ft	☐	Cnoc Garbh-choire	3Tu	1060ft	☐
Cnoc Gariob	0Tu	279ft	☐	Cnoc Gartnagrenoch	1Tu	377ft	☐
Cnoc Gasamail (Eilean Chearstaigh)	0Tu	125ft	☐	Cnoc Geodh' Ruadh	0Tu	112ft	☐
Cnoc Geumasgairbhe	1Tu	440ft	☐	Cnoc Ghreum	2Tu	965ft	☐

Name	Class	Height		Name	Class	Height	
Cnoc Gille Mo Bhrianaig	D	1795ft	☐	Cnoc Gille Thabhaish	0Tu	249ft	☐
Cnoc Gisgil	0Tu	272ft	☐	Cnoc Glac na Stairne	1Tu	433ft	☐
Cnoc Glaic na Blathaich	0Tu	226ft	☐	Cnoc Glas	M	1245ft	☐
Cnoc Glas	D	1696ft	☐	Cnoc Glas	2Tu	965ft	☐
Cnoc Glas Heilla	1Tu	381ft	☐	Cnoc Glas na Crionaiche	4Tu	1496ft	☐
Cnoc Gleann an t-Srathain	1Tu	518ft	☐	Cnoc Gleann Ban	2Tu	879ft	☐
Cnoc Gleann Lochan Sal	1Tu	420ft	☐	Cnoc Gleann na Gaoithe	1Tu	554ft	☐
Cnoc Gleannan a' Mhadaidh	1Tu	653ft	☐	Cnoc Gleannan na Gaoithe	1Tu	577ft	☐
Cnoc Glen Gallain	2Tu	663ft	☐	Cnoc Glen Nant	1Tu	495ft	☐
Cnoc Gorm	D	1729ft	☐	Cnoc Gorm	1Tu	453ft	☐
Cnoc Gorm Loch Beag	1Tu	535ft	☐	Cnoc Gorm Mor	1Tu	407ft	☐
Cnoc Grosvenor	1Tu	344ft	☐	Cnoc Huisinis	0Tu	197ft	☐
Cnoc Iasg-loch	2Tu	899ft	☐	Cnoc Ichrachan	1Tu	387ft	☐
Cnoc Iemastal	0Tu	187ft	☐	Cnoc Iseal	0Tu	151ft	☐
Cnoc Kirkaig	1Tu	548ft	☐	Cnoc Knockvologan	0Tu	213ft	☐
Cnoc Lag nam Brach	0Tu	243ft	☐	Cnoc Laimhrig Mhurchaidh	1Tu	381ft	☐
Cnoc Laoighscan	2Tu	764ft	☐	Cnoc Largie	0Tu	223ft	☐
Cnoc Leamhnachd	2Tu	961ft	☐	Cnoc Leathad an Lochain	1Tu	341ft	☐
Cnoc Leathan	1Tu	420ft	☐	Cnoc Leathan	0Tu	217ft	☐
Cnoc Leathan	1Tu	554ft	☐	Cnoc Leathan	1Tu	446ft	☐
Cnoc Leis	0Tu	292ft	☐	Cnoc Lerigoligan	1Tu	341ft	☐
Cnoc Liath	2Tu	682ft	☐	Cnoc Loch a' Bharrain	3Tu	1214ft	☐
Cnoc Loch a' Bhraige	0Tu	315ft	☐	Cnoc Loch a' Chaoruinn	1Tu	397ft	☐
Cnoc Loch a' Chaoruinn South Top	1Tu	371ft	☐	Cnoc Loch a' Chapuill	1Tu	610ft	☐

Cnoc Loch a' Chinn Ghairbh	1Tu	486ft	☐	Cnoc Loch a' Choire Leith	2Tu	925ft	☐
Cnoc Loch a' Chrion-doire	2Tu	889ft	☐	Cnoc Loch a' Ghille	1Tu	561ft	☐
Cnoc Loch a' Mhinidh	1Tu	636ft	☐	Cnoc Loch a' Mhuilinn	0Tu	174ft	☐
Cnoc Loch a' Mhuim	1Tu	469ft	☐	Cnoc Loch a' Mhuirt	1Tu	531ft	☐
Cnoc Loch Allt na h-Airbhe	0Tu	292ft	☐	Cnoc Loch Allt nan Ramh	1Tu	367ft	☐
Cnoc Loch an Achaidh Bhig	1Tu	348ft	☐	Cnoc Loch an Add	1Tu	630ft	☐
Cnoc Loch an Daimh	2Tu	968ft	☐	Cnoc Loch an Doire Dhuibh	1Tu	381ft	☐
Cnoc Loch an Dubhrain	U	348ft	☐	Cnoc Loch an Duin	0Tu	167ft	☐
Cnoc Loch an Fhraoich	2Tu	935ft	☐	Cnoc Loch an Iasgair	1Tu	469ft	☐
Cnoc Loch an Roin	1Tu	328ft	☐	Cnoc Loch an Roin North Top	0Tu	262ft	☐
Cnoc Loch an Sgurr Mhoir	1Tu	515ft	☐	Cnoc Loch Bad an Sgalaig	2Tu	755ft	☐
Cnoc Loch Bad na h-Achlaise	1Tu	328ft	☐	Cnoc Loch Bad na Labhairt	U	367ft	☐
Cnoc Loch Bracsaid	1Tu	538ft	☐	Cnoc Loch Braigh a' Choire	2Tu	909ft	☐
Cnoc Loch Buine Moire	1Tu	367ft	☐	Cnoc Loch Call an Uidhean	1Tu	568ft	☐
Cnoc Loch Clachaig	2Tu	889ft	☐	Cnoc Loch Coille-Bharr	0Tu	272ft	☐
Cnoc Loch Corcasgil	2Tu	764ft	☐	Cnoc Loch Creag an Eich	1Tu	420ft	☐
Cnoc Loch Crocach	4Tu	1391ft	☐	Cnoc Loch Crocach	2Tu	682ft	☐
Cnoc Loch Crocach North Top	4Tu	1345ft	☐	Cnoc Loch Crogabhat	0Tu	210ft	☐
Cnoc Loch Dirigadale	2Tu	823ft	☐	Cnoc Loch Drabhaig	1Tu	449ft	☐
Cnoc Loch Droighinn	1Tu	614ft	☐	Cnoc Loch Dubh	0Tu	305ft	☐
Cnoc Loch Dunmore	1Tu	482ft	☐	Cnoc Loch Fad a' Chruib	2Tu	866ft	☐
Cnoc Loch Fada	2Tu	899ft	☐	Cnoc Loch Gainmheach	3Tu	1040ft	☐
Cnoc Loch Gleann a' Bhearraidh	1Tu	584ft	☐	Cnoc Loch Hasco	2Tu	807ft	☐
Cnoc Loch Horaveg	2Tu	718ft	☐	Cnoc Loch Kemp	2Tu	761ft	☐

Cnoc Loch Laicheard	1Tu	502ft	☐	Cnoc Loch Lon na h-Uamha	1Tu	472ft	☐
Cnoc Loch Lubanach	1Tu	430ft	☐	Cnoc Loch Lurach	2Tu	659ft	☐
Cnoc Loch Mhadaidh	3Tu	1043ft	☐	Cnoc Loch Michean	1Tu	568ft	☐
Cnoc Loch na Bric	1Tu	630ft	☐	Cnoc Loch na Circe	2Tu	846ft	☐
Cnoc Loch na Creige Moire	1Tu	351ft	☐	Cnoc Loch na Creige Ruaidhe	0Tu	259ft	☐
Cnoc Loch na Doire Moire	2Tu	807ft	☐	Cnoc Loch na Doireanach	2Tu	702ft	☐
Cnoc Loch na Fiacail	1Tu	328ft	☐	Cnoc Loch na Garbh Uidhe	1Tu	518ft	☐
Cnoc Loch na h-Airigh Glaise	1Tu	341ft	☐	Cnoc Loch na Laire Duibhe	0Tu	305ft	☐
Cnoc Loch na Mnatha	1Tu	531ft	☐	Cnoc Loch na Saobhaidhe	2Tu	981ft	☐
Cnoc Loch na Seamraig	1Tu	423ft	☐	Cnoc Loch na Sgorthaich	2Tu	935ft	☐
Cnoc Loch nam Brac	1Tu	390ft	☐	Cnoc Loch nam Faoileag	2Tu	758ft	☐
Cnoc Loch nam Faoileag	0Tu	292ft	☐	Cnoc Loch nan Eilean	1Tu	633ft	☐
Cnoc Loch nan Eun	2Tu	696ft	☐	Cnoc Loch Ravag	1Tu	653ft	☐
Cnoc Loch Roag	3Tu	1263ft	☐	Cnoc Loch Rubha na Breige	1Tu	341ft	☐
Cnoc Loch Uidh na Ceardaich	1Tu	522ft	☐	Cnoc Loch Uidh Tarraigean	1Tu	410ft	☐
Cnoc Loch Veyatie	1Tu	558ft	☐	Cnoc Lochan a' Bhealaich	2Tu	906ft	☐
Cnoc Lochan a' Mhuilinn	U	272ft	☐	Cnoc Lochan Dhonnachaidh	4Tu	1322ft	☐
Cnoc Lochan Fada	1Tu	581ft	☐	Cnoc Lochan Fada North Top	1Tu	558ft	☐
Cnoc Lochan na Ba Ruaidhe	1Tu	348ft	☐	Cnoc Lochan na Claise	1Tu	404ft	☐
Cnoc Lochan na Creige	1Tu	518ft	☐	Cnoc Lochan nan Ceardach	2Tu	722ft	☐
Cnoc Lochan nan Cnamh	1Tu	430ft	☐	Cnoc Lochan Nigheadh	2Tu	715ft	☐
Cnoc Lochan Sal	1Tu	400ft	☐	Cnoc Lochana' Tana	0Tu	269ft	☐
Cnoc Lochcarron	2Tu	696ft	☐	Cnoc Lochgair	1Tu	574ft	☐
Cnoc Lochy	H	1529ft	☐	Cnoc Lomain	1Tu	581ft	☐

Cnoc Lomain North Top	1Tu	522ft	☐	Cnoc Lon nan Eildean	2Tu	751ft	☐
Cnoc Madaidh	3Tu	1020ft	☐	Cnoc Madaidh	2Tu	981ft	☐
Cnoc Mall-lairig	4Tu	1476ft	☐	Cnoc Malmsgaig	1Tu	587ft	☐
Cnoc Mam Unndalain	SuD	1854ft	☐	Cnoc Maol Malpelly	2Tu	751ft	☐
Cnoc Maol Mhucaig	1Tu	390ft	☐	Cnoc Maol na Cloiche Gile	4Tu	1329ft	☐
Cnoc McKay	1Tu	571ft	☐	Cnoc Meadhon	D	1695ft	☐
Cnoc Meadhonach	3Tu	1129ft	☐	Cnoc Meala	2Tu	692ft	☐
Cnoc Mhabairn	3Tu	1056ft	☐	Cnoc Mhairc	2Tu	725ft	☐
Cnoc Mhairtein	0Tu	184ft	☐	Cnoc Mheadhonach	2Tu	807ft	☐
Cnoc Mheadhonach	2Tu	751ft	☐	Cnoc Mhic-a-Phi	2Tu	732ft	☐
Cnoc Mhichie	H	682ft	☐	Cnoc Mhuilinn	0Tu	325ft	☐
Cnoc Moine	0Tu	305ft	☐	Cnoc Monzie	4Tu	1463ft	☐
Cnoc Mor	M	883ft	☐	Cnoc Mor	2Tu	692ft	☐
Cnoc Mor	1Tu	646ft	☐	Cnoc Mor	1Tu	328ft	☐
Cnoc Mor	0Tu	308ft	☐	Cnoc Mor	0Tu	279ft	☐
Cnoc Mor	0Tu	246ft	☐	Cnoc Mor	0Tu	236ft	☐
Cnoc Mor	0Tu	217ft	☐	Cnoc Mor	0Tu	187ft	☐
Cnoc Mor	1Tu	502ft	☐	Cnoc Mor	1Tu	413ft	☐
Cnoc Mor	1Tu	410ft	☐	Cnoc Mor	1Tu	348ft	☐
Cnoc Mor	1Tu	331ft	☐	Cnoc Mor	0Tu	180ft	☐
Cnoc Mor	1Tu	548ft	☐	Cnoc Mor	1Tu	341ft	☐
Cnoc Mor	0Tu	269ft	☐	Cnoc Mor	1Tu	361ft	☐
Cnoc Mor	0Tu	276ft	☐	Cnoc Mor	0Tu	243ft	☐
Cnoc Mor (Seana Bhaile)	SIB	72ft	☐	Cnoc Mor a' Gharaidh	0Tu	253ft	☐

Cnoc Mor an Rubha Bhig	0Tu	236ft	☐	Cnoc Mor an t-Sagairt	0Tu	190ft	☐
Cnoc Mor Ghrasdail	1Tu	384ft	☐	Cnoc Mor na Claigin	1Tu	358ft	☐
Cnoc Mor nan Cnoc	2Tu	702ft	☐	Cnoc Mor North Top	1Tu	430ft	☐
Cnoc Mor Shobhail	1Tu	434ft	☐	Cnoc Moy	M	1463ft	☐
Cnoc Muigh-bhlaraidh	H	1791ft	☐	Cnoc Mullach Tom Tamh	0Tu	233ft	☐
Cnoc na Bracha	1Tu	492ft	☐	Cnoc na Breun-choille	H	1198ft	☐
Cnoc na Broige	1Tu	430ft	☐	Cnoc na Cachaille	1Tu	335ft	☐
Cnoc na Caillich	0Tu	249ft	☐	Cnoc na Caillich	1Tu	535ft	☐
Cnoc na Cailliche	1Tu	650ft	☐	Cnoc na Cairidh	1Tu	561ft	☐
Cnoc na Cairs	1Tu	449ft	☐	Cnoc na Carraige	H	686ft	☐
Cnoc na Claise Carnaich	1Tu	554ft	☐	Cnoc na Claise Fearna	1Tu	354ft	☐
Cnoc na Cloich	0Tu	262ft	☐	Cnoc na Cloich-bhuaile	3Tu	1257ft	☐
Cnoc na Coileach	3Tu	991ft	☐	Cnoc na Comhairle	2Tu	919ft	☐
Cnoc na Corra	1Tu	354ft	☐	Cnoc na Craoibhe	4Tu	1411ft	☐
Cnoc na Creige	H	1946ft	☐	Cnoc na Creige Duibhe	1Tu	535ft	☐
Cnoc na Croiche	1Tu	646ft	☐	Cnoc na Croiche	0Tu	138ft	☐
Cnoc na Croise	1Tu	381ft	☐	Cnoc na Cuairte	1Tu	440ft	☐
Cnoc na Culaige	2Tu	686ft	☐	Cnoc na Dail	1Tu	361ft	☐
Cnoc na Dail	3Tu	1161ft	☐	Cnoc na Dail North Top	1Tu	361ft	☐
Cnoc na Di-chuimhne	2Tu	771ft	☐	Cnoc na Dippen	1Tu	489ft	☐
Cnoc na Doire	2Tu	955ft	☐	Cnoc na Doire Daraich	0Tu	266ft	☐
Cnoc na Doire Duinn	0Tu	279ft	☐	Cnoc na Faire	1Tu	390ft	☐
Cnoc na Faire	1Tu	344ft	☐	Cnoc na Faire	1Tu	335ft	☐
Cnoc na Faire	0Tu	285ft	☐	Cnoc na Faire Mor	0Tu	243ft	☐

Cnoc na Feadaige	2Tu	935ft	☐	Cnoc na Feadaige	1Tu	472ft	☐
Cnoc na Feannaig	3Tu	1260ft	☐	Cnoc na Fliuch-airigh	3Tu	1066ft	☐
Cnoc na Fuarachad	0Tu	217ft	☐	Cnoc na Gamhna	3Tu	1217ft	☐
Cnoc na Gamhna	2Tu	715ft	☐	Cnoc na Gaoithe	3Tu	1260ft	☐
Cnoc na Gaoithe	2Tu	709ft	☐	Cnoc na Garbad	2Tu	961ft	☐
Cnoc na Garbh Choille	2Tu	728ft	☐	Cnoc na Gearraisich	4Tu	1316ft	☐
Cnoc na Glaic Moire	1Tu	443ft	☐	Cnoc na Glaic Tarsuinn	3Tu	1214ft	☐
Cnoc na Glaice Moire	1Tu	509ft	☐	Cnoc na Glas Choille	3Tu	1010ft	☐
Cnoc na Goibhre	0Tu	203ft	☐	Cnoc na h-Airbhe	1Tu	502ft	☐
Cnoc na h-Airigh	0Tu	262ft	☐	Cnoc na h-Airighe	H	719ft	☐
Cnoc na h-Araid	1Tu	489ft	☐	Cnoc na h-Araid West Top	1Tu	486ft	☐
Cnoc na h-Eaglaise	0Tu	285ft	☐	Cnoc na h-Eaglaise South Top	0Tu	236ft	☐
Cnoc na h-Eannaiche	0Tu	272ft	☐	Cnoc na h-Eilde	1Tu	646ft	☐
Cnoc na h-Eilde	1Tu	604ft	☐	Cnoc na h-Eilich Duirche	3Tu	1079ft	☐
Cnoc na h-Eireachd	1Tu	351ft	☐	Cnoc na h-Imrich	1Tu	433ft	☐
Cnoc na h-Inghinn	3Tu	1014ft	☐	Cnoc na h-Innse Moire	3Tu	1106ft	☐
Cnoc na h-Iolaire	H	1164ft	☐	Cnoc na h-Iolaire	2Tu	978ft	☐
Cnoc na h-Iolaire	0Tu	141ft	☐	Cnoc na h-Iolare	3Tu	1060ft	☐
Cnoc na h-Uidhe	1Tu	594ft	☐	Cnoc na Leacaig	0Tu	262ft	☐
Cnoc na Liana Moire	0Tu	246ft	☐	Cnoc na Maoile	M	1316ft	☐
Cnoc na Meine	2Tu	833ft	☐	Cnoc na Moil Deirge	0Tu	315ft	☐
Cnoc na Moine	SuD	1961ft	☐	Cnoc na Moine	2Tu	945ft	☐
Cnoc na Moine	1Tu	433ft	☐	Cnoc na Moine	1Tu	600ft	☐
Cnoc na Moine	1Tu	469ft	☐	Cnoc na Moine	1Tu	361ft	☐

Cnoc na Moine	1Tu	331ft	☐	Cnoc na Moine	2Tu	840ft	☐
Cnoc na Moine	1Tu	627ft	☐	Cnoc na Moine	0Tu	289ft	☐
Cnoc na Moine	2Tu	892ft	☐	Cnoc na Moine Duibhe	2Tu	784ft	☐
Cnoc na Nathrach	4Tu	1585ft	☐	Cnoc na Ruighe Shligeich	0Tu	299ft	☐
Cnoc na Saobhaidhe	2Tu	951ft	☐	Cnoc na Seamraig	D	1640ft	☐
Cnoc na Seamraig	2Tu	846ft	☐	Cnoc na Sithe	U	772ft	☐
Cnoc na Sroine	3Tu	1138ft	☐	Cnoc na Stroine	H	1307ft	☐
Cnoc na Stroine South Top	3Tu	1280ft	☐	Cnoc na Suil Chruthaiche	1Tu	354ft	☐
Cnoc na Tri Criche	S	1988ft	☐	Cnoc na Tuirbhe	4Tu	1332ft	☐
Cnoc na Tuppat	H	1434ft	☐	Cnoc nam Bad Bog	3Tu	1106ft	☐
Cnoc nam Brac	3Tu	1066ft	☐	Cnoc nam Brac	1Tu	545ft	☐
Cnoc nam Breidean	1Tu	430ft	☐	Cnoc nam Broighleag	M	1030ft	☐
Cnoc nam Broighleag West Top	3Tu	1014ft	☐	Cnoc nam Buth	0Tu	243ft	☐
Cnoc nam Feur-loch	1Tu	538ft	☐	Cnoc nam Fiadh	1Tu	486ft	☐
Cnoc nam Fiann	3Tu	1076ft	☐	Cnoc nam Muc	2Tu	837ft	☐
Cnoc nam Muc-clach	1Tu	456ft	☐	Cnoc nan Adag	0Tu	200ft	☐
Cnoc nan Aighean	SuS	2047ft	☐	Cnoc nan Cabar	0Tu	289ft	☐
Cnoc nan Cabar	2Tu	761ft	☐	Cnoc nan Caorach	3Tu	1270ft	☐
Cnoc nan Caorach	0Tu	180ft	☐	Cnoc nan Caorach	1Tu	410ft	☐
Cnoc nan Caorach	U	179ft	☐	Cnoc nan Caorach Beaga	1Tu	466ft	☐
Cnoc nan Capull	2Tu	656ft	☐	Cnoc nan Ceann	2Tu	873ft	☐
Cnoc nan Craobh	3Tu	1056ft	☐	Cnoc nan Cro	1Tu	571ft	☐
Cnoc nan Cro	0Tu	246ft	☐	Cnoc nan Cuilean	M	1831ft	☐
Cnoc nan Dubh Leitire	1Tu	574ft	☐	Cnoc nan Each	3Tu	1020ft	☐

Cnoc nan Each	4Tu	1532ft	☐	Cnoc nan Each	1Tu	554ft ☐
Cnoc nan Each Mor	SuS	1988ft	☐	Cnoc nan Each Mor South Top	SuS	1975ft ☐
Cnoc nan Gabhar	H	755ft	☐	Cnoc nan Gaimhnean	2Tu	801ft ☐
Cnoc nan Gearr	3Tu	1129ft	☐	Cnoc nan Gobhar	3Tu	1125ft ☐
Cnoc nan Gobhar	0Tu	184ft	☐	Cnoc nan Imrichean	3Tu	1286ft ☐
Cnoc nan Larach-cloiche	2Tu	866ft	☐	Cnoc nan Larach-cloiche NW Top	2Tu	827ft ☐
Cnoc nan Lochanan	1Tu	486ft	☐	Cnoc nan Oighreag	4Tu	1624ft ☐
Cnoc nan Rathag	1Tu	423ft	☐	Cnoc nan Sac	4Tu	1489ft ☐
Cnoc nan Sioman	2Tu	682ft	☐	Cnoc nan Tri-chlach	3Tu	1138ft ☐
Cnoc nan Trichlach South Top	3Tu	1033ft	☐	Cnoc nan Uan	0Tu	256ft ☐
Cnoc Navie	H	791ft	☐	Cnoc Neill	2Tu	801ft ☐
Cnoc Ockle	2Tu	732ft	☐	Cnoc Odhar	H	909ft ☐
Cnoc Odhar	3Tu	1093ft	☐	Cnoc Odhar	2Tu	673ft ☐
Cnoc Odhar	1Tu	607ft	☐	Cnoc Odhar	2Tu	817ft ☐
Cnoc Odhar	1Tu	636ft	☐	Cnoc Odhar	1Tu	561ft ☐
Cnoc Odhar an Teanrich	1Tu	594ft	☐	Cnoc Olasdail	2Tu	830ft ☐
Cnoc Pairceanan	1Tu	335ft	☐	Cnoc Poll a' Mhuilt	1Tu	351ft ☐
Cnoc Poll a' Mhurain	1Tu	502ft	☐	Cnoc Poll an Achaidh Bhuidhe	4Tu	1549ft ☐
Cnoc Poll Dhaidh	1Tu	531ft	☐	Cnoc Poll nam Muic	1Tu	433ft ☐
Cnoc Pollcherian	1Tu	499ft	☐	Cnoc Pollphail	0Tu	315ft ☐
Cnoc Polnish	0Tu	276ft	☐	Cnoc Poltalloch	1Tu	515ft ☐
Cnoc Port nan Aidhean	0Tu	322ft	☐	Cnoc Portlevorchy	0Tu	272ft ☐
Cnoc Preas a' Mhadaidh	O	663ft	☐	Cnoc Preas an Tairbh	3Tu	1079ft ☐
Cnoc Raera	1Tu	492ft	☐	Cnoc Raibeirt	4Tu	1384ft ☐

Cnoc Raon na Ceardaich	1Tu	525ft	☐	Cnoc Ravoch	2Tu	702ft	☐
Cnoc Rawer	Su4	1621ft	☐	Cnoc Reamhar	M	869ft	☐
Cnoc Reamhar	3Tu	1083ft	☐	Cnoc Reamhar	0Tu	151ft	☐
Cnoc Reamhar	2Tu	666ft	☐	Cnoc Reamhar	1Tu	577ft	☐
Cnoc Reamhar	1Tu	423ft	☐	Cnoc Reamhar	2Tu	738ft	☐
Cnoc Reamhar	1Tu	614ft	☐	Cnoc Reamhar	1Tu	495ft	☐
Cnoc Rhaonastil	1Tu	358ft	☐	Cnoc Rhegreanoch	1Tu	574ft	☐
Cnoc Rhiconich	1Tu	344ft	☐	Cnoc Riabhach	3Tu	1004ft	☐
Cnoc Riabhach	1Tu	344ft	☐	Cnoc Righseodh	0Tu	144ft	☐
Cnoc Riof	0Tu	174ft	☐	Cnoc Roll	1Tu	400ft	☐
Cnoc Ruairidh	0Tu	236ft	☐	Cnoc Rubh' Aird an Anail	1Tu	463ft	☐
Cnoc Rubha a' Choire	0Tu	256ft	☐	Cnoc Rubha a' Choire SE Top	0Tu	194ft	☐
Cnoc Rubha Dubh	0Tu	220ft	☐	Cnoc Rubha Rollanais	0Tu	154ft	☐
Cnoc Rubha Sionascaig	1Tu	456ft	☐	Cnoc Ruigh a' Chairn	1Tu	341ft	☐
Cnoc Ruigh a' Chlachain	0Tu	302ft	☐	Cnoc Ruigh nan Copag	2Tu	705ft	☐
Cnoc Salislade	4Tu	1581ft	☐	Cnoc Sanndabhaig	0Tu	120ft	☐
Cnoc Scammadale	3Tu	1040ft	☐	Cnoc Scarall	2Tu	692ft	☐
Cnoc Scarall Beag	2Tu	689ft	☐	Cnoc Sgeir Fhanda	0Tu	276ft	☐
Cnoc Sgliatach	2Tu	912ft	☐	Cnoc Sgoraig	1Tu	486ft	☐
Cnoc Sgriodain	D	1785ft	☐	Cnoc Sheorais	1Tu	394ft	☐
Cnoc Sheumais	2Tu	745ft	☐	Cnoc Shieveina	3Tu	1309ft	☐
Cnoc Shiomain	2Tu	833ft	☐	Cnoc Sithean	1Tu	640ft	☐
Cnoc Sloc a' Bhuilg	1Tu	374ft	☐	Cnoc Smuidean	0Tu	213ft	☐
Cnoc Snataig	4Tu	1371ft	☐	Cnoc Spardain	1Tu	574ft	☐

Cnoc Staing	2Tu	876ft	☐	Cnoc Strathellen	1Tu	489ft	☐
Cnoc Strone	0Tu	325ft	☐	Cnoc Sturraig	2Tu	860ft	☐
Cnoc Suileag	1Tu	617ft	☐	Cnoc Sumula	1Tu	407ft	☐
Cnoc Swordly	1Tu	525ft	☐	Cnoc Tarsuinn	2Tu	978ft	☐
Cnoc Tarsuinn East Top	2Tu	965ft	☐	Cnoc Thormaid	1Tu	636ft	☐
Cnoc Thulagain	H	1736ft	☐	Cnoc Thull	1Tu	525ft	☐
Cnoc Tigh Adhamh	1Tu	456ft	☐	Cnoc Tigh Adhamh East Top	1Tu	400ft	☐
Cnoc Tighnabruaich	2Tu	715ft	☐	Cnoc Tigh-sealga	3Tu	1247ft	☐
Cnoc Tobar na Slainte	2Tu	922ft	☐	Cnoc Torr an Leamhain	2Tu	866ft	☐
Cnoc Torra Mhoir	0Tu	259ft	☐	Cnoc Torran	2Tu	689ft	☐
Cnoc Tuarie	3Tu	1158ft	☐	Cnoc Uadhall	D	1785ft	☐
Cnoc Uadhall North Top	D	1673ft	☐	Cnoc Uamh Fhreasgil	0Tu	148ft	☐
Cnoc Uamh nam Fear	H	420ft	☐	Cnoc Udais	U	1110ft	☐
Cnoc Uibhinnis	0Tu	177ft	☐	Cnoc Uidh a' Chlarain	1Tu	591ft	☐
Cnoc Uidh an Tuim	1Tu	640ft	☐	Cnoc Uidh na Geadaig	1Tu	348ft	☐
Cnoc Uidh nam Fiadh	2Tu	751ft	☐	Cnocan Buidhe	2Tu	968ft	☐
Cnocan Conachreag	H	883ft	☐	Cnocan Donn	2Tu	718ft	☐
Cnocan Druim an Rathaid	1Tu	584ft	☐	Cnocan Dubh	3Tu	1155ft	☐
Cnocan Dubha	1Tu	486ft	☐	Cnocan Mor	SuD	1926ft	☐
Cnocan na Ban	0Tu	295ft	☐	Cnocan na h-Airigh	2Tu	850ft	☐
Cnocan nan Tri Chriochan	1Tu	397ft	☐	Cnocan Oisinneach Mor	4Tu	1588ft	☐
Cnocan Sgeir'e	2Tu	981ft	☐	Cnocan Soilleir	0Tu	279ft	☐
Cnocanallt	U	774ft	☐	Cnoc-an-t-sidhean	2Tu	682ft	☐
Cnuic an Fhuarain Mhoir	2Tu	735ft	☐	Cnuic Charrach	3Tu	1148ft	☐

Cnuic na Braclach	2Tu	715ft	☐	Cnuic nan Eildean	2Tu	915ft ☐
Coal Hill	1Tu	538ft	☐	Cochno Hill	3Tu	1142ft ☐
Cock Cairn	S	2385ft	☐	Cock Hill	D	1959ft ☐
Cock Law	4Tu	1339ft	☐	Cock Rig	4Tu	1572ft ☐
Cock Rig	3Tu	1165ft	☐	Cockburn Law	H	1066ft ☐
Cocker Hill	H	1650ft	☐	Cockiland Hill	4Tu	1391ft ☐
Cocklaw Hill	H	1047ft	☐	Cocklaw Hill	3Tu	1017ft ☐
Cockleroy	2Tu	912ft	☐	Cocklie Rig Head	4Tu	1601ft ☐
Cockplay Hill	4Tu	1339ft	☐	Cockplay Hill	3Tu	1306ft ☐
Coduinn	H	791ft	☐	Coiliochbhar Hill	M	1749ft ☐
Coille Mhor	S	2215ft	☐	Coille Mhor	1Tu	420ft ☐
Coimhleum	3Tu	1086ft	☐	Coinneach Mhor	H	3202ft ☐
Coinneach Mhor (1974 position)	dMut	3130ft	☐	Coirc Bheinn	M	1841ft ☐
Coire Breac Top	S	2244ft	☐	Coire Ceirsle Hill	S	2146ft ☐
Coire Faoin Stack	D	1657ft	☐	Coire na Beinne	2Tu	741ft ☐
Coireag Chaorainn	4Tu	1549ft	☐	Coirnis	U	255ft ☐
Col-bheinn	D	1778ft	☐	Cold Moss	S	2060ft ☐
Coldingham Loch Hill	1Tu	544ft	☐	Colla Cleit	2Tu	889ft ☐
Colla Sgairbh	2Tu	961ft	☐	Collie Law	3Tu	1253ft ☐
Collin Hags	U	839ft	☐	Collochan Hill	1Tu	486ft ☐
Colluthie Hill	1Tu	427ft	☐	Colonel's Wood	1Tu	358ft ☐
Colsnaur Hill	SuD	1814ft	☐	Colt Hill	M	1962ft ☐
Coltraiseal Beag	H	741ft	☐	Coltraiseal Mor	M	748ft ☐
Comb Head	dDot	2041ft	☐	Comb Hill	D	1683ft ☐

Comb Law	S	2116ft ☐	Comfort Law	U	348ft ☐
Comhnard Coire nan Geuroirean	3Tu	1283ft ☐	Common Hill	M	1601ft ☐
Common Hill	4Tu	1371ft ☐	Common Hill	H	433ft ☐
Common Law	4Tu	1542ft ☐	Commonedge Hill	H	1535ft ☐
Con Tom	0Tu	272ft ☐	Cona Chreag	1Tu	561ft ☐
Cona' chreag	3Tu	988ft ☐	Cona' Mheall	M	3209ft ☐
Conachair	M	1411ft ☐	Conachcraig	M	2838ft ☐
Conachreag	2Tu	948ft ☐	Conamheall	4Tu	1594ft ☐
Conic Hill	M	1184ft ☐	Conival	H	3238ft ☐
Conival North Top	SuS	2593ft ☐	Conlach Mhor	S	2830ft ☐
Conlan Hill	4Tu	1318ft ☐	Conlawer Hill	3Tu	1243ft ☐
Conmheall	D	1775ft ☐	Connis	0Tu	180ft ☐
Conostom	M	840ft ☐	Conrig Hill	4Tu	1591ft ☐
Conscleuch Head	Dot	2047ft ☐	Cook's Cairn	M	2477ft ☐
Coom Dod	D	1814ft ☐	Coom Rig	4Tu	1391ft ☐
Coomb Dod	S	2083ft ☐	Coomb Edge	4Tu	1457ft ☐
Coomb Hill	S	2100ft ☐	Cooper's Hill	0Tu	249ft ☐
Coopers' Knowe	0Tu	240ft ☐	Copaigh	0Tu	112ft ☐
Cora-bheinn	3Tu	1148ft ☐	Cora-bheinn West Top	3Tu	1076ft ☐
Coraddie	M	1703ft ☐	Coran of Portmark	S	2044ft ☐
Corb Law	H	1558ft ☐	Corbie Knowe	2Tu	787ft ☐
Corcasmol	1Tu	382ft ☐	Cordon Hill	2Tu	912ft ☐
Core Hill	H	804ft ☐	Core Hill	H	1778ft ☐
Coremachy	D	1781ft ☐	Coriefeuran Hill	2Tu	889ft ☐

Name	Class	Height		Name	Class	Height	
Corkindale Law	H	850ft	☐	Corlabhadh	2Tu	978ft	☐
Corlach	2Tu	699ft	☐	Corlarach Hill	4Tu	1375ft	☐
Corlick Hill	H	994ft	☐	Cormaud	SuD	1663ft	☐
Cormie Hill	1Tu	518ft	☐	Corn Hill	2Tu	709ft	☐
Corncockle Hill	0Tu	295ft	☐	Cornhill	2Tu	817ft	☐
Corr Bhan	3Tu	1211ft	☐	Corr Chnoc	2Tu	738ft	☐
Corr Eilean	0Tu	115ft	☐	Corr Eilean	0Tu	102ft	☐
Corr Leathad	2Tu	722ft	☐	Corr nan Long	2Tu	906ft	☐
Corra Bheinn	M	1886ft	☐	Corra Hill	0Tu	295ft	☐
Corrabhal	0Tu	217ft	☐	Corra-bheinn	M	2312ft	☐
Corrach Bheinn	0Tu	246ft	☐	Corrachan Buidhe	D	1960ft	☐
Corrag Bhuidhe	MuT	3436ft	☐	Corrag Bhuidhe Buttress	dMut	3104ft	☐
Corr-bhan Mor	4Tu	1335ft	☐	Corriehalls Hill	2Tu	791ft	☐
Corrieyairack Hill	H	2927ft	☐	Corryhabbie Hill	M	2562ft	☐
Corse Hill	M	1234ft	☐	Corse Hill	D	1903ft	☐
Corse Hill	4Tu	1421ft	☐	Corseglass Hill	2Tu	906ft	☐
Corsencon Hill	4Tu	1558ft	☐	Corserine	M	2671ft	☐
Corston Hill	3Tu	1142ft	☐	Corstorphine Hill	H	539ft	☐
Cortleferry Hill	3Tu	1283ft	☐	Cort-ma Law East Top	CC1	1726ft	☐
Corval Hill	0Tu	266ft	☐	Corwharn	M	1998ft	☐
Cossars Hill	4Tu	1516ft	☐	Costa Hill	1Tu	495ft	☐
Cotton Hill	1Tu	564ft	☐	Cot-town Hill	1Tu	486ft	☐
Coul Hill	3Tu	1004ft	☐	Coultra Hill	U	584ft	☐
Coulvoulin Hill	4Tu	1483ft	☐	Countam	D	1647ft	☐

Coupland Hill	3Tu	1293ft	☐	Court Hill	2Tu	807ft ☐
Court Hill	1Tu	620ft	☐	Court Hill	0Tu	217ft ☐
Court Hill	0Tu	310ft	☐	Couters Hill	1Tu	354ft ☐
Coutlair Knowe	4Tu	1371ft	☐	Cove Hill	3Tu	1017ft ☐
Cow Castle	3Tu	1040ft	☐	Cow Head	0Tu	157ft ☐
Cow Hill	2Tu	978ft	☐	Cow Hill	2Tu	686ft ☐
Cowan's Croft	D	1900ft	☐	Cowans Hill	1Tu	331ft ☐
Cowden Hill	H	669ft	☐	Cowden Wood	1Tu	476ft ☐
Cowhythe Hill	0Tu	256ft	☐	Cowie Hill	4Tu	1444ft ☐
Cracabhal	M	1686ft	☐	Cracal	0Tu	217ft ☐
Crackaig Hill	1Tu	413ft	☐	Craggan a' Chait	S	2552ft ☐
Craggan Hill	H	958ft	☐	Craggan Hill	SuD	1837ft ☐
Craggan More	4Tu	1562ft	☐	Craggen Voain	SuD	1719ft ☐
Craggen Voain South Top	SuD	1654ft	☐	Craig a Barns	H	1181ft ☐
Craig a Barns South Top	3Tu	1106ft	☐	Craig Backastain	SuS	2905ft ☐
Craig Crane	3Tu	1106ft	☐	Craig Damff	S	2349ft ☐
Craig Damff	S	2774ft	☐	Craig Dhu	H	1362ft ☐
Craig Dhu	2Tu	978ft	☐	Craig Doin	D	1926ft ☐
Craig Dorney	4Tu	1345ft	☐	Craig Duchrey	4Tu	1535ft ☐
Craig Fell	1Tu	538ft	☐	Craig Ferrar	2Tu	840ft ☐
Craig Formal	D	1677ft	☐	Craig Glas	Su4	1608ft ☐
Craig Gowan	4Tu	1332ft	☐	Craig Gownan	2Tu	869ft ☐
Craig Head	4Tu	1381ft	☐	Craig Hill	H	1255ft ☐
Craig Hill	D	1847ft	☐	Craig Hill	Su4	1632ft ☐

Craig Hill	1Tu	571ft	☐	Craig Hill	3Tu	1171ft ☐
Craig Hill	3Tu	994ft	☐	Craig Hill	2Tu	735ft ☐
Craig Hill	4Tu	1598ft	☐	Craig Hill	3Tu	1030ft ☐
Craig Hill	1Tu	466ft	☐	Craig Hill North Top	4Tu	1627ft ☐
Craig Hulich	D	1811ft	☐	Craig Kipmaclyne	3Tu	1230ft ☐
Craig Lair	SuS	2333ft	☐	Craig Lash South Top	3Tu	1161ft ☐
Craig Law	D	1686ft	☐	Craig Law	1Tu	364ft ☐
Craig Leek	H	2083ft	☐	Craig Leven	H	755ft ☐
Craig Lochie	H	1706ft	☐	Craig Maskeldie	S	2254ft ☐
Craig Maskeldie South Top	S	2241ft	☐	Craig Megen	D	1752ft ☐
Craig Mellon	H	2842ft	☐	Craig Minnan	3Tu	994ft ☐
Craig More	1Tu	554ft	☐	Craig More	4Tu	1325ft ☐
Craig Muir	1Tu	623ft	☐	Craig Murrail	H	784ft ☐
Craig Murrail North Top	2Tu	781ft	☐	Craig na Cailliche	1Tu	600ft ☐
Craig nan Sassanach	2Tu	853ft	☐	Craig Neldricken	D	1811ft ☐
Craig Nordie	4Tu	1601ft	☐	Craig Obney	H	1323ft ☐
Craig of Achnabreck	1Tu	561ft	☐	Craig of Affrusk	2Tu	810ft ☐
Craig of Bunzeach	H	1742ft	☐	Craig of Camlet	Su4	1611ft ☐
Craig of Clunie	2Tu	656ft	☐	Craig of Dalfro	3Tu	1040ft ☐
Craig of Dalhastnie	3Tu	1119ft	☐	Craig of Dalwine	4Tu	1371ft ☐
Craig of Gowal	MuT	3041ft	☐	Craig of Grobdale	U	937ft ☐
Craig of Inchnabobart	D	1709ft	☐	Craig of Knockgray	H	1257ft ☐
Craig of Loinmuie	D	1772ft	☐	Craig of Monievreckie	M	1312ft ☐
Craig of Monievreckie North Top	3Tu	1125ft	☐	Craig of Monievreckie West Top	3Tu	1292ft ☐

Craig Phadrig	1Tu	564ft	☐	Craig Revack	3Tu	1106ft	☐
Craig Rock	2Tu	771ft	☐	Craig Roman	2Tu	689ft	☐
Craig Rossie	4Tu	1345ft	☐	Craig Soales	SuD	1650ft	☐
Craig Tiribeg	H	1594ft	☐	Craig Tronach	1Tu	358ft	☐
Craig Ulatota	3Tu	1194ft	☐	Craig Ulian	1Tu	446ft	☐
Craig Vallich	SuS	2000ft	☐	Craig Veann	S	2333ft	☐
Craig Watch	4Tu	1539ft	☐	Craig Wood	SuD	1739ft	☐
Craig Wood SE Top	SuD	1719ft	☐	Craigairie Fell	H	1053ft	☐
Craigancash	SuD	1775ft	☐	Craigangowan	SuD	1696ft	☐
Craigangower	SuS	1985ft	☐	Craigannet Hill	3Tu	1171ft	☐
Craigbeath Hill	1Tu	594ft	☐	Craigbill Hill	2Tu	725ft	☐
Craigbirnoch Fell	1Tu	630ft	☐	Craigbouie Fell	1Tu	420ft	☐
Craigbraneoch Hill	D	1890ft	☐	Craigbrock Hill	4Tu	1460ft	☐
Craigcaiseal	1Tu	558ft	☐	Craigdarroch Hill	3Tu	1064ft	☐
Craigdasher	4Tu	1450ft	☐	Craigdasher Hill	2Tu	978ft	☐
Craigdews Hill	H	883ft	☐	Craigdilly	D	1923ft	☐
Craigdullyeart Hill	4Tu	1352ft	☐	Craigeach Fell	1Tu	430ft	☐
Craigeam	0Tu	131ft	☐	Craigellachie	4Tu	1627ft	☐
Craigelwhan	3Tu	1050ft	☐	Craigelwhan	2Tu	807ft	☐
Craigencolon	3Tu	1135ft	☐	Craigend	1Tu	420ft	☐
Craigend Hill	3Tu	1175ft	☐	Craigend Hill	0Tu	192ft	☐
Craigend Hill	3Tu	1227ft	☐	Craigendarroch	M	1319ft	☐
Craigendinnie	3Tu	1243ft	☐	Craigengar	D	1703ft	☐
Craigengillan Hill	4Tu	1316ft	☐	Craigenlee Fell	1Tu	591ft	☐

Name	Class	Height		Name	Class	Height	
Craigenloch Hill	U	2424ft	☐	Craigenreoch	M	1854ft	☐
Craigentaggert Hill	4Tu	1617ft	☐	Craigenveoch Fell	1Tu	413ft	☐
Craigfionn	3Tu	1201ft	☐	Craigfoodie Hill	1Tu	554ft	☐
Craigforth	0Tu	223ft	☐	Craigforthie	1Tu	479ft	☐
Craiggowrie	S	2254ft	☐	Craighead	1Tu	548ft	☐
Craighead	1Tu	489ft	☐	Craighead	1Tu	463ft	☐
Craighead Hill	4Tu	1407ft	☐	Craighead Hill	1Tu	551ft	☐
Craighirst	3Tu	1093ft	☐	Craighorn	D	1913ft	☐
Craigie Hill	1Tu	515ft	☐	Craigie Hill	1Tu	354ft	☐
Craigie Thieves	H	2257ft	☐	Craigieloch	2Tu	804ft	☐
Craigievar Hill	3Tu	1145ft	☐	Craigingles	1Tu	522ft	☐
Craiginmoddie	3Tu	1253ft	☐	Craiglarie Fell	U	389ft	☐
Craiglea Hill	H	1273ft	☐	Craiglee	M	1742ft	☐
Craiglee	M	1716ft	☐	Craiglee N Top	SuD	1716ft	☐
Craigleith	0Tu	161ft	☐	Craiglich	M	1562ft	☐
Craiglochie	2Tu	728ft	☐	Craiglowrie	3Tu	1076ft	☐
Craiglure	3Tu	1250ft	☐	Craigluscar Hill	2Tu	748ft	☐
Craigmahandle	SuD	1883ft	☐	Craigmaid	H	1814ft	☐
Craigmarloch	1Tu	518ft	☐	Craigmasheenie	D	1768ft	☐
Craigmawhannal	3Tu	1171ft	☐	Craigmawhannal North Top	3Tu	984ft	☐
Craigmore	3Tu	1270ft	☐	Craigmore	2Tu	715ft	☐
Craigmore	3Tu	1250ft	☐	Craigmore Hill	1Tu	641ft	☐
Craigmore Hill	3Tu	1175ft	☐	Craigmore Hill (Yeaman summit)	O	638ft	☐
Craigmuir	U	305ft	☐	Craigmurchie	2Tu	938ft	☐

Name	Class	Height		Name	Class	Height	
Craignair	U	305ft	☐	Craignairny	D	1960ft	☐
Craignane	D	1644ft	☐	Craignarget Hill	1Tu	413ft	☐
Craignaw	M	2119ft	☐	Craignaw	D	1772ft	☐
Craigneil	2Tu	886ft	☐	Craignell	M	1567ft	☐
Craignorth Hill	4Tu	1388ft	☐	Craigowl Hill	M	1493ft	☐
Craigrae Beg	SuD	1699ft	☐	Craigrath	4Tu	1427ft	☐
Craigs of Kyle	2Tu	803ft	☐	Craigs of Lethnot	Su4	1617ft	☐
Craigs of Loch Esk	SuS	2793ft	☐	Craigs of Loch Wharral	SuS	2807ft	☐
Craigs of Logie	3Tu	1106ft	☐	Craigs of Madderty	0Tu	318ft	☐
Craigsanquhar	1Tu	522ft	☐	Craigspark Hill	1Tu	515ft	☐
Craigtype	U	913ft	☐	Craigwarren	3Tu	1214ft	☐
Craigwhinnie	4Tu	1368ft	☐	Craik Cross Hill	4Tu	1480ft	☐
Craik Moor	4Tu	1496ft	☐	Crailzie Hill	H	1562ft	☐
Crairiepark Hill	2Tu	722ft	☐	Cramalt Craig	H	2724ft	☐
Crams Hill	2Tu	778ft	☐	Cran Hill	1Tu	486ft	☐
Crannach Hill	H	1969ft	☐	Crannoch Hill	1Tu	358ft	☐
Cranstackie	M	2628ft	☐	Crappich Hill	4Tu	1534ft	☐
Craw Knowe	4Tu	1526ft	☐	Crawston Hill	H	712ft	☐
Crawthat Hill	2Tu	919ft	☐	Creach Bheinn	M	2657ft	☐
Creach Bheinn	H	1613ft	☐	Creach Bheinn	M	2799ft	☐
Creach Bheinn East Top	SuD	1932ft	☐	Creachan an Fhiodha	S	2185ft	☐
Creachan Beag	D	1795ft	☐	Creachan Beag SE Top	SuD	1791ft	☐
Creachan Dubh	M	1542ft	☐	Creachan Forc Airgiol	4Tu	1339ft	☐
Creachan Mor	M	1086ft	☐	Creachan Mor	H	2156ft	☐

Creachan Mor	SuD	1873ft	☐	Creachan nan Sgadan	SuS	2149ft	☐
Creachan Thormaid	S	1995ft	☐	Creach-Beinn	M	2292ft	☐
Creag a' Bhaca	S	2444ft	☐	Creag a' Bhacain	2Tu	971ft	☐
Creag a' Bhadaidh Daraich	1Tu	614ft	☐	Creag a' Bhaid Choill	1Tu	476ft	☐
Creag a' Bhainne	SuD	1939ft	☐	Creag a' Bhainne	4Tu	1434ft	☐
Creag a' Bhainne	3Tu	1115ft	☐	Creag a' Bhanain	S	2782ft	☐
Creag a' Bhanan	2Tu	663ft	☐	Creag a' Bhanan NE Top	1Tu	633ft	☐
Creag a' Bhannaich	SuS	2720ft	☐	Creag a' Bharra	3Tu	1001ft	☐
Creag a' Bhata	1Tu	486ft	☐	Creag a' Bhata South Top	1Tu	449ft	☐
Creag a' Bhealaich	S	2536ft	☐	Creag a' Bhealaich	SuS	2208ft	☐
Creag a' Bhealaich	4Tu	1384ft	☐	Creag a' Bhlair	2Tu	741ft	☐
Creag a' Bhocaidh	2Tu	810ft	☐	Creag a' Bhocain	D	1670ft	☐
Creag a' Bhocain South Top	Su4	1614ft	☐	Creag a' Bhodaich	4Tu	1575ft	☐
Creag a' Bhragit	dMut	3028ft	☐	Creag a' Bhraighe	1Tu	413ft	☐
Creag a' Chail	H	2498ft	☐	Creag a' Chaillich	S	2333ft	☐
Creag a' Chairn Chaoruinn	4Tu	1460ft	☐	Creag a' Chaisil	1Tu	604ft	☐
Creag a' Chaisil East Top	1Tu	587ft	☐	Creag a' Chaisteil	1Tu	495ft	☐
Creag a' Chait	S	2126ft	☐	Creag a' Chait	1Tu	512ft	☐
Creag a' Chait	3Tu	1299ft	☐	Creag a' Chait	1Tu	400ft	☐
Creag a' Chait	1Tu	417ft	☐	Creag a' Chalamain	S	2580ft	☐
Creag a' Chanuill	S	1975ft	☐	Creag a' Chaobh	4Tu	1558ft	☐
Creag a' Chaorainn	MuT	3274ft	☐	Creag a' Chaorainn	SuS	3179ft	☐
Creag a' Chaorainn	SuD	1949ft	☐	Creag a' Chaorainn	S	2613ft	☐
Creag a' Chaoruinn	3Tu	1093ft	☐	Creag a' Chapuill	H	925ft	☐

Creag a' Chinn Duibh	H	2221ft ☐	Creag a' Chlachain	H	1198ft ☐
Creag a' Chleirich	S	2133ft ☐	Creag a' Chliabhain	M	1703ft ☐
Creag a' Choineachan	2Tu	662ft ☐	Creag a' Choire Aird East Top	dMut	3061ft ☐
Creag a' Choire Dhirich	SuS	2874ft ☐	Creag a' Choire Dhuibh	S	2175ft ☐
Creag a' Choire Dhuibh East Top	S	2093ft ☐	Creag a' Choire Ghorm	Su4	1631ft ☐
Creag a' Choire Ghranda	S	2906ft ☐	Creag a' Choire Odhair	4Tu	1611ft ☐
Creag a' Chrochaidh	S	2392ft ☐	Creag a' Chromain	2Tu	689ft ☐
Creag a' Chuir	H	2110ft ☐	Creag a' Chullaich	SuD	1844ft ☐
Creag a' Gheata	D	1831ft ☐	Creag a' Ghiubhais	2Tu	801ft ☐
Creag a' Ghlastail	SuS	2109ft ☐	Creag a' Ghlas-uillt	MuT	3500ft ☐
Creag a' Ghlomaich	SuD	1670ft ☐	Creag a' Ghobhair	M	1133ft ☐
Creag a' Ghoirtein	2Tu	840ft ☐	Creag a' Ghreusaich	4Tu	1427ft ☐
Creag a' Ghrianain	4Tu	1627ft ☐	Creag a' Lain	H	1997ft ☐
Creag a' Mhadaidh	M	2006ft ☐	Creag a' Mhadaidh	S	2229ft ☐
Creag a' Mhadaidh	H	1739ft ☐	Creag a' Mhadaidh	3Tu	1142ft ☐
Creag a' Mhadaidh	3Tu	1240ft ☐	Creag a' Mhadaidh	3Tu	1086ft ☐
Creag a' Mhadaidh NW Top	SuD	1673ft ☐	Creag a' Mhaigh	S	2346ft ☐
Creag a' Mhaim	Mu	3104ft ☐	Creag a' Mhind	1Tu	423ft ☐
Creag a' Mhind SE Top	1Tu	407ft ☐	Creag a' Mhor-bhathaich	1Tu	515ft ☐
Creag a' Phris	0Tu	184ft ☐	Creag a' Phuirt	SuS	2406ft ☐
Creag an Achaidh Bhain	4Tu	1598ft ☐	Creag an Achaidh Mhoir	2Tu	761ft ☐
Creag an Aisig	0Tu	289ft ☐	Creag an Alltan Fhearna	3Tu	1076ft ☐
Creag an Amalaidh	M	856ft ☐	Creag an Aonaich	2Tu	952ft ☐
Creag an Chanaich	SuS	2480ft ☐	Creag an Dail Bheag	M	2831ft ☐

Creag an Dail Mhor	MuT	3189ft	☐	Creag an Daimh	4Tu	1362ft ☐
Creag an Daimh	3Tu	1188ft	☐	Creag an Dearg Lochain	S	2671ft ☐
Creag an Dubh Shluic	S	2388ft	☐	Creag an Dubh-chadha	S	2758ft ☐
Creag an Dubh-loch	MuT	3225ft	☐	Creag an Duilisg	3Tu	1171ft ☐
Creag an Duin	2Tu	673ft	☐	Creag an Duine	S	2969ft ☐
Creag an Eighich	4Tu	1424ft	☐	Creag an Eirionnaich	4Tu	1453ft ☐
Creag an Eoin	1Tu	328ft	☐	Creag an Eunaich	4Tu	1572ft ☐
Creag an Eunan	S	2077ft	☐	Creag an Fheadain	S	2913ft ☐
Creag an Fhiog	SuD	1890ft	☐	Creag an Fhir-eoin	S	2543ft ☐
Creag an Fhir-eoin	SuS	2421ft	☐	Creag an Fhir-eoin	SuS	2012ft ☐
Creag an Fhir-eoin East Top	SuS	2523ft	☐	Creag an Fhir-eoin West Top	U	1989ft ☐
Creag an Fhirich	U	2306ft	☐	Creag an Fhithich	MuT	3435ft ☐
Creag an Fhithich	S	2628ft	☐	Creag an Fhithich	H	1329ft ☐
Creag an Fhithich	SuS	2022ft	☐	Creag an Fhithich	4Tu	1357ft ☐
Creag an Fhithich	4Tu	1434ft	☐	Creag an Fhithich	4Tu	1486ft ☐
Creag an Fhithich	4Tu	1401ft	☐	Creag an Fhithich	1Tu	594ft ☐
Creag an Fhithich	1Tu	440ft	☐	Creag an Fhithich	3Tu	991ft ☐
Creag an Fhithich	1Tu	607ft	☐	Creag an Fhithich	0Tu	308ft ☐
Creag an Fhradhairc	0Tu	253ft	☐	Creag an Fhraoich	3Tu	1053ft ☐
Creag an Fhraoich	0Tu	302ft	☐	Creag an Fhraoich East Top	3Tu	984ft ☐
Creag an Fhuathais	S	2799ft	☐	Creag an Fhudair	D	1690ft ☐
Creag an Iaruinn	4Tu	1499ft	☐	Creag an Iubhair	1Tu	348ft ☐
Creag an Lair	4Tu	1639ft	☐	Creag an Leinibh	S	2156ft ☐
Creag an Leth-choin	MuT	3453ft	☐	Creag an Leth-choin North Top	dMut	3366ft ☐

Name	Class	Height		Name	Class	Height
Creag an Loch	S	2743ft	☐	Creag an Loch	S	2175ft	☐
Creag an Loch	S	2416ft	☐	Creag an Loch	D	1719ft	☐
Creag an Lochain	S	2757ft	☐	Creag an Lochain	S	2148ft	☐
Creag an Lochain	3Tu	1283ft	☐	Creag an Lochain	H	2649ft	☐
Creag an Lochain Duibh	0Tu	302ft	☐	Creag an Lochain North Top	SuS	2016ft	☐
Creag an Lochain Sgeirich	S	2864ft	☐	Creag an Lochain South Top	SuS	2607ft	☐
Creag an Loibein	1Tu	344ft	☐	Creag an Loin	D	1795ft	☐
Creag an Lurachain	4Tu	1450ft	☐	Creag an Righ	4Tu	1575ft	☐
Creag an Sgliata	H	2287ft	☐	Creag an Sgor	S	2100ft	☐
Creag an Taghainn	3Tu	1302ft	☐	Creag an t-Saighdeir	H	574ft	☐
Creag an t-Saighdeir East Top	1Tu	472ft	☐	Creag an t-Searraich	D	1888ft	☐
Creag an t-Seilich	3Tu	1214ft	☐	Creag an t-Sithein	H	2081ft	☐
Creag an t-Socaich	2Tu	919ft	☐	Creag an Tulabhain	S	2654ft	☐
Creag an Uamhaidh	4Tu	1624ft	☐	Creag an-Iarlain	U	896ft	☐
Creag Ard	S	2431ft	☐	Creag Ard	3Tu	1283ft	☐
Creag Ard Achaidh	4Tu	1437ft	☐	Creag Ard Achaidh North Top	4Tu	1427ft	☐
Creag Ard Mhor	3Tu	988ft	☐	Creag Bac na Faire	S	2654ft	☐
Creag Bealach a' Chraois	2Tu	928ft	☐	Creag Bhagailteach	4Tu	1614ft	☐
Creag Bhainneach	U	776ft	☐	Creag Bhalg	M	2192ft	☐
Creag Bhalg	D	1726ft	☐	Creag Bhalg	3Tu	1056ft	☐
Creag Bhalg NW Top	U	1957ft	☐	Creag Bhan	M	1673ft	☐
Creag Bhan	H	331ft	☐	Creag Bhan	3Tu	1181ft	☐
Creag Bhan	2Tu	840ft	☐	Creag Bhan	1Tu	381ft	☐
Creag Bhan	1Tu	554ft	☐	Creag Bhan Ard	3Tu	1155ft	☐

Name	Class	Height		Name	Class	Height
Creag Bheag	M	1598ft ☐		Creag Bheag	4Tu	1424ft ☐
Creag Bheag	4Tu	1401ft ☐		Creag Bheag	3Tu	1227ft ☐
Creag Bheithe Mhor	HTT	1476ft ☐		Creag Bhile	3Tu	1184ft ☐
Creag Bhinnein	SuD	1667ft ☐		Creag Bhiorach	SuD	1958ft ☐
Creag Bhreac	S	2713ft ☐		Creag Bhreac	S	2018ft ☐
Creag Bhreac	D	1827ft ☐		Creag Bhreac	2Tu	794ft ☐
Creag Bhreac	1Tu	548ft ☐		Creag Bhreac	2Tu	781ft ☐
Creag Bhreac	1Tu	591ft ☐		Creag Bhreac	4Tu	1545ft ☐
Creag Bhreac Bheag	4Tu	1368ft ☐		Creag Bhreac Mhor	SuS	2434ft ☐
Creag Bhreac Mhor	4Tu	1371ft ☐		Creag Bhreac Mhor North Top	3Tu	1240ft ☐
Creag Bhrosgan	SuS	2527ft ☐		Creag Bhuidhe	4Tu	1610ft ☐
Creag Bhuidhe	SuD	1710ft ☐		Creag Bhuidhe	3Tu	1240ft ☐
Creag Bracha	2Tu	814ft ☐		Creag Breac	SuS	2084ft ☐
Creag Buidhe	4Tu	1601ft ☐		Creag Buireinich	3Tu	1089ft ☐
Creag Cairneasair	2Tu	696ft ☐		Creag Cam a' Choire	S	2353ft ☐
Creag Caoileid	3Tu	1152ft ☐		Creag Caol Lochan	1Tu	397ft ☐
Creag Capach	2Tu	928ft ☐		Creag Chaorannach	SuS	2087ft ☐
Creag Chathalain	D	1827ft ☐		Creag Chean	S	2147ft ☐
Creag Chlachach	2Tu	778ft ☐		Creag Chlacharnach	SuS	2280ft ☐
Creag Choic	1Tu	587ft ☐		Creag Choille	S	2031ft ☐
Creag Choinnich	H	1765ft ☐		Creag Chonochair	4Tu	1565ft ☐
Creag Chrocan	4Tu	1404ft ☐		Creag Chuinnlean	Su4	1628ft ☐
Creag Coille na Maoile	4Tu	1329ft ☐		Creag Coille na Maoile South Top	3Tu	1125ft ☐
Creag Coire an Eich	3Tu	1024ft ☐		Creag Coire Doe	S	2392ft ☐

Creag Coire Doe North Top	SuS	2385ft ☐	Creag Coire Doe NW Top	SuS	2308ft ☐
Creag Coire Doe South Top	S	2381ft ☐	Creag Coire Doe SW Top	SuS	2368ft ☐
Creag Coire Doe West Top	SuS	2306ft ☐	Creag Coire na Cloiche	SuS	1969ft ☐
Creag Coire na Cloiche South Top	SuD	1755ft ☐	Creag Coire na Feola	S	2526ft ☐
Creag Coire na Fiar Bhealaich	MuT	3301ft ☐	Creag Coire nan Each	MuT	3461ft ☐
Creag Colluscard	2Tu	919ft ☐	Creag Corcurach	3Tu	1227ft ☐
Creag Craiggan	D	1670ft ☐	Creag Cuirn na Laraiche	Su4	1621ft ☐
Creag Dabaobh	SuD	1732ft ☐	Creag Dail na Meine	2Tu	873ft ☐
Creag Dailfeusaig	2Tu	850ft ☐	Creag Dal-Langal	2Tu	830ft ☐
Creag Deabharan	D	1731ft ☐	Creag Dearg	S	2328ft ☐
Creag Dharach	3Tu	1112ft ☐	Creag Dharaich	1Tu	577ft ☐
Creag Dhearg	SuS	2352ft ☐	Creag Dhearg	D	1726ft ☐
Creag Dhearg	4Tu	1335ft ☐	Creag Dhearg	3Tu	1040ft ☐
Creag Dhearg	SuS	2178ft ☐	Creag Dhonn	Su4	1624ft ☐
Creag Dhubh	M	2480ft ☐	Creag Dhubh	M	2159ft ☐
Creag Dhubh	M	1768ft ☐	Creag Dhubh	dMut	2986ft ☐
Creag Dhubh	S	2782ft ☐	Creag Dhubh	H	2582ft ☐
Creag Dhubh	SuS	2450ft ☐	Creag Dhubh	H	1611ft ☐
Creag Dhubh	H	994ft ☐	Creag Dhubh	D	1690ft ☐
Creag Dhubh	4Tu	1633ft ☐	Creag Dhubh	S	1982ft ☐
Creag Dhubh	4Tu	1460ft ☐	Creag Dhubh	SuS	2011ft ☐
Creag Dhubh	D	1729ft ☐	Creag Dhubh	D	1713ft ☐
Creag Dhubh	D	1942ft ☐	Creag Dhubh	Su4	1611ft ☐
Creag Dhubh	SuD	1699ft ☐	Creag Dhubh	4Tu	1453ft ☐

Name	Class	Height		Name	Class	Height	
Creag Dhubh	3Tu	1309ft	☐	Creag Dhubh	U	545ft	☐
Creag Dhubh	3Tu	1260ft	☐	Creag Dhubh	4Tu	1545ft	☐
Creag Dhubh	4Tu	1453ft	☐	Creag Dhubh	4Tu	1362ft	☐
Creag Dhubh	2Tu	814ft	☐	Creag Dhubh	1Tu	479ft	☐
Creag Dhubh	1Tu	423ft	☐	Creag Dhubh	2Tu	840ft	☐
Creag Dhubh	4Tu	1588ft	☐	Creag Dhubh	2Tu	673ft	☐
Creag Dhubh	1Tu	453ft	☐	Creag Dhubh Beag	3Tu	1027ft	☐
Creag Dhubh Beag South Top	3Tu	1302ft	☐	Creag Dhubh Bheag	M	1549ft	☐
Creag Dhubh Bheag	S	2057ft	☐	Creag Dhubh Bheag	SuS	2018ft	☐
Creag Dhubh Coille a' Bhun	SuD	1647ft	☐	Creag Dhubh Dail nan Gillean	4Tu	1414ft	☐
Creag Dhubh Dail nan Gillean South Top	4Tu	1401ft	☐	Creag Dhubh Fannaich	U	2480ft	☐
Creag Dhubh Flichity	D	1699ft	☐	Creag Dhubh Mhor	M	2005ft	☐
Creag Dhubh Mhor	M	1814ft	☐	Creag Dhubh Mhor	S	2799ft	☐
Creag Dhubh Mhor NE Top	SuD	1749ft	☐	Creag Dhubh Mhor West Top	SuD	1853ft	☐
Creag Dhubh Tigh an Aitinn	S	2083ft	☐	Creag Doire na h-Achlaise	D	1837ft	☐
Creag Doire na h-Achlaise NW Top	SuD	1644ft	☐	Creag Dubh	MuT	3107ft	☐
Creag Dubh	Su4	1621ft	☐	Creag Dubh-leitir	D	1706ft	☐
Creag Each	M	2210ft	☐	Creag Each West Top	S	2161ft	☐
Creag Eallaich	D	1670ft	☐	Creag Ealraich	H	1654ft	☐
Creag Easgaidh	S	2761ft	☐	Creag Easgaidh East Top	SuS	2577ft	☐
Creag Eilid	3Tu	1270ft	☐	Creag Far-leitire	3Tu	1148ft	☐
Creag Feusag	S	2831ft	☐	Creag Feusag West Top	SuS	2672ft	☐
Creag Garbh Bheag	1Tu	499ft	☐	Creag Garten	3Tu	1224ft	☐
Creag Ghaineamhach	SuD	1903ft	☐	Creag Gharbh	M	2091ft	☐

Creag Gharbh	Su4	1627ft	☐	Creag Gharbh	D	1775ft	☐
Creag Gharbh West Top	SuD	1749ft	☐	Creag Gheal	1Tu	469ft	☐
Creag Ghilleaspuig	3Tu	1148ft	☐	Creag Ghiubhais	M	1594ft	☐
Creag Ghiuthsachan	H	1982ft	☐	Creag Ghlas	S	2808ft	☐
Creag Ghlas	S	2252ft	☐	Creag Ghlas	D	1696ft	☐
Creag Ghlas	0Tu	285ft	☐	Creag Ghlas Laggan	M	1457ft	☐
Creag Ghlasrach	3Tu	1096ft	☐	Creag Ghlas-uaine	3Tu	1073ft	☐
Creag Ghleannain	D	1964ft	☐	Creag Ghobhlach	SuD	1801ft	☐
Creag Ghorm	S	2003ft	☐	Creag Ghorm	S	2487ft	☐
Creag Ghorm a' Bhealaich	MuT	3379ft	☐	Creag Ghorm a' Stigh	2Tu	758ft	☐
Creag Ghorm South Top	SuS	2464ft	☐	Creag Ghrianach	4Tu	1362ft	☐
Creag Ghride	0Tu	262ft	☐	Creag Ghuanach	M	2037ft	☐
Creag Grianain	S	2242ft	☐	Creag Innich	SuD	1709ft	☐
Creag Innis an Daimh Dhuibh	H	1096ft	☐	Creag Inver Meadale	1Tu	554ft	☐
Creag Inverpolly	1Tu	531ft	☐	Creag Inverpolly NE Top	1Tu	492ft	☐
Creag Iobhair	S	2605ft	☐	Creag Iobhair East Top	SuS	2500ft	☐
Creag Island	0Tu	108ft	☐	Creag Iucharaidh	3Tu	1273ft	☐
Creag Kynachan	4Tu	1365ft	☐	Creag Lamhaich	SuS	2449ft	☐
Creag Langall	2Tu	774ft	☐	Creag Leacach	Mu	3242ft	☐
Creag Leacach SW Top	MuT	3096ft	☐	Creag Leacagach	S	2383ft	☐
Creag Leachdach	dMut	3140ft	☐	Creag Leathan	D	1850ft	☐
Creag Leathan	1Tu	420ft	☐	Creag Liaragan	D	1831ft	☐
Creag Liaragan Far West Top	D	1690ft	☐	Creag Liaragan West Top	SuD	1693ft	☐
Creag Liath	M	2438ft	☐	Creag Liath	H	2086ft	☐

Name	Class	Height		Name	Class	Height
Creag Liath	H	1476ft	☐	Creag Liath	SuD	1963ft	☐
Creag Liath	4Tu	1639ft	☐	Creag Liath	SuS	2825ft	☐
Creag Liath	4Tu	1398ft	☐	Creag Liath	4Tu	1371ft	☐
Creag Liath	2Tu	922ft	☐	Creag Liath	3Tu	1158ft	☐
Creag Liath	3Tu	1053ft	☐	Creag Liath	1Tu	338ft	☐
Creag Liath	1Tu	571ft	☐	Creag Liath	0Tu	295ft	☐
Creag Liathtais	D	1660ft	☐	Creag Lionta	1Tu	341ft	☐
Creag Loch a' Cham Alltain	1Tu	394ft	☐	Creag Loch a' Ghiubhais	2Tu	846ft	☐
Creag Loch a' Mhuilinn	4Tu	1617ft	☐	Creag Loch Glen Ionadal	1Tu	600ft	☐
Creag Loch nan Dearcag	M	1762ft	☐	Creag Lochan a' Bhruic	2Tu	932ft	☐
Creag Lochan na h-Earba	SuD	1874ft	☐	Creag Loisgte	M	1362ft	☐
Creag Loisgte	H	2608ft	☐	Creag Loisgte	D	1795ft	☐
Creag Loisgte	D	1791ft	☐	Creag Loisgte	SuS	2297ft	☐
Creag Loisgte	4Tu	1463ft	☐	Creag Loisgte	4Tu	1417ft	☐
Creag Loisgte	2Tu	896ft	☐	Creag Loisgte	2Tu	699ft	☐
Creag Loisgte	4Tu	1608ft	☐	Creag Loisgte	SuS	2526ft	☐
Creag Loisgte Dunultach	1Tu	522ft	☐	Creag Loisgte East Top	2Tu	682ft	☐
Creag Loisgte Talatoll	2Tu	656ft	☐	Creag Loisgte West Top	3Tu	1273ft	☐
Creag Luaragain Bheag	3Tu	994ft	☐	Creag Luaragain Bheag South Top	2Tu	846ft	☐
Creag Luaragain Mhor	3Tu	1119ft	☐	Creag Luaragain Mhor North Top	3Tu	1122ft	☐
Creag Luaragain Mhor West Top	U	1033ft	☐	Creag Lundie	SuD	1667ft	☐
Creag Lundie South Top	2Tu	814ft	☐	Creag Mac Ranaich	M	2653ft	☐
Creag Mac Ranaich South Top	SuS	2652ft	☐	Creag Madaidh Mor	2Tu	768ft	☐
Creag Marail	2Tu	867ft	☐	Creag Meadie	2Tu	725ft	☐

Creag Meadie East Top	2Tu	718ft	☐	Creag Meagaidh	M	3701ft	☐
Creag Meagaidh East Top	dMut	3662ft	☐	Creag Meall an Domhnaich	SuD	1647ft	☐
Creag Mhaol	H	659ft	☐	Creag Mhaol West Top	2Tu	656ft	☐
Creag Mhic an t-Saoir	SuD	1686ft	☐	Creag Mhic Ibheir	0Tu	289ft	☐
Creag Mhigeachaidh	S	2434ft	☐	Creag Mholach	D	1739ft	☐
Creag Mhor	M	2165ft	☐	Creag Mhor	M	3434ft	☐
Creag Mhor	M	2936ft	☐	Creag Mhor	dMut	3510ft	☐
Creag Mhor	M	1335ft	☐	Creag Mhor	M	2339ft	☐
Creag Mhor	S	2697ft	☐	Creag Mhor	H	2514ft	☐
Creag Mhor	S	2359ft	☐	Creag Mhor	S	2172ft	☐
Creag Mhor	H	876ft	☐	Creag Mhor	Su4	1617ft	☐
Creag Mhor	D	1657ft	☐	Creag Mhor	4Tu	1512ft	☐
Creag Mhor	2Tu	837ft	☐	Creag Mhor	3Tu	1309ft	☐
Creag Mhor	2Tu	863ft	☐	Creag Mhor	1Tu	466ft	☐
Creag Mhor	1Tu	404ft	☐	Creag Mhor	1Tu	620ft	☐
Creag Mhor	1Tu	407ft	☐	Creag Mhor	3Tu	1240ft	☐
Creag Mhor	3Tu	1024ft	☐	Creag Mhor	2Tu	837ft	☐
Creag Mhor	2Tu	741ft	☐	Creag Mhor	2Tu	676ft	☐
Creag Mhor	1Tu	594ft	☐	Creag Mhor	1Tu	354ft	☐
Creag Mhor	0Tu	272ft	☐	Creag Mhor	0Tu	203ft	☐
Creag Mhor	U	449ft	☐	Creag Mhor	0Tu	157ft	☐
Creag Mhor	0Tu	128ft	☐	Creag Mhor a' Bhinnein	S	1998ft	☐
Creag Mhor Bhrinicoire	2Tu	942ft	☐	Creag Mhor East Top	SuS	2513ft	☐
Creag Mhor Far North Top	SuS	2454ft	☐	Creag Mhor Far North Top	3Tu	1037ft	☐

Creag Mhor North Top	SuS	2615ft	☐	Creag Mhor North Top	3Tu	1184ft	☐
Creag Mhor NW Top	0Tu	282ft	☐	Creag Mhor South Top	3Tu	1083ft	☐
Creag Mhor SW Top	3Tu	1197ft	☐	Creag Mhor Thollaidh	H	1125ft	☐
Creag Mhor Thollaidh SE Top	2Tu	932ft	☐	Creag Mhor West Top	2Tu	830ft	☐
Creag Moine Toll nam Broc	SuD	1709ft	☐	Creag Muigeil	4Tu	1417ft	☐
Creag na Ba Leithe	0Tu	272ft	☐	Creag na Beirighe	2Tu	774ft	☐
Creag na Bruaich	D	1827ft	☐	Creag na Buidsich	1Tu	482ft	☐
Creag na Bunaig	1Tu	581ft	☐	Creag na Caillich	S	3000ft	☐
Creag na Caillich	4Tu	1325ft	☐	Creag na Caillich West Top	U	2612ft	☐
Creag na Caorach	3Tu	994ft	☐	Creag na Cathaig	S	2172ft	☐
Creag na Ceapaich	2Tu	810ft	☐	Creag na Coille Dorcha	0Tu	305ft	☐
Creag na Creiche	SuS	2209ft	☐	Creag na Creitheach	2Tu	801ft	☐
Creag na Criche	M	1499ft	☐	Creag na Croiche	1Tu	525ft	☐
Creag na Dalach Moire	1Tu	554ft	☐	Creag na Dearcaige	SuS	2541ft	☐
Creag na Doire Duibhe	M	1873ft	☐	Creag na Faoilinn	2Tu	938ft	☐
Creag na Feol	S	2108ft	☐	Creag na Fionndalach	1Tu	443ft	☐
Creag na Gamhna	SuD	1739ft	☐	Creag na Gaoith	1Tu	523ft	☐
Creag na Glaic	3Tu	1119ft	☐	Creag na h-Achlarich	SuS	2979ft	☐
Creag na h-Airighe	SuS	2001ft	☐	Creag na h-Airighe	2Tu	935ft	☐
Creag na h-Ath	1Tu	344ft	☐	Creag na h-Atha	1Tu	551ft	☐
Creag na h-Eanchainn	H	1375ft	☐	Creag na h-Eararuidh	M	2324ft	☐
Creag na h-Eige	S	2991ft	☐	Creag na h-Iolaire	S	2672ft	☐
Creag na h-Iolaire	S	2316ft	☐	Creag na h-Iolaire	S	2278ft	☐
Creag na h-Iolaire	H	1171ft	☐	Creag na h-Iolaire	H	755ft	☐

Creag na h-Iolaire	D	1791ft	☐	Creag na h-Iolaire	S	2739ft	☐
Creag na h-Iolaire	SuS	2694ft	☐	Creag na h-Iolaire	SuD	1811ft	☐
Creag na h-Iolaire	SuD	1754ft	☐	Creag na h-Iolaire	D	1864ft	☐
Creag na h-Iolaire	D	1896ft	☐	Creag na h-Iolaire	D	1690ft	☐
Creag na h-Iolaire	D	1680ft	☐	Creag na h-Iolaire	2Tu	978ft	☐
Creag na h-Iolaire	1Tu	623ft	☐	Creag na h-Iolaire	4Tu	1476ft	☐
Creag na h-Iolaire	4Tu	1489ft	☐	Creag na h-Iolaire	1Tu	427ft	☐
Creag na h-Iolaire	3Tu	1027ft	☐	Creag na h-Iolaire	2Tu	817ft	☐
Creag na h-Iolaire	4Tu	1316ft	☐	Creag na h-Iolaire	4Tu	1407ft	☐
Creag na h-Iolaire	1Tu	640ft	☐	Creag na h-Iolaire	0Tu	197ft	☐
Creag na h-Iolaire	SuS	2589ft	☐	Creag na h-Iolaire	S	2032ft	☐
Creag na h-Iolaire Ard	S	2343ft	☐	Creag na h-Iolaire North Top	2Tu	755ft	☐
Creag na h-Iolaire NW Top	3Tu	1047ft	☐	Creag na h-Iolaire South Top	SuD	1716ft	☐
Creag na h-Iolaire West Top	3Tu	1296ft	☐	Creag na h-Oidhche	SuD	1844ft	☐
Creag na Larach	3Tu	1100ft	☐	Creag na Luibe Baine	2Tu	860ft	☐
Creag na Manachainn	3Tu	1110ft	☐	Creag na Moine Moire	D	1643ft	☐
Creag na Moine Moire South Top	4Tu	1601ft	☐	Creag na Nathrach	D	1690ft	☐
Creag na Rianaich	3Tu	1047ft	☐	Creag na Rongais	3Tu	1182ft	☐
Creag na Sanais	D	1736ft	☐	Creag na Saobhie	SuS	2684ft	☐
Creag na Sgoinne	SuS	2061ft	☐	Creag na Sgroille	2Tu	797ft	☐
Creag na Slice	4Tu	1332ft	☐	Creag na Spaine	4Tu	1545ft	☐
Creag na Speireig	0Tu	243ft	☐	Creag na Sroine	D	1745ft	☐
Creag nam Ban	D	1729ft	☐	Creag nam Bodach	H	2555ft	☐
Creag nam Bodach	4Tu	1611ft	☐	Creag nam Bord	1Tu	604ft	☐

Creag nam Brataichean	H	1761ft	☐	Creag nam Faoileann	0Tu	144ft ☐
Creag nam Feannag	0Tu	308ft	☐	Creag nam Fiadh	M	1270ft ☐
Creag nam Fiadh	3Tu	1093ft	☐	Creag nam Fiadh	2Tu	771ft ☐
Creag nam Fiadh	2Tu	712ft	☐	Creag nam Fiadh West Top	2Tu	702ft ☐
Creag nam Fitheach	2Tu	906ft	☐	Creag nam Fitheach	3Tu	1293ft ☐
Creag nam Fitheach	2Tu	968ft	☐	Creag nam Fitheach	2Tu	709ft ☐
Creag nam Fitheach	2Tu	692ft	☐	Creag nam Fitheach	1Tu	535ft ☐
Creag nam Mial	M	1843ft	☐	Creag nam Mial NW Top	D	1680ft ☐
Creag nam Mial West Top	SuD	1670ft	☐	Creag nan Abhag	D	1936ft ☐
Creag nan Adhaircean	S	2126ft	☐	Creag nan Caisean	4Tu	1565ft ☐
Creag nan Calman	S	2717ft	☐	Creag nan Calman	S	2169ft ☐
Creag nan Calman	4Tu	1434ft	☐	Creag nan Caorann	SuD	1713ft ☐
Creag nan Ceard	4Tu	1417ft	☐	Creag nan Ceardach	2Tu	676ft ☐
Creag nan Clachan Geala	dMut	3280ft	☐	Creag nan Clag	M	1335ft ☐
Creag nan Clamhan	0Tu	164ft	☐	Creag nan Cop	SuD	1824ft ☐
Creag nan Corrachan	4Tu	1604ft	☐	Creag nan Craobh	SuD	1831ft ☐
Creag nan Creithlin	1Tu	525ft	☐	Creag nan Cuilean	4Tu	1430ft ☐
Creag nan Cuilean	U	1171ft	☐	Creag nan Cuilean	1Tu	581ft ☐
Creag nan Damh	M	3009ft	☐	Creag nan Ealachan	2Tu	801ft ☐
Creag nan Eildeag	S	2105ft	☐	Creag nan Eilid	S	2152ft ☐
Creag nan Eilid Far South Top	4Tu	1614ft	☐	Creag nan Eilid South Top	Su4	1637ft ☐
Creag nan Eun	H	2795ft	☐	Creag nan Eun	H	1371ft ☐
Creag nan Eun	SuD	1926ft	☐	Creag nan Eun	4Tu	1365ft ☐
Creag nan Eun	SuD	1719ft	☐	Creag nan Faochag	0Tu	194ft ☐

Creag nan Gabhar	M	2736ft	☐	Creag nan Gabhar	S	1995ft ☐
Creag nan Gabhar	SuS	2400ft	☐	Creag nan Gall	S	2041ft ☐
Creag nan Gall	S	1972ft	☐	Creag nan Gall South Top	D	1857ft ☐
Creag nan Garadh	1Tu	469ft	☐	Creag nan Gearr	D	1690ft ☐
Creag nan Gobhar	H	1624ft	☐	Creag nan Gobhar	SuS	2539ft ☐
Creag nan Laogh	2Tu	748ft	☐	Creag nan Leachda	H	2572ft ☐
Creag nan Lochan	H	1637ft	☐	Creag nan Lochan East Top	4Tu	1588ft ☐
Creag nan Lochan South Top	4Tu	1562ft	☐	Creag nan Sgeith	3Tu	1010ft ☐
Creag nan Sithean	1Tu	551ft	☐	Creag nan Speireag	SuS	2051ft ☐
Creag nan Speireag	4Tu	1526ft	☐	Creag nan Suibheag	H	1529ft ☐
Creag nan Suidheag Mor	0Tu	312ft	☐	Creag nan Yailey	4Tu	1483ft ☐
Creag Nay	3Tu	1234ft	☐	Creag Nighean Iain Duinn	H	814ft ☐
Creag Odhar	SuD	1843ft	☐	Creag Odhar	D	1716ft ☐
Creag Odhar South Top	U	1755ft	☐	Creag Orril	1Tu	436ft ☐
Creag Phiobaid	4Tu	1473ft	☐	Creag Phitiulais	H	1467ft ☐
Creag Pholl	0Tu	207ft	☐	Creag Pholl West Top	0Tu	148ft ☐
Creag Pitridh	H	3031ft	☐	Creag Rainich	M	2651ft ☐
Creag Rainich West Top	SuS	2168ft	☐	Creag Raonabhal	1Tu	456ft ☐
Creag Reamhar	4Tu	1525ft	☐	Creag Reidh Rainich	D	1722ft ☐
Creag Riabhach	M	1591ft	☐	Creag Riabhach	S	2558ft ☐
Creag Riabhach	S	2731ft	☐	Creag Riabhach	D	1923ft ☐
Creag Riabhach	3Tu	1027ft	☐	Creag Riabhach Loch nan Sgaraig	3Tu	1243ft ☐
Creag Riabhach Mhor	D	1690ft	☐	Creag Riabhach na Greighe	4Tu	1503ft ☐
Creag Riabhaich Airigh a' Bhaird	1Tu	561ft	☐	Creag Riasgain	4Tu	1362ft ☐

Creag Righ Tharailt	4Tu	1542ft	☐	Creag Ruadh	M	2336ft	☐
Creag Ruadh	M	2161ft	☐	Creag Ruadh	M	2041ft	☐
Creag Ruadh	S	2397ft	☐	Creag Ruadh	S	2195ft	☐
Creag Ruadh	3Tu	1115ft	☐	Creag Ruadh	0Tu	210ft	☐
Creag Ruadh East Top	U	2174ft	☐	Creag Ruadh East Top	D	1831ft	☐
Creag Ruadh Loch nam Buainichean	3Tu	1070ft	☐	Creag Ruadh North Top	U	2176ft	☐
Creag Ruadh West Top	3Tu	1109ft	☐	Creag Ruidh a' Choinich	1Tu	394ft	☐
Creag Ruisgte	2Tu	823ft	☐	Creag Sail a' Bhathaich	3Tu	1145ft	☐
Creag Scalabsdale	M	1821ft	☐	Creag Scalabsdale SE Top	3Tu	1047ft	☐
Creag Sgeanach	0Tu	269ft	☐	Creag Sgiathan	H	2294ft	☐
Creag Sgoilte	SuS	2516ft	☐	Creag Sgoilteach	4Tu	1545ft	☐
Creag Shiaraidh	D	1870ft	☐	Creag Shoilleir	SuD	1690ft	☐
Creag Shoilleir	3Tu	991ft	☐	Creag Shomhairle	3Tu	1178ft	☐
Creag Shrath-nin	4Tu	1565ft	☐	Creag Spardain	SuS	2133ft	☐
Creag Stalcair	SuS	2262ft	☐	Creag Stalcair East Top	SuS	2179ft	☐
Creag Staonasaid	4Tu	1489ft	☐	Creag Streap	0Tu	239ft	☐
Creag Strollamus	H	873ft	☐	Creag Tharsuinn	M	2110ft	☐
Creag Tharsuinn	S	2562ft	☐	Creag Tharsuinn	S	2356ft	☐
Creag Thoraraidh	M	1327ft	☐	Creag Thulach	2Tu	738ft	☐
Creag Toll a' Choin	M	3298ft	☐	Creag Uchdag	M	2884ft	☐
Creag Ulladail	2Tu	814ft	☐	Creagach Leac	1Tu	413ft	☐
Creagalain	3Tu	1273ft	☐	Creagan a' Bhruic	4Tu	1421ft	☐
Creagan a' Chaise	M	2369ft	☐	Creagan a' Chaise	S	2372ft	☐
Creagan a' Chaorainn	D	1811ft	☐	Creagan a' Chip	1Tu	384ft	☐

Creagan a' Choin	3Tu	1168ft	☐	Creagan a' Choire Etchachan	MuT	3635ft	☐
Creagan a' Mheirlich	3Tu	1302ft	☐	Creagan a' Mhuilinn	4Tu	1627ft	☐
Creagan Airich Chaimbeulaich	3Tu	1148ft	☐	Creagan Aluinn	SuD	1647ft	☐
Creagan an Amair	SuS	2106ft	☐	Creagan an Eich Ghlais	3Tu	1096ft	☐
Creagan an Lochain	S	2247ft	☐	Creagan an Tuirc	2Tu	863ft	☐
Creagan Asdale	2Tu	748ft	☐	Creagan Bad Each	3Tu	1109ft	☐
Creagan Breac	1Tu	545ft	☐	Creagan Breaca	1Tu	623ft	☐
Creagan Breaca	0Tu	299ft	☐	Creagan Breugach	2Tu	909ft	☐
Creagan Caise Hill	S	2172ft	☐	Creagan Corr	2Tu	938ft	☐
Creagan Corr West Top	2Tu	925ft	☐	Creagan Dearga	1Tu	482ft	☐
Creagan Dluth	3Tu	1171ft	☐	Creagan Doire Dhonaich	SuS	2372ft	☐
Creagan Dubh	2Tu	955ft	☐	Creagan Dubh Toll nam Biast	S	2846ft	☐
Creagan Dubha	2Tu	810ft	☐	Creagan Dubha Reidhe Bhig	3Tu	1106ft	☐
Creagan Fhithich	2Tu	676ft	☐	Creagan Geur	D	1650ft	☐
Creagan Ghlasa	2Tu	751ft	☐	Creagan Glas	3Tu	1030ft	☐
Creagan Gorm	H	2402ft	☐	Creagan Gorra Cleite	1Tu	411ft	☐
Creagan Iubhar	1Tu	351ft	☐	Creagan Loisgte	U	436ft	☐
Creagan Meall Horn	S	2398ft	☐	Creagan Mor	S	2537ft	☐
Creagan Mor	2Tu	787ft	☐	Creagan Mor	3Tu	1138ft	☐
Creagan Mora	1Tu	643ft	☐	Creagan na Beinne	M	2917ft	☐
Creagan na Beinne East Top	SuS	2685ft	☐	Creagan na Corr	SuS	1970ft	☐
Creagan na h-Uamha	2Tu	682ft	☐	Creagan na Leacainn	3Tu	1085ft	☐
Creagan na Moine	2Tu	676ft	☐	Creagan na Radhairc	4Tu	1578ft	☐
Creagan nam Buachaillean	1Tu	453ft	☐	Creagan nam Meann	U	2095ft	☐

Creagan nan Gabhar	S	2380ft	☐	Creagan nan Gabhar	S	2369ft	☐
Creagan nan Gabhar	U	2068ft	☐	Creagan nan Gearra	2Tu	853ft	☐
Creagan nan Sgiath	H	2287ft	☐	Creagan Odhar	4Tu	1312ft	☐
Creagan Riabhach	D	1795ft	☐	Creagan Ruadh	H	2310ft	☐
Creagan Ruathair	4Tu	1407ft	☐	Creagan Soilleir	SuS	2116ft	☐
Creagan Soilleir	2Tu	843ft	☐	Creagan Uaine	SuD	1903ft	☐
Creagandummie	3Tu	1204ft	☐	Creagdaroch	2Tu	856ft	☐
Creagh Dubh South Top	3Tu	1112ft	☐	Creag-mheall Beag	3Tu	1171ft	☐
Creag-mheall Beag North Top	3Tu	1142ft	☐	Creag-mheall Meadhonach	4Tu	1512ft	☐
Creag-mheall Meadhonach North	4Tu	1460ft	☐	Creag-mheall Mor	H	2061ft	☐
Creag-mheall Mor East Top	D	1962ft	☐	Creag-mheall Mor Far East Top	SuD	1729ft	☐
Creigarestie	3Tu	1173ft	☐	Creigh Hill	M	1635ft	☐
Creigh Hill South Top	4Tu	1631ft	☐	Creise	M	3608ft	☐
Crespet Hill	D	1965ft	☐	Creuch Hill	4Tu	1447ft	☐
Crib Law	H	1391ft	☐	Crib Law	D	1670ft	☐
Crieff Hill	1Tu	630ft	☐	Criffel	M	1867ft	☐
Criffel	3Tu	1224ft	☐	Crinan Ferry Hill	0Tu	157ft	☐
Crinan Wood	0Tu	315ft	☐	Cringate Law	3Tu	1302ft	☐
Crionaig	4Tu	1532ft	☐	Criribheinn	1Tu	394ft	☐
Croach Hill	1Tu	607ft	☐	Croanabhal	0Tu	161ft	☐
Crochton	SuD	1968ft	☐	Crock	M	1818ft	☐
Croft Head	M	2087ft	☐	Croftronan Hill	2Tu	846ft	☐
Crogearraidh Beag	1Tu	459ft	☐	Crogearraidh Mor	M	591ft	☐
Crogearraidh na Thobha	M	505ft	☐	Croglin Craig	4Tu	1463ft	☐

Croic-bheinn	H	1621ft	☐	Croidh-la	S	2110ft	☐
Crois Eilean	0Tu	105ft	☐	Croit Bheinn	M	2180ft	☐
Crokna Vord	0Tu	292ft	☐	Cromadh Mor	4Tu	1568ft	☐
Cromadh Mor NE Top	4Tu	1453ft	☐	Cromal Mount	0Tu	151ft	☐
Crom-Chreag	4Tu	1572ft	☐	Cromlet	4Tu	1335ft	☐
Crooked Bank	SuD	1939ft	☐	Crookston North Mains Hill	4Tu	1342ft	☐
Cross Craigs	H	2451ft	☐	Cross Law	O	745ft	☐
Cross Ridge	3Tu	1017ft	☐	Crow Craigies	MuT	3018ft	☐
Crow Craigies South Top	SuS	2861ft	☐	Crow Hill	0Tu	268ft	☐
Crown of Scotland	SuD	1765ft	☐	Croy Hill	1Tu	482ft	☐
Cruach	D	1686ft	☐	Cruach a' Bhearraiche	3Tu	1286ft	☐
Cruach a' Bhuic	S	2083ft	☐	Cruach a' Cham Loch	2Tu	929ft	☐
Cruach a' Choire	1Tu	515ft	☐	Cruach a' Ghaill	3Tu	1217ft	☐
Cruach a' Mhadaidh-ruaidh	3Tu	1014ft	☐	Cruach a' Phubuill	H	1565ft	☐
Cruach Achadh na Craoibhe	2Tu	909ft	☐	Cruach Airde	2Tu	705ft	☐
Cruach Airdeny	3Tu	1302ft	☐	Cruach Airdeny South Top	3Tu	1211ft	☐
Cruach Airigh an Aon-bheinn	4Tu	1555ft	☐	Cruach an Aonaich	2Tu	902ft	☐
Cruach an Aonaich North Top	2Tu	863ft	☐	Cruach an Aonaich South Top	2Tu	856ft	☐
Cruach an Eachlaich	3Tu	1142ft	☐	Cruach an Earbaige	2Tu	764ft	☐
Cruach an Fhearainn Duibh	2Tu	715ft	☐	Cruach an Locha	3Tu	1047ft	☐
Cruach an Lochain	M	1667ft	☐	Cruach an Lochain NE Top	SuD	1647ft	☐
Cruach an Nid	2Tu	958ft	☐	Cruach an Nid North Top	2Tu	938ft	☐
Cruach an Nid SW Top	1Tu	410ft	☐	Cruach an Sgliata	4Tu	1473ft	☐
Cruach an Sgreuchain	2Tu	887ft	☐	Cruach an Tailleir	3Tu	1004ft	☐

Cruach an t-Aon Bhlair	1Tu	509ft	☐	Cruach an t-Seallaidh	2Tu	892ft	☐
Cruach an t-Sidhein	M	2244ft	☐	Cruach an t-Sorchain	3Tu	1165ft	☐
Cruach an Uillt Fearna	H	1112ft	☐	Cruach Ardrain	M	3431ft	☐
Cruach Ardrain SW Top	dMut	3428ft	☐	Cruach Ardura	H	714ft	☐
Cruach Bhreac	2Tu	778ft	☐	Cruach Bhreac	3Tu	1273ft	☐
Cruach Bhuidhe	H	1865ft	☐	Cruach Bhuidhe	D	1964ft	☐
Cruach Bhuidhe	2Tu	873ft	☐	Cruach Bhuidhe	1Tu	653ft	☐
Cruach Bhuidhe North Top	1Tu	617ft	☐	Cruach Bhuidhe South Top	SuD	1732ft	☐
Cruach Breacain	H	1181ft	☐	Cruach Brenfield	3Tu	1043ft	☐
Cruach Chaorainn	3Tu	1001ft	☐	Cruach Chaorainn Beaga	2Tu	774ft	☐
Cruach Choireadail	M	2028ft	☐	Cruach Chuilceachan	4Tu	1430ft	☐
Cruach Clachach	1Tu	646ft	☐	Cruach Clenamacrie	2Tu	896ft	☐
Cruach Clenamacrie West Top	2Tu	725ft	☐	Cruach Coire Buidhe	U	909ft	☐
Cruach Coire Lorn	3Tu	1201ft	☐	Cruach Corrach	2Tu	781ft	☐
Cruach Dhubh	3Tu	1155ft	☐	Cruach Dhubh an Ruidhe Fearna	H	1463ft	☐
Cruach Dhubh an Ruidhe Fearna E Top	4Tu	1447ft	☐	Cruach Dhubh na Leitreach	4Tu	1378ft	☐
Cruach Doir'an Raoigh	M	958ft	☐	Cruach Doire an Dobhrain	1Tu	338ft	☐
Cruach Doire Leithe	3Tu	1240ft	☐	Cruach Eighrach	S	2129ft	☐
Cruach Fearna	3Tu	1125ft	☐	Cruach Fearna	3Tu	1014ft	☐
Cruach Fhiarach	S	2117ft	☐	Cruach Gille Bheagain	3Tu	1079ft	☐
Cruach Glen Trosdale	1Tu	328ft	☐	Cruach Glen Trosdale North Top	0Tu	325ft	☐
Cruach Inagairt	4Tu	1365ft	☐	Cruach Innse	M	2812ft	☐
Cruach Ionnastail	H	968ft	☐	Cruach Kames	1Tu	591ft	☐
Cruach Kilfinan	3Tu	1073ft	☐	Cruach Lagain	2Tu	876ft	☐

Name	Class	Height		Name	Class	Height	
Cruach Lagalochan	2Tu	810ft	☐	Cruach Leacann	4Tu	1483ft	☐
Cruach Leistir	3Tu	1066ft	☐	Cruach Lerags	M	827ft	☐
Cruach Loch a' Bhragaid	2Tu	899ft	☐	Cruach Lochan a' Ghriasaiche	3Tu	1158ft	☐
Cruach Lochan Gaineamhach	4Tu	1453ft	☐	Cruach Lusach	M	1531ft	☐
Cruach Lusach SE Top	U	1528ft	☐	Cruach Maolachy	H	1243ft	☐
Cruach Maolachy East Top	3Tu	1086ft	☐	Cruach Meadhonach	3Tu	1224ft	☐
Cruach Mhalaig	H	666ft	☐	Cruach Mhic an t-Saoir	3Tu	1194ft	☐
Cruach Mhic Fhionnlaidh	4Tu	1503ft	☐	Cruach Mhic Ghille Ruaidh	2Tu	781ft	☐
Cruach Mhic Gougain	2Tu	807ft	☐	Cruach Mhor	M	1932ft	☐
Cruach Mhor	3Tu	1204ft	☐	Cruach Mhor South Top	D	1821ft	☐
Cruach Moine-phuill	4Tu	1329ft	☐	Cruach Mor	4Tu	1358ft	☐
Cruach Mor Dunardry	2Tu	702ft	☐	Cruach na Bairness	2Tu	758ft	☐
Cruach na Cabaig	2Tu	948ft	☐	Cruach na Casaich	1Tu	617ft	☐
Cruach na Cioba	D	1854ft	☐	Cruach na Craoibhe	2Tu	738ft	☐
Cruach na Cuilidh Bige	2Tu	781ft	☐	Cruach na Cuilidh Moire	1Tu	623ft	☐
Cruach na Gaibhre	2Tu	869ft	☐	Cruach na Gearran South Top	3Tu	1158ft	☐
Cruach na Gearr-choise	D	1873ft	☐	Cruach na h-Airighe	2Tu	971ft	☐
Cruach na Luib	1Tu	554ft	☐	Cruach na Machrach	3Tu	1135ft	☐
Cruach na Meala	2Tu	718ft	☐	Cruach na Seilcheig	M	1247ft	☐
Cruach na Seilcheig	M	997ft	☐	Cruach na Seilcheig	2Tu	741ft	☐
Cruach na Seilcheig SW Top	3Tu	1220ft	☐	Cruach na Speireig	2Tu	837ft	☐
Cruach nam Broighleag	U	1365ft	☐	Cruach nam Fad	3Tu	1129ft	☐
Cruach nam Feadan	Su4	1624ft	☐	Cruach nam Fearna	M	1089ft	☐
Cruach nam Fearna SW Top	3Tu	1020ft	☐	Cruach nam Fiadh	3Tu	1074ft	☐

Cruach nam Fiadh	2Tu	886ft	☐	Cruach nam Fiadh North Top	3Tu	1073ft	☐
Cruach nam Fiadh West Top	2Tu	735ft	☐	Cruach nam Fitheach	4Tu	1375ft	☐
Cruach nam Meann	2Tu	692ft	☐	Cruach nam Miseag	M	1991ft	☐
Cruach nam Miseag	SuS	2667ft	☐	Cruach nam Miseag Far West Top	D	1841ft	☐
Cruach nam Miseag West Top	SuD	1873ft	☐	Cruach nam Mult	M	2005ft	☐
Cruach nan Caorach	M	1503ft	☐	Cruach nan Caorach	D	1654ft	☐
Cruach nan Caorach	D	1896ft	☐	Cruach nan Caorach SW Top	4Tu	1476ft	☐
Cruach nan Capull	M	2008ft	☐	Cruach nan Capull	H	1854ft	☐
Cruach nan Capull	H	1578ft	☐	Cruach nan Con	4Tu	1627ft	☐
Cruach nan Cuilean	M	1417ft	☐	Cruach nan Cuilean	3Tu	1119ft	☐
Cruach nan Cuilean	2Tu	906ft	☐	Cruach nan Dearc	2Tu	899ft	☐
Cruach nan Gabhar	3Tu	1161ft	☐	Cruach nan Gabhar North Top	3Tu	1102ft	☐
Cruach nan Gearran	3Tu	1234ft	☐	Cruach nan Nighean	D	1926ft	☐
Cruach nan Nighean West Top	SuD	1916ft	☐	Cruach nan Tarbh	3Tu	1145ft	☐
Cruach Narrachan	H	1227ft	☐	Cruach Narrachan East Top	3Tu	1125ft	☐
Cruach Neuran	M	1991ft	☐	Cruach Neuran South Top	SuD	1926ft	☐
Cruach Peanmeanach	0Tu	223ft	☐	Cruach Raineachan	SuD	1644ft	☐
Cruach Raineachan South Top	Su4	1624ft	☐	Cruach Rarey	2Tu	892ft	☐
Cruach Rarey NE Top	2Tu	863ft	☐	Cruach Rarey West Top	2Tu	856ft	☐
Cruach Rhue	0Tu	200ft	☐	Cruach Scarba	M	1473ft	☐
Cruach Scarba SE Top	4Tu	1384ft	☐	Cruach Sleibhe	H	545ft	☐
Cruach Soroba	1Tu	486ft	☐	Cruach Stole	3Tu	1017ft	☐
Cruach Tairbeirt	M	1362ft	☐	Cruach Tairbeirt North Top	3Tu	1007ft	☐
Cruach Tamalabh	2Tu	794ft	☐	Cruach Thoraraidh	4Tu	1450ft	☐

Cruach Thoraraidh South Top	4Tu	1352ft	☐	Cruach Torr an Lochain	H	1141ft	☐
Cruach Tri Lochanan	2Tu	889ft	☐	Cruach Tuirc	SuD	1745ft	☐
Cruachan	H	1761ft	☐	Cruachan	1Tu	581ft	☐
Cruachan (Lunga)	H	338ft	☐	Cruachan an Draghair	4Tu	1312ft	☐
Cruachan Beag	S	1971ft	☐	Cruachan Beag	SuD	1955ft	☐
Cruachan Charna	M	558ft	☐	Cruachan Cruinn	H	1929ft	☐
Cruachan Dearg	H	2310ft	☐	Cruachan Dhugaill	3Tu	1040ft	☐
Cruachan Dhugaill NE Top	2Tu	935ft	☐	Cruachan Druim na Croise	2Tu	866ft	☐
Cruachan Min	M	1234ft	☐	Cruachan Odhar	2Tu	840ft	☐
Cruachan South Top	D	1721ft	☐	Cruachan Treshnish	2Tu	712ft	☐
Cruachan-Glen Vic Askill	M	968ft	☐	Cruaidh Bharr	0Tu	177ft	☐
Cruban Beag	M	1936ft	☐	Cruban Mor	SuD	1654ft	☐
Crude Hill	3Tu	1037ft	☐	Cruereach Hill	4Tu	1503ft	☐
Cruffel	SuD	1827ft	☐	Cruib	3Tu	1050ft	☐
Cruib NE Top	3Tu	994ft	☐	Cruim Leacainn	H	758ft	☐
Cruinn a' Bheinn	M	2075ft	☐	Cruinn Bheinn	D	1788ft	☐
Cruise Back Fell	1Tu	436ft	☐	Crumley Hill	SuD	1827ft	☐
Crumpton Hill	4Tu	1575ft	☐	Crumquhill	1Tu	407ft	☐
Crungie Clach	S	2028ft	☐	Crungie Dubh	D	1932ft	☐
Crussa Field	H	469ft	☐	Cruys	S	2428ft	☐
Cuff Hill	2Tu	692ft	☐	Cuidhe Crom	MuT	3554ft	☐
Cuil Cheanna	0Tu	312ft	☐	Cuil Ghlas	SuD	1821ft	☐
Cuil Hill	H	1378ft	☐	Cuil na h-Uaimh	1Tu	371ft	☐
Cuilags	M	1427ft	☐	Cuilt Hill	4Tu	1565ft	☐

Cuirn Liatha	S	1972ft	☐	Cuirn Mhic Leoid	U	1132ft ☐
Cul Beag	M	2524ft	☐	Cul Beag	3Tu	1273ft ☐
Cul Chreag	2Tu	751ft	☐	Cul Mor	M	2785ft ☐
Cul Mor	H	1289ft	☐	Cul na Creige	S	2025ft ☐
Cul na Creige NW Top	SuD	1900ft	☐	Cul nan Creagan	3Tu	1155ft ☐
Cul nan Gad	D	1690ft	☐	Culabhal Mor	0Tu	269ft ☐
Culardoch	M	2953ft	☐	Culblean Hill	S	1985ft ☐
Culblean Hill East Top	Su4	1637ft	☐	Culhawk Hill	3Tu	1024ft ☐
Cullaloe Hills	2Tu	718ft	☐	Cullendoch Hill	3Tu	1125ft ☐
Cullinaw Hill	U	417ft	☐	Culloch Hill	1Tu	456ft ☐
Cult Hill	2Tu	692ft	☐	Cult Hill	2Tu	866ft ☐
Culter Fell	M	2455ft	☐	Culterden Hill	4Tu	1362ft ☐
Culteuchar Hill	H	1027ft	☐	Culvennan Fell	H	705ft ☐
Cumbernauld Hill	1Tu	489ft	☐	Cumle	1Tu	531ft ☐
Cunnigill Hill	H	577ft	☐	Cunnoquhie East Hill	1Tu	495ft ☐
Cunnoquhie West Hill	1Tu	653ft	☐	Cunzierton Hill	3Tu	1102ft ☐
Curleywee	H	2213ft	☐	Curly Cairn	4Tu	1516ft ☐
Cuternach	2Tu	866ft	☐	Cuternach NE Top	2Tu	758ft ☐
Da Kame	3Tu	1234ft	☐	Da Noup	M	814ft ☐
Da Sneug	M	1371ft	☐	Da Stab	0Tu	135ft ☐
Da Stacks o da Logat	0Tu	125ft	☐	Dabshead Hill	3Tu	1257ft ☐
Dainaberg	0Tu	203ft	☐	Dale Hill	1Tu	604ft ☐
Dalescord Hill	M	827ft	☐	Dalginch Hill	1Tu	451ft ☐
Daljedburgh Hill	3Tu	1227ft	☐	Dalks Law	2Tu	794ft ☐

Dalmahoy Hill	2Tu	807ft	☐	Dalmeny Oil Depot	0Tu	289ft	☐
Dalmoney Hill	1Tu	443ft	☐	Dalpeddar Hill	3Tu	1296ft	☐
Dalruscan Hill	1Tu	522ft	☐	Dalsa Field	1Tu	374ft	☐
Dan's Hags	SuD	1650ft	☐	Dareduff Hill	2Tu	883ft	☐
Darklaw Hill	1Tu	492ft	☐	Darlees Rig	4Tu	1470ft	☐
Darling's Hill	3Tu	1040ft	☐	Darnaw	4Tu	1549ft	☐
Darngarroch Hill	H	1224ft	☐	Darrach Hill	3Tu	1171ft	☐
Daugh of Corinacy	4Tu	1568ft	☐	David Stirling Hill	1Tu	374ft	☐
Deadh Choimhead	M	1257ft	☐	Deans Hill	U	1288ft	☐
Dechmont Law	2Tu	712ft	☐	Deepslack Knowe	D	1890ft	☐
Deer Law	S	2064ft	☐	Deer's Hill	1Tu	584ft	☐
Dendoo or Disdow Hill	1Tu	620ft	☐	Denoon Law	2Tu	689ft	☐
Derry Cairngorm	H	3789ft	☐	Derry Hill	1Tu	387ft	☐
Dersalloch Hill	3Tu	1181ft	☐	Deuchar Hill	H	976ft	☐
Deuchar Law	M	1781ft	☐	Deucharan Hill	3Tu	1083ft	☐
Deuchary Hill	M	1677ft	☐	Deuchary Hill West Top	4Tu	1476ft	☐
Deuchny Hill	2Tu	764ft	☐	Deuchrie Dod	2Tu	974ft	☐
Devonshaw Hill	3Tu	1280ft	☐	Diarmid's Grave	0Tu	131ft	☐
Dicks Knowe	3Tu	1309ft	☐	Dillar Hill	H	1079ft	☐
Din Fell	D	1736ft	☐	Din Law	S	2188ft	☐
Dinnings Hill	3Tu	1089ft	☐	Dinwoodie Hill	1Tu	371ft	☐
Diollaid a' Chairn	MuT	3035ft	☐	Diollaid Bheag	S	2182ft	☐
Diollaid Coire Eindart	dMut	3196ft	☐	Diollaid Mhor	H	2464ft	☐
Diollaid Mhor	3Tu	1188ft	☐	Direadh Beinn	2Tu	712ft	☐

Name	Class	Height		Name	Class	Height	
Dirivallan	2Tu	682ft	☐	Dirrington Great Law	M	1306ft	☐
Dirrington Little Law	3Tu	1191ft	☐	Distinkhorn	3Tu	1266ft	☐
Ditcher Law	3Tu	1201ft	☐	Divot Hill	3Tu	1086ft	☐
Dob's Craig	SuD	1767ft	☐	Docharn Craig	3Tu	1250ft	☐
Dochrie Hill	3Tu	1201ft	☐	Dod Fell	4Tu	1519ft	☐
Dod Hill	H	1624ft	☐	Dod Hill	4Tu	1401ft	☐
Dod Hill	2Tu	974ft	☐	Dod Hill	2Tu	863ft	☐
Dod Law	4Tu	1552ft	☐	Dod Law	3Tu	1211ft	☐
Dod Rig	4Tu	1365ft	☐	Dodburn Hill	2Tu	958ft	☐
Dodd Hill	4Tu	1634ft	☐	Dodd Hill	4Tu	1519ft	☐
Doddin	H	1562ft	☐	Dodhead Mid Hill	3Tu	1129ft	☐
Dodhead Under Hill	3Tu	1076ft	☐	Dodridge Law	2Tu	751ft	☐
Dog Hillock	S	2402ft	☐	Doire Ban	M	1857ft	☐
Doire Chaol	0Tu	289ft	☐	Doire Mhor	4Tu	1421ft	☐
Doire na h-Achlais	2Tu	869ft	☐	Doire na Sroine	0Tu	262ft	☐
Doire Tana	H	2927ft	☐	Doire Tana East Top	SuS	2438ft	☐
Dollar Law	S	2680ft	☐	Dolphinston Moor	2Tu	767ft	☐
Doon Hill	0Tu	253ft	☐	Doon Hill	2Tu	810ft	☐
Doon Hill	U	556ft	☐	Doon Hill	1Tu	486ft	☐
Doon Hill	1Tu	371ft	☐	Doon Hill	0Tu	259ft	☐
Doon of Castramont	1Tu	410ft	☐	Doon of Culreoch	2Tu	745ft	☐
Doon of Waterhead	3Tu	1234ft	☐	Doonans Hill	2Tu	971ft	☐
Doons	H	1010ft	☐	Dore Holm	0Tu	118ft	☐
Dornal Hill	O	633ft	☐	Dorra Stack	0Tu	108ft	☐

Name	Class	Height		Name	Class	Height
Doughty Hill	3Tu	1247ft		Douglas Park	0Tu	267ft	
Douglas Rig	4Tu	1535ft		Dounawall	0Tu	253ft	
Doune	2Tu	873ft		Doune Hill	M	2408ft	
Doune Hill East Top	S	2300ft		Doune of Dalmore	2Tu	728ft	
Doune of Relugas	1Tu	446ft		Dow Craig Hill	2Tu	810ft	
Dow Hill	1Tu	522ft		Dowglen Hill	3Tu	1152ft	
Down Hill	H	1184ft		Down Law	2Tu	791ft	
Down Law	2Tu	666ft		Downan Hill	1Tu	348ft	
Downeri	2Tu	843ft		Downie's Goats	0Tu	121ft	
Drake Law	H	1588ft		Driesh	H	3109ft	
Drochaid a' Ghiubhais Li	SuD	1703ft		Drochaid an Droma	D	1867ft	
Drochaid an Tuill Easaich	MuT	3276ft		Drochaid Ghlas	MuT	3361ft	
Drochil Hill	H	1234ft		Dron Hill	2Tu	692ft	
Drongi Field	0Tu	292ft		Droop Hill	2Tu	735ft	
Drowningdub Knowes	4Tu	1404ft		Druim a' Bhealaich	2Tu	971ft	
Druim a' Chaisteil	0Tu	151ft		Druim a' Chait	4Tu	1549ft	
Druim a' Chuilein	3Tu	1171ft		Druim a' Chuirn	M	1916ft	
Druim a' Chuirn	S	2697ft		Druim a' Chuirn East Top	SuD	1739ft	
Druim a' Ghairistein	1Tu	417ft		Druim a' Ghiubhais	D	1726ft	
Druim a' Ghoirtein	S	2496ft		Druim a' Ghoirtein Far West Top	S	2031ft	
Druim a' Ghoirtein West Top	SuS	2145ft		Druim a' Vuic	4Tu	1601ft	
Druim Airigh an t-Sluic	2Tu	718ft		Druim an Achanarnaich	0Tu	223ft	
Druim an Aird	3Tu	1172ft		Druim an Aoineidh	0Tu	243ft	
Druim an Aonaich	3Tu	1263ft		Druim an Daraich	1Tu	328ft	

Druim an Dubh-leathaid	1Tu	413ft	☐	Druim an Duin	1Tu	328ft	☐
Druim an Easa Dhuibh	0Tu	203ft	☐	Druim an Eilein	0Tu	230ft	☐
Druim an Fhaillich	2Tu	906ft	☐	Druim an Fhirich	2Tu	846ft	☐
Druim an Laraidh	1Tu	568ft	☐	Druim an Righ	2Tu	817ft	☐
Druim an Rubha Bhain	1Tu	423ft	☐	Druim an Ruighe	3Tu	1188ft	☐
Druim an Ruma	3Tu	1276ft	☐	Druim an Scriodain	1Tu	597ft	☐
Druim an Tuirc	3Tu	1138ft	☐	Druim Ardoch	D	1889ft	☐
Druim Ardoch West Top	SuD	1870ft	☐	Druim Arnish	0Tu	315ft	☐
Druim Ballach	4Tu	1522ft	☐	Druim Ban	0Tu	223ft	☐
Druim Barr na Coille	2Tu	873ft	☐	Druim Beag	0Tu	315ft	☐
Druim Beag	0Tu	161ft	☐	Druim Bealach nan Sac	2Tu	945ft	☐
Druim Beithe	0Tu	197ft	☐	Druim Bhuirich	D	1923ft	☐
Druim Bioraig	0Tu	220ft	☐	Druim Buidhe	3Tu	1079ft	☐
Druim Buidhe	2Tu	906ft	☐	Druim Chlachan	0Tu	171ft	☐
Druim Chlachan Mora	1Tu	548ft	☐	Druim Chosaidh	S	2477ft	☐
Druim Comhnard	D	1837ft	☐	Druim Comhnard North Top	SuD	1824ft	☐
Druim Comhnard NW Top	SuD	1693ft	☐	Druim Dearg	4Tu	1486ft	☐
Druim Dhubh	0Tu	299ft	☐	Druim Donn	2Tu	856ft	☐
Druim Dubh	S	2011ft	☐	Druim Dubh	1Tu	489ft	☐
Druim Dubh	1Tu	346ft	☐	Druim Dubh an Fhuarain	SuS	2415ft	☐
Druim Eadar Da Choire	4Tu	1604ft	☐	Druim Fada	M	2332ft	☐
Druim Fada	M	2441ft	☐	Druim Fada	M	1329ft	☐
Druim Fada	2Tu	751ft	☐	Druim Fada East Top	SuS	2132ft	☐
Druim Fada West Top	S	2392ft	☐	Druim Fada West Top	SuS	2099ft	☐

Druim Fiaclach	H	2854ft	☐	Druim Fiaclach	3Tu	1145ft	☐
Druim Fiaclach East Top	S	2721ft	☐	Druim Garbh	H	2637ft	☐
Druim Ghlaoidh	H	2126ft	☐	Druim Glac Ealagain	1Tu	423ft	☐
Druim Gleann Laoigh	S	2287ft	☐	Druim Hain	3Tu	1138ft	☐
Druim Iosal	3Tu	1079ft	☐	Druim Langara	0Tu	138ft	☐
Druim Leac a' Shith	H	2753ft	☐	Druim Leacainn	3Tu	1135ft	☐
Druim Leathad nam Fias	M	1890ft	☐	Druim Leathad nam Fias East Top	D	1860ft	☐
Druim Liath	1Tu	459ft	☐	Druim Loch Coille-Bharr	1Tu	338ft	☐
Druim Loch nan Liagh	2Tu	738ft	☐	Druim Lochan a' Chomhlain	D	1860ft	☐
Druim Lochan Imheir	1Tu	436ft	☐	Druim Lochan Imheir West Top	1Tu	417ft	☐
Druim Lochan nan Caorach	2Tu	755ft	☐	Druim Meadhoin	4Tu	1371ft	☐
Druim Meleag	2Tu	840ft	☐	Druim Mhanais	1Tu	420ft	☐
Druim Mhor	1Tu	574ft	☐	Druim Min	S	2058ft	☐
Druim Mor	MuT	3153ft	☐	Druim Mor	1Tu	449ft	☐
Druim Mor	3Tu	1207ft	☐	Druim Mor	3Tu	1129ft	☐
Druim Mor	1Tu	548ft	☐	Druim Mor	0Tu	266ft	☐
Druim Mor	0Tu	217ft	☐	Druim Mor	0Tu	190ft	☐
Druim Mor	1Tu	453ft	☐	Druim Mor	0Tu	174ft	☐
Druim Mor	0Tu	243ft	☐	Druim na Beiste	4Tu	1482ft	☐
Druim na Birlinn	2Tu	676ft	☐	Druim na Buainn	1Tu	502ft	☐
Druim na Ciche	U	3280ft	☐	Druim na Claise	1Tu	472ft	☐
Druim na Claoidh	0Tu	279ft	☐	Druim na Cluain-airighe	M	1696ft	☐
Druim na Cluain-airighe North Top	4Tu	1522ft	☐	Druim na Coille	3Tu	1060ft	☐
Druim na Dubh Ghlaic	0Tu	295ft	☐	Druim na Gearr Leacainn	2Tu	850ft	☐

Name	Class	Height		Name	Class	Height
Druim na Glas-choille	2Tu	935ft		Druim na h-Achlaise	H	1772ft
Druim na h-Achlaise East Top	3Tu	1178ft		Druim na h-Aire	1Tu	584ft
Druim na h-Earba	M	945ft		Druim na h-Easgainn	Su4	1634ft
Druim na h-Imrich	1Tu	518ft		Druim na h-Uamh	0Tu	207ft
Druim na Leitire	2Tu	814ft		Druim na Luibhe Duibhe	3Tu	1266ft
Druim na Saille	2Tu	902ft		Druim na Sgatha	0Tu	253ft
Druim na Sgriodain	M	2410ft		Druim na Sroine-cruime	1Tu	502ft
Druim na Teanga	1Tu	466ft		Druim na Tollaidh	1Tu	390ft
Druim nam Bacan	0Tu	138ft		Druim nam Bo	dMut	3012ft
Druim nam Eithreag	SuD	1729ft		Druim nan Carnan	1Tu	348ft
Druim nan Cleochd	2Tu	768ft		Druim nan Cnamh	M	2589ft
Druim nan Colann	2Tu	876ft		Druim nan Damh	3Tu	1207ft
Druim nan Eilid	3Tu	1253ft		Druim nan Firean	S	2173ft
Druim nan Freumh	0Tu	180ft		Druim nan Gobhar	1Tu	463ft
Druim nan Mial	1Tu	449ft		Druim nan Ramh	D	1640ft
Druim nan Sac	S	2114ft		Druim nan Sac West Top	S	1981ft
Druim nan Sleibhean	1Tu	410ft		Druim nan Slochd	1Tu	381ft
Druim nan Uadhag	SuD	1877ft		Druim nan Uamh	2Tu	961ft
Druim Nead an Fhireon	1Tu	351ft		Druim Obair-latha	1Tu	331ft
Druim Odhar	1Tu	387ft		Druim Reidh-dhalach	1Tu	453ft
Druim Rhaoine	1Tu	650ft		Druim Ruighe Chail	4Tu	1555ft
Druim Seangain	0Tu	233ft		Druim Seileach	SuS	2756ft
Druim Sgarsoch	dMut	3130ft		Druim Sgurr nan Cabar	3Tu	1302ft
Druim Shionnach	H	3232ft		Druim Shionnach West Top	MuT	3069ft

Druim Tarsuinn	M	2526ft	☐	Druim Taynish	0Tu	194ft ☐
Druim Tian	0Tu	322ft	☐	Druim Ucsabhat	1Tu	449ft ☐
Drum Hill	1Tu	436ft	☐	Drum Loin	SuS	2103ft ☐
Drum Maw	4Tu	1460ft	☐	Drum na Gaoithe	3Tu	984ft ☐
Drum na h-Aibhne	3Tu	1263ft	☐	Drum of Blarnaboard	1Tu	430ft ☐
Drum of Clashmore	1Tu	584ft	☐	Drum of Gartloaning	1Tu	476ft ☐
Drum Tick	2Tu	791ft	☐	Drum Tigh-an-varaid	1Tu	449ft ☐
Drumblair Hill	2Tu	774ft	☐	Drumcarrow Craig	2Tu	715ft ☐
Drumchork	1Tu	610ft	☐	Drumcroy Hill	M	1680ft ☐
Drumcuthlaw	1Tu	617ft	☐	Drumderfit Hill	1Tu	486ft ☐
Drumderg	4Tu	1388ft	☐	Drumderrach	1Tu	574ft ☐
Drumelzier Law	S	2192ft	☐	Drumgarland	2Tu	850ft ☐
Drumgesk Hill	1Tu	577ft	☐	Drumglass Hill	1Tu	456ft ☐
Drumgoudrum Hill	3Tu	1165ft	☐	Drumlochlan Wood	1Tu	371ft ☐
Drummannoch	0Tu	266ft	☐	Drummilling Hill	1Tu	341ft ☐
Drummond Hill	M	1509ft	☐	Drummond Hill East Top	4Tu	1411ft ☐
Drummond Hill West Top	4Tu	1503ft	☐	Drummore Hill	U	308ft ☐
Drumnacreich	0Tu	148ft	☐	Drumnahive Hill	2Tu	817ft ☐
Drumneillie Hill	3Tu	1122ft	☐	Drumpail Fell	1Tu	571ft ☐
Drumshang Hill	U	919ft	☐	Drumsinnie	1Tu	650ft ☐
Drumsmittal Hill	1Tu	417ft	☐	Drunkie Hill	1Tu	614ft ☐
Dry Harbour Hill	0Tu	259ft	☐	Dubh Bheinn	M	1591ft ☐
Dubh Bheinn	H	1739ft	☐	Dubh Bheinn NW Top	Su4	1631ft ☐
Dubh Bheinn SE Top	4Tu	1565ft	☐	Dubh Breac Hill	S	2081ft ☐

Dubh Chnoc	2Tu	945ft	☐	Dubh Chnocan	3Tu	1122ft	☐
Dubh Chreag	D	1765ft	☐	Dubh Chreag	2Tu	801ft	☐
Dubh Chreag	4Tu	1578ft	☐	Dubh Leathad	0Tu	246ft	☐
Dubh Leitir	0Tu	315ft	☐	Dubh Meadhonach	4Tu	1440ft	☐
Dubh Uidh	1Tu	423ft	☐	Duchray Hill	1Tu	410ft	☐
Duchray Hill	M	2307ft	☐	Dud of Flamister	1Tu	571ft	☐
Dudd Hill	1Tu	554ft	☐	Dugland	S	2006ft	☐
Dull Hill	4Tu	1591ft	☐	Dull Hill SE Top	4Tu	1558ft	☐
Dumbarton Castle	0Tu	243ft	☐	Dumbowie	1Tu	518ft	☐
Dumbreck	D	1667ft	☐	Dumbreck	0Tu	174ft	☐
Dumbuck Hill	1Tu	538ft	☐	Dumbuck Hill West	1Tu	415ft	☐
Dumfedling Hill	3Tu	1175ft	☐	Dumfedling Knowe	3Tu	1112ft	☐
Dumfoyn	4Tu	1398ft	☐	Dumglow	M	1243ft	☐
Dumgoyach	1Tu	515ft	☐	Dumgoyne	4Tu	1401ft	☐
Dumyat	M	1375ft	☐	Dun a' Bhealaich	1Tu	515ft	☐
Dun a' Ghaill	0Tu	115ft	☐	Dun a' Gheird	0Tu	243ft	☐
Dun Achray	2Tu	686ft	☐	Dun Alva	2Tu	771ft	☐
Dun an Dubh-challa	2Tu	758ft	☐	Dun Ard an t-Sabhail	1Tu	581ft	☐
Dun Athad	1Tu	354ft	☐	Dun Athaich	1Tu	545ft	☐
Dun Ban	2Tu	784ft	☐	Dun Beag	D	1880ft	☐
Dun Bheolain	0Tu	246ft	☐	Dun Bhorariac	1Tu	620ft	☐
Dun Caan	M	1457ft	☐	Dun Chonaill	1Tu	469ft	☐
Dun Chonallaich	2Tu	850ft	☐	Dun Chonallaich North Top	2Tu	748ft	☐
Dun Chonnuill	0Tu	197ft	☐	Dun Clachach	0Tu	256ft	☐

Name	Class	Height		Name	Class	Height	
Dun Coillich	M	1877ft	☐	Dun Connavern	1Tu	489ft	☐
Dun Corr-bhile	H	1057ft	☐	Dun Creich	1Tu	371ft	☐
Dun Crom	0Tu	220ft	☐	Dun Cruit	0Tu	105ft	☐
Dun Crutagain	H	899ft	☐	Dun Cul Bhuirg	0Tu	167ft	☐
Dun da Ghaoithe	M	2513ft	☐	Dun Daimh	4Tu	1453ft	☐
Dun Dearduil	2Tu	771ft	☐	Dun Dearg	2Tu	837ft	☐
Dun Dubh	H	988ft	☐	Dun Dubh	0Tu	302ft	☐
Dun Dubh	0Tu	226ft	☐	Dun Dubh	2Tu	755ft	☐
Dun Dubh	3Tu	1299ft	☐	Dun Eigheach	2Tu	886ft	☐
Dun Evan	2Tu	679ft	☐	Dun Fada	0Tu	289ft	☐
Dun Gallain	0Tu	125ft	☐	Dun Garbh	2Tu	932ft	☐
Dun Hill	SuD	1690ft	☐	Dun I	H	331ft	☐
Dun Iadain	1Tu	364ft	☐	Dun Law	H	2221ft	☐
Dun Leacainn	M	1181ft	☐	Dun Mor	H	2264ft	☐
Dun Mor	H	1713ft	☐	Dun Mor	SuD	1800ft	☐
Dun Mor	2Tu	755ft	☐	Dun Mor	2Tu	912ft	☐
Dun Mor	4Tu	1329ft	☐	Dun Mor	1Tu	367ft	☐
Dun Mor	1Tu	348ft	☐	Dun Mor	0Tu	118ft	☐
Dun Mor a' Chaolais	0Tu	125ft	☐	Dun Mor Fort	4Tu	1529ft	☐
Dun Mor South Top	U	1629ft	☐	Dun Mor West Top	3Tu	1306ft	☐
Dun More	2Tu	844ft	☐	Dun na Beinne	1Tu	653ft	☐
Dun na Cuaiche	1Tu	400ft	☐	Dun na Cuaiche	2Tu	830ft	☐
Dun na h-Uamha	0Tu	315ft	☐	Dun na Maraig	0Tu	246ft	☐
Dun nam Fiann	0Tu	128ft	☐	Dun nam Muclach	3Tu	1132ft	☐

Dun Ormidale	1Tu	574ft	☐	Dun Rig	M	2441ft	☐
Dun Rig Head	SuD	1729ft	☐	Dun Righ	0Tu	180ft	☐
Dun Riobain	2Tu	738ft	☐	Dun Ronachain	0Tu	312ft	☐
Dun Rostan	1Tu	545ft	☐	Dun Saorach	2Tu	797ft	☐
Dun Sgurabhal	0Tu	213ft	☐	Dun Sheock	0Tu	292ft	☐
Dun Skeig	1Tu	469ft	☐	Dun Skudiburgh	0Tu	200ft	☐
Dun Sleis	1Tu	413ft	☐	Dun Uabairtich	0Tu	289ft	☐
Dunadd	0Tu	180ft	☐	Dunagoil	U	115ft	☐
Dunain Hill	2Tu	947ft	☐	Dunamoddie	3Tu	1165ft	☐
Dunan Beag	0Tu	266ft	☐	Dunan Liath	S	2260ft	☐
Dunan Mor	H	535ft	☐	Dunan Mor Stack	0Tu	98ft	☐
Dunbar's Stack	0Tu	130ft	☐	Dunbennan Hill	2Tu	682ft	☐
Dunblane Roman Camps	1Tu	374ft	☐	Dunbog Hill	2Tu	709ft	☐
Dunbuy	0Tu	116ft	☐	Duncangill Head	D	1900ft	☐
Duncan's Hill	2Tu	663ft	☐	Duncansby Head	0Tu	210ft	☐
Duncarnock	2Tu	669ft	☐	Duncolm	M	1316ft	☐
Duncryne	1Tu	466ft	☐	Dundaff Hill	H	1155ft	☐
Dun-da-lamh	4Tu	1489ft	☐	Dundarave	3Tu	1243ft	☐
Dundas Hill	1Tu	387ft	☐	Dundavie	2Tu	965ft	☐
Dundee Law	1Tu	571ft	☐	Dundeugh Hill	H	889ft	☐
Dundonald Castle	U	187ft	☐	Dundornie	SuS	2096ft	☐
Dundreich	S	2044ft	☐	Dunduff	4Tu	1404ft	☐
Dundurn Hill	1Tu	605ft	☐	Dunearn Hill	2Tu	734ft	☐
Dunfallandy Hill	4Tu	1345ft	☐	Dungavel Hill	M	1673ft	☐

Dungavel Hill	4Tu	1503ft	☐	Dungeon Hill	H	2037ft	☐
Dunglass	1Tu	502ft	☐	Dungoil	4Tu	1391ft	☐
Dungrain Law	SuS	2195ft	☐	Dunguile Hill	2Tu	696ft	☐
Dunhog Moss	3Tu	994ft	☐	Dunhope Law	SuD	1696ft	☐
Dunicher Law	2Tu	787ft	☐	Dunkeld Craig	1Tu	571ft	☐
Dunlee Hill	SuD	1657ft	☐	Dunmore Hill	1Tu	502ft	☐
Dunnet Head	H	423ft	☐	Dunnet Hill	1Tu	397ft	☐
Dunnichen Hill	H	764ft	☐	Dunrod Hill	2Tu	978ft	☐
Duns Law	2Tu	715ft	☐	Dunsapie	1Tu	474ft	☐
Dunside Rig	3Tu	1309ft	☐	Dunside Rig	3Tu	1208ft	☐
Dunsinane Hill	3Tu	1017ft	☐	Dunslair Heights	H	1975ft	☐
Duntaha Mor	1Tu	478ft	☐	Duntaynish Hill	0Tu	276ft	☐
Dunter Law	3Tu	1053ft	☐	Duntilland Hill	2Tu	955ft	☐
Dunveoch Hill	2Tu	846ft	☐	Dunwan Hill	2Tu	982ft	☐
Dupin Hill	2Tu	896ft	☐	Durisdeer Hill	SuD	1870ft	☐
Durn Hill	1Tu	653ft	☐	Durness Golf Course	0Tu	194ft	☐
Dutch Ward	0Tu	249ft	☐	Dwarfie Hamars Knap	2Tu	981ft	☐
Dyke Hill	2Tu	692ft	☐	Dyker Law	3Tu	1053ft	☐
Eabhal	M	1138ft	☐	Eadar a' Chalda	1Tu	509ft	☐
Eag an Fhir-bhogha	3Tu	1043ft	☐	Eagan	S	2264ft	☐
Eagles Rock	MuT	3442ft	☐	Earl Hill	3Tu	1306ft	☐
Earl's Hill	4Tu	1447ft	☐	Earl's Seat	M	1896ft	☐
Earlside	4Tu	1473ft	☐	Early Knowe	3Tu	1188ft	☐
Earn Cairn	SuD	1729ft	☐	Earn Hill	H	663ft	☐

Earn Skelly	S	2270ft	☐	Earncraig Hill	H	2005ft ☐
Easabhal	M	797ft	☐	Easaigh	0Tu	161ft ☐
Easdale	0Tu	125ft	☐	East Cairn Hill	M	1860ft ☐
East Craigs	U	1545ft	☐	East Girt Hill	D	1673ft ☐
East Gordon Hill	2Tu	669ft	☐	East Hill	2Tu	686ft ☐
East Hill of Burrafirth	1Tu	469ft	☐	East Hill of Grunnafirth	0Tu	253ft ☐
East Hill of Voe	1Tu	479ft	☐	East Kip	D	1752ft ☐
East Lomond	M	1470ft	☐	East Mealour	SuD	1648ft ☐
East Meur Gorm Craig	MuT	3069ft	☐	East Meur Gorm Craig North Top	SuS	2987ft ☐
East Meur Gorm Craig South Top	U	3061ft	☐	East Morton Hill	3Tu	1250ft ☐
East Mount Lowther	S	2070ft	☐	East Muchra Hill	SuD	1742ft ☐
East Scaraben	D	1936ft	☐	East Stack of Sandwick	0Tu	108ft ☐
East Ward	0Tu	299ft	☐	Eastcraigs Hill	2Tu	822ft ☐
Easter Balloch	H	2736ft	☐	Easter Cairn	3Tu	1165ft ☐
Easter Clett	0Tu	121ft	☐	Easter Craiglockhart Hill	1Tu	515ft ☐
Easter Heog	0Tu	266ft	☐	Easter Loder Stack	0Tu	131ft ☐
Easter Meiggar Hill	1Tu	581ft	☐	Easter Skeld Field	0Tu	223ft ☐
Easter Watery Knowe	SuS	2377ft	☐	Easteryardhouse Hill	O	974ft ☐
Eastfield Hill	2Tu	797ft	☐	Easthills	2Tu	981ft ☐
Eastside Heights	D	1946ft	☐	Ecclaw Hill	2Tu	912ft ☐
Edgarhope Hill	3Tu	1171ft	☐	Edgerston Rig	2Tu	922ft ☐
Edinburgh Castle	1Tu	430ft	☐	Ednam Hill	0Tu	276ft ☐
Eggerness Hill	0Tu	161ft	☐	Egilsay	0Tu	144ft ☐
Egilsay	0Tu	125ft	☐	Egnaig Hill	H	774ft ☐

Eididh nan Clach Geala	M	3041ft	☐	Eildon Hill North	4Tu	1325ft	☐
Eildon Mid Hill	M	1385ft	☐	Eildon Wester Hill	3Tu	1217ft	☐
Eildreach	SuS	2102ft	☐	Eileach an Naoimh	0Tu	262ft	☐
Eileach an Naoimh SW Top	0Tu	253ft	☐	Eilean a' Chadh-fi	0Tu	102ft	☐
Eilean a' Chalmain	0Tu	131ft	☐	Eilean a' Chaoil	0Tu	105ft	☐
Eilean a' Char	0Tu	102ft	☐	Eilean a' Chonnaidh	0Tu	171ft	☐
Eilean a' Ghamhna	0Tu	171ft	☐	Eilean a' Ghobha	0Tu	187ft	☐
Eilean a' Mhadaidh	0Tu	125ft	☐	Eilean a Muigh Heisgeir	0Tu	119ft	☐
Eilean Aigas	1Tu	338ft	☐	Eilean an Eireannaich	0Tu	207ft	☐
Eilean an Fheidh	0Tu	102ft	☐	Eilean an Roin Beag	0Tu	118ft	☐
Eilean an Roin Mor	0Tu	207ft	☐	Eilean an Taighe	H	410ft	☐
Eilean Aoidhe	0Tu	121ft	☐	Eilean Ard	0Tu	233ft	☐
Eilean Arsa	0Tu	157ft	☐	Eilean Balnagowan	0Tu	121ft	☐
Eilean Beag	0Tu	128ft	☐	Eilean Caol Heisgeir	0Tu	105ft	☐
Eilean Chirceboist	SIB	72ft	☐	Eilean Creagach	0Tu	118ft	☐
Eilean Didil	0Tu	105ft	☐	Eilean Dioghlum	0Tu	125ft	☐
Eilean Dornaidh Oscair	0Tu	105ft	☐	Eilean Dubh	0Tu	151ft	☐
Eilean Dubh	0Tu	285ft	☐	Eilean Dubh	0Tu	102ft	☐
Eilean Dubh	U	102ft	☐	Eilean Dubh	0Tu	148ft	☐
Eilean Dubh	0Tu	118ft	☐	Eilean Dubh	0Tu	171ft	☐
Eilean Dubh	0Tu	118ft	☐	Eilean Dubh Beag	0Tu	138ft	☐
Eilean Dubh Mor	0Tu	177ft	☐	Eilean Dubh na Fionndalach Bige	0Tu	108ft	☐
Eilean Duirinnis	0Tu	135ft	☐	Eilean Earasgro	0Tu	104ft	☐
Eilean Fada Mor	0Tu	128ft	☐	Eilean Fladday	0Tu	141ft	☐

Eilean Flodigarry	0Tu	187ft	☐	Eilean Garbh	0Tu	115ft	☐
Eilean Garbh	0Tu	131ft	☐	Eilean Garbh	0Tu	161ft	☐
Eilean Glas	0Tu	102ft	☐	Eilean Glas Cuilatotar	U	85ft	☐
Eilean Horrisdale	0Tu	125ft	☐	Eilean Ighe	SIB	66ft	☐
Eilean Iosal	0Tu	161ft	☐	Eilean Leathann	0Tu	125ft	☐
Eilean Lingreabhaigh	0Tu	112ft	☐	Eilean Loch Beinn a' Mheadhoin	2Tu	866ft	☐
Eilean Meadhanach	0Tu	177ft	☐	Eilean Mhic Chrion	0Tu	207ft	☐
Eilean Mhuire	0Tu	295ft	☐	Eilean Molach	0Tu	184ft	☐
Eilean Mor	0Tu	102ft	☐	Eilean Mor	1Tu	381ft	☐
Eilean Mor	0Tu	177ft	☐	Eilean Mor	0Tu	115ft	☐
Eilean Mor	0Tu	115ft	☐	Eilean Mor	0Tu	131ft	☐
Eilean Mor	0Tu	105ft	☐	Eilean Mor	0Tu	121ft	☐
Eilean Mor	0Tu	289ft	☐	Eilean Mor	0Tu	206ft	☐
Eilean Mor a' Bhaigh	0Tu	128ft	☐	Eilean Mor Lacasaidh	0Tu	128ft	☐
Eilean Mor W Stack	0Tu	197ft	☐	Eilean Mullagrach	0Tu	154ft	☐
Eilean Musimul	0Tu	115ft	☐	Eilean na Bearachd	0Tu	144ft	☐
Eilean na h-Aiteig	0Tu	98ft	☐	Eilean na Saille	0Tu	118ft	☐
Eilean nam Ban	0Tu	128ft	☐	Eilean nan Caorach	0Tu	98ft	☐
Eilean nan Gobhar	0Tu	138ft	☐	Eilean nan Muc	0Tu	138ft	☐
Eilean Orasaidh	0Tu	174ft	☐	Eilean Pollsain	0Tu	98ft	☐
Eilean Rarsaidh	0Tu	115ft	☐	Eilean Righ North Top	0Tu	144ft	☐
Eilean Rosaidh	0Tu	177ft	☐	Eilean Ruairidh Mor	0Tu	167ft	☐
Eilean Sguinean nan Creagan Briste	0Tu	136ft	☐	Eilean Shiophoirt	M	712ft	☐
Eilean Stocanais	0Tu	144ft	☐	Eilean Subhainn	SIB	118ft	☐

Eilean Thoraidh	0Tu	177ft	☐	Eilean Tighe	0Tu	194ft	☐
Eilean Tioram	0Tu	98ft	☐	Eilean Trodday	0Tu	148ft	☐
Eileanan Chearabhaigh - West	SIB	75ft	☐	Eilear na Mola	1Tu	397ft	☐
Eilligan	4Tu	1539ft	☐	Eilrig	D	1811ft	☐
Eina Stack	0Tu	98ft	☐	Eishal	0Tu	302ft	☐
Eitseal	H	732ft	☐	Eitseal Bheag	1Tu	466ft	☐
Eldinhope Knowe	4Tu	1339ft	☐	Eldinhope North Hill	3Tu	1293ft	☐
Eldrable Hill	4Tu	1365ft	☐	Eldrick Hill	4Tu	1594ft	☐
Eldrig Fell	2Tu	745ft	☐	Eleraig	2Tu	873ft	☐
Elibank Law	D	1713ft	☐	Eliogar	1Tu	577ft	☐
Elistoun Hill	Su4	1631ft	☐	Ell Rig	3Tu	1050ft	☐
Ellers Cleuch Rig	dDot	2008ft	☐	Ellershie Hill	4Tu	1381ft	☐
Ellson Fell	M	1762ft	☐	Ellson Fell South Top	4Tu	1621ft	☐
Elphin Hill	1Tu	446ft	☐	Elrick Beg	D	1643ft	☐
Elrick Hill	2Tu	663ft	☐	Elrick More	D	1693ft	☐
Elrig	S	2034ft	☐	Elrig	D	1929ft	☐
Elrig	2Tu	709ft	☐	Elrig 'ic an Toisich	S	2910ft	☐
Emily Hill	1Tu	505ft	☐	Enoch Hill	H	1867ft	☐
Enyas Hill	1Tu	463ft	☐	Eomhann Bheag	1Tu	381ft	☐
Eoranish More	1Tu	518ft	☐	Eorsa	0Tu	325ft	☐
Erie Hill	S	2264ft	☐	Eriska	0Tu	154ft	☐
Erne Tower	0Tu	177ft	☐	Erne's Stack	0Tu	230ft	☐
Erne's Stack	0Tu	180ft	☐	Erne's Stack East	0Tu	115ft	☐
Erne's Stack North	0Tu	167ft	☐	Erne's Toug	1Tu	577ft	☐

Erne's Ward	0Tu	295ft	☐	Errickstane Hill	4Tu	1529ft	☐
Esdale Law	3Tu	1171ft	☐	Esha Ness Field	0Tu	203ft	☐
Eskielawn	H	1992ft	☐	Ettrick Pen	M	2270ft	☐
Eun-tuim	2Tu	830ft	☐	Euscleit Mor	0Tu	279ft	☐
Evra Houll	1Tu	545ft	☐	Ewe Hill	D	1909ft	☐
Ewe Hill	3Tu	984ft	☐	Ewe Hill	4Tu	1601ft	☐
Ewe Hill	4Tu	1545ft	☐	Ewe Hill	3Tu	1175ft	☐
Ewe Hill	U	1844ft	☐	Ewe Hill North Top	SuD	1886ft	☐
Ewelair Hill	4Tu	1424ft	☐	Ewelairs Hill	D	1722ft	☐
Eweslees Knowe	4Tu	1470ft	☐	Ewieside Hill	2Tu	827ft	☐
Eynhallow	0Tu	131ft	☐	Faan Hill	H	568ft	☐
Fada Beag	0Tu	315ft	☐	Fada Mor	0Tu	315ft	☐
Fafernie	MuT	3281ft	☐	Fagyad Hill	U	1371ft	☐
Fair Bhuidhe	4Tu	1516ft	☐	Fair Coilich	1Tu	394ft	☐
Faire Mhor	4Tu	1601ft	☐	Faire nam Fiadh	S	2621ft	☐
Faire nan Clach Ruadha	2Tu	673ft	☐	Faither Stack	0Tu	115ft	☐
Fala Hill	3Tu	1158ft	☐	Falaisg Mhor	1Tu	492ft	☐
Falcon Craig	Dot	2374ft	☐	Fall Law	D	1831ft	☐
Fallow Hill	2Tu	869ft	☐	Fanna Hill	H	1688ft	☐
Fans Hill	2Tu	807ft	☐	Fans Hill West Top	2Tu	669ft	☐
Faochag	S	2982ft	☐	Faochag West Top	SuS	2887ft	☐
Faochaig	M	2848ft	☐	Far Cairn	2Tu	971ft	☐
Far Dundrum Plantation	2Tu	686ft	☐	Far Height	3Tu	1145ft	☐
Far Hill	D	1732ft	☐	Faraclett Head	1Tu	351ft	☐

Faradh Nighean Fhearchair	S	2891ft	☐	Faraid Head	1Tu	328ft ☐
Faray	0Tu	105ft	☐	Farland Hill	0Tu	302ft ☐
Farragon Hill	M	2567ft	☐	Farragon Hill North Top	S	2132ft ☐
Farrmheall	M	1709ft	☐	Fasach an t-Searraich	SuD	1650ft ☐
Fasheilach	S	2365ft	☐	Fashven	M	1509ft ☐
Fasset Hill	3Tu	1237ft	☐	Fastheugh Hill	H	1646ft ☐
Faugh	D	1913ft	☐	Fauldhouse Bing	2Tu	966ft ☐
Fauldshope Hill	4Tu	1565ft	☐	Faw Hill	3Tu	1086ft ☐
Faw Side	D	1726ft	☐	Fawhope Rig	3Tu	1220ft ☐
Fawside Hill	2Tu	692ft	☐	Feadan Dirigil	2Tu	787ft ☐
Feiltanish	0Tu	197ft	☐	Feinne-bheinn Bheag	H	1447ft ☐
Feinne-bheinn Bheag SW Top	4Tu	1384ft	☐	Feinne-bheinn Mhor	M	1526ft ☐
Feiriosbhal	M	1073ft	☐	Feith a' Ghiubhais	S	2224ft ☐
Feith a' Mhadaidh	SuS	2551ft	☐	Feith an Tairbh	1Tu	427ft ☐
Fell Hill	M	1368ft	☐	Fell Hill	2Tu	814ft ☐
Fell Hill	1Tu	640ft	☐	Fell Hill	1Tu	502ft ☐
Fell of Barhullion	1Tu	449ft	☐	Fell of Carleton	1Tu	479ft ☐
Fell of Fleet	M	1542ft	☐	Fell of Laghead	2Tu	958ft ☐
Fell of Talnotry	3Tu	1178ft	☐	Fellard	3Tu	1125ft ☐
Fence of Knockdon	3Tu	1079ft	☐	Ferniehirst Hill	SuD	1644ft ☐
Ferrowie	S	2629ft	☐	Ferry Hills	0Tu	233ft ☐
Fersness Hill	0Tu	292ft	☐	Feuars Hill	3Tu	1184ft ☐
Feuside Hill	4Tu	1414ft	☐	Fiacail Mhor	4Tu	1450ft ☐
Fiacaill a' Choire Chais	dMut	3743ft	☐	Fiacaill Coire an t-Sneachda	dMut	3676ft ☐

Fiacaill na Leth-choin	dMut	3553ft	☐	Fiadhairt	0Tu	125ft	☐
Fiar Chreag	2Tu	860ft	☐	Fiar Chreag West Top	2Tu	846ft	☐
Fiarach	M	2140ft	☐	Fiaraidh	0Tu	108ft	☐
Fiargall	2Tu	892ft	☐	Fidra	0Tu	108ft	☐
Fielnadringa	1Tu	650ft	☐	Fifescar Knowe	Dot	2661ft	☐
Filla	0Tu	98ft	☐	Finalty Hill	S	2969ft	☐
Finavon Fort	2Tu	674ft	☐	Finbracken Hill	1Tu	650ft	☐
Finbracks	H	2480ft	☐	Findowie Hill	D	1926ft	☐
Findowie Hill West Top	SuD	1873ft	☐	Fingland Fell	3Tu	1273ft	☐
Fingland Hill	3Tu	1208ft	☐	Finlarg Hill	3Tu	1102ft	☐
Finlate Hill	S	2024ft	☐	Finlet	SuD	1673ft	☐
Fiola Meadhonach	0Tu	112ft	☐	Fionchra	4Tu	1519ft	☐
Fionn Bheinn	M	3061ft	☐	Fionn Bheinn Mhor	3Tu	1086ft	☐
Fionna Mham	4Tu	1621ft	☐	Fionn-aird	0Tu	210ft	☐
Fionn-tom Mor	SuS	2782ft	☐	Fir Hill	0Tu	256ft	☐
Fire Hill	2Tu	663ft	☐	Fireach Ard	H	381ft	☐
Fireach Dubh	4Tu	1496ft	☐	Firestane Edge	3Tu	1158ft	☐
Firthhope Rig	Dot	2625ft	☐	Firthybrig Head	dDot	2513ft	☐
Firtree Hill	2Tu	820ft	☐	Fitful Head	M	928ft	☐
Fitty Hill	M	554ft	☐	Fiurnean	3Tu	1145ft	☐
Five Sisters Bing	2Tu	758ft	☐	Fladda	0Tu	125ft	☐
Flagstaff Hill	2Tu	702ft	☐	Flasvein	D	1965ft	☐
Fleecefaulds Hill	2Tu	696ft	☐	Fleuchlarg Hill	2Tu	928ft	☐
Flint Hill	Su4	1611ft	☐	Fliseabhal	0Tu	161ft	☐

Floak Hill	2Tu	843ft	☐	Floater Rock	0Tu	99ft	☐
Flodaigh	0Tu	157ft	☐	Flodaigh	0Tu	141ft	☐
Flodaigh	0Tu	135ft	☐	Flodaigh	SIB	82ft	☐
Flodaigh	SIB	75ft	☐	Flodaigh Beag	0Tu	105ft	☐
Flodaigh Mor	SIB	92ft	☐	Flodda Stack	0Tu	108ft	☐
Flodrasgairbhe Mor	2Tu	781ft	☐	Floidreabhal a-Muigh	2Tu	656ft	☐
Flowerburn Hill	1Tu	502ft	☐	Foal Burn Head	D	1673ft	☐
Foal's Craig	SuS	2054ft	☐	Fogla Skerry	0Tu	171ft	☐
Foglatougs	1Tu	358ft	☐	Fogli Stack	0Tu	200ft	☐
Foinaven - Ganu Mor	M	2989ft	☐	Foodie Hill	1Tu	512ft	☐
Footie Hill	1Tu	623ft	☐	Fora Ness	1Tu	328ft	☐
Fora Ness	0Tu	194ft	☐	Ford Hill	0Tu	289ft	☐
Fordyce Hill	1Tu	594ft	☐	Fore Brae	SuS	2146ft	☐
Fore Druim	1Tu	420ft	☐	Fore Hill of Glengap	3Tu	1007ft	☐
Forehill	2Tu	820ft	☐	Formal Hill	3Tu	1027ft	☐
Forret Hill	1Tu	568ft	☐	Forside Hill	H	1234ft	☐
Forsnabhal	M	673ft	☐	Fothringham Hill	H	833ft	☐
Foul Carr	0Tu	140ft	☐	Foulshiels Hill	4Tu	1457ft	☐
Fountain Hill	U	282ft	☐	Fourman Hill	M	1129ft	☐
Fox Cairn	S	2156ft	☐	Fraoch Bheinn	M	2813ft	☐
Fraoch Bheinn North Top	SuS	2801ft	☐	Fraochaidh	M	2884ft	☐
Fraochaidh East Top	SuS	2202ft	☐	Fraochaidh Far East Top	S	2358ft	☐
Fraochaidh NE Top	S	2054ft	☐	Fraoch-bheinn	S	2592ft	☐
Frith-mheallan	S	2231ft	☐	Frodaw Height	U	1716ft	☐

Fuaigh Beag	0Tu	233ft	☐	Fuar Bheinn	M	2513ft ☐
Fuar Larach	H	892ft	☐	Fuar Tholl	M	2976ft ☐
Fuaran Doire Cluig	4Tu	1539ft	☐	Fuar-tholl Mor	SuS	2526ft ☐
Fuffock Hill	3Tu	1052ft	☐	Fugla Ness	0Tu	144ft ☐
Fugla Stack	0Tu	108ft	☐	Fuidheigh	H	351ft ☐
Furra Stack	0Tu	98ft	☐	Fynloch Hill	4Tu	1312ft ☐
Gaada Stack	0Tu	108ft	☐	Gaada Stack	0Tu	105ft ☐
Gabhalach	2Tu	922ft	☐	Gaeilavore Island	0Tu	184ft ☐
Gairbeinn	M	2938ft	☐	Gairbeinn North Top	S	2849ft ☐
Gairich	M	3015ft	☐	Gairy Craig	3Tu	1253ft ☐
Gairy Hill	0Tu	217ft	☐	Gairy of Pulnee	D	1906ft ☐
Gaisgeir	0Tu	105ft	☐	Gaitnip Hill	1Tu	331ft ☐
Gala Hill	H	902ft	☐	Gallow Hill	1Tu	574ft ☐
Gallow Hill	1Tu	420ft	☐	Gallow Hill	1Tu	463ft ☐
Gallow Hill	1Tu	512ft	☐	Gallow Hill	1Tu	502ft ☐
Gallow Hill	3Tu	1129ft	☐	Gallow Hill	1Tu	620ft ☐
Gallow Hill	1Tu	577ft	☐	Gallow Hill	1Tu	430ft ☐
Gallow Hill	0Tu	289ft	☐	Gallow Hill	0Tu	325ft ☐
Gallow Hill	0Tu	223ft	☐	Gallow Hill	3Tu	1240ft ☐
Gallow Hill	1Tu	600ft	☐	Gallow Hill	1Tu	577ft ☐
Gallow Hill	1Tu	361ft	☐	Gallow Hill	0Tu	230ft ☐
Gallow Hill	2Tu	827ft	☐	Gallow Hill	2Tu	810ft ☐
Gallow Hill	2Tu	794ft	☐	Gallow Knowe	2Tu	851ft ☐
Gallow Law	3Tu	1161ft	☐	Gallow Tuag (South Walls)	0Tu	187ft ☐

Gallows Hill	3Tu	1158ft	☐	Gallows Hill	2Tu	768ft	☐
Gallows Hill	2Tu	764ft	☐	Gallows Hill	1Tu	341ft	☐
Galta Beag	0Tu	125ft	☐	Galta Mor	0Tu	184ft	☐
Galti Stack	0Tu	207ft	☐	Galti Stack	0Tu	115ft	☐
Galtway Hill	1Tu	486ft	☐	Gamescleuch Hill	4Tu	1539ft	☐
Gamla Vord	0Tu	279ft	☐	Gana Hill	H	2192ft	☐
Ganavan Hill	0Tu	237ft	☐	Gannoch	S	2398ft	☐
Garabal Hill	D	1719ft	☐	Garadh Liath	H	597ft	☐
Garbeg Hill	1Tu	463ft	☐	Garbet Hill	H	1644ft	☐
Garbh Achadh	D	1673ft	☐	Garbh Ard	1Tu	351ft	☐
Garbh Ard North Top	0Tu	322ft	☐	Garbh Bheinn	M	2844ft	☐
Garbh Bheinn	M	2904ft	☐	Garbh Cheathramh	0Tu	243ft	☐
Garbh Chioch Bheag	MuT	3177ft	☐	Garbh Chioch Bheag East Top	SuS	2732ft	☐
Garbh Chioch Mhor	M	3323ft	☐	Garbh Chnapan	3Tu	1280ft	☐
Garbh Chnoc	H	581ft	☐	Garbh Chreag	4Tu	1354ft	☐
Garbh Cruach	3Tu	1299ft	☐	Garbh Cruach West Top	3Tu	1161ft	☐
Garbh Eileach	H	361ft	☐	Garbh Eilean	0Tu	190ft	☐
Garbh Eilean	0Tu	184ft	☐	Garbh Eilean	0Tu	200ft	☐
Garbh Eilean	0Tu	115ft	☐	Garbh Eilean	SIB	82ft	☐
Garbh Innis	1Tu	502ft	☐	Garbh Mheall	S	2996ft	☐
Garbh Mheall Mor	SuS	2745ft	☐	Garbh Reisa	0Tu	148ft	☐
Garbh Shron	1Tu	512ft	☐	Garbh Shron	2Tu	735ft	☐
Garbh Shror	1Tu	587ft	☐	Garbh Thorr	3Tu	994ft	☐
Garbhal Mor	D	1716ft	☐	Garbh-bheinn	M	2652ft	☐

Garbh-bheinn	S	2812ft	☐	Garbh-charn	H	2802ft	☐
Garbh-charn South Top	D	1736ft	☐	Garbh-chnoc nan Ealachan	2Tu	768ft	☐
Garbh-Lingeigh	0Tu	102ft	☐	Garbh-mheall Beag	4Tu	1591ft	☐
Garbh-mheall Mor	D	1949ft	☐	Garbh-mheall Mor	D	1886ft	☐
Garcrogo Hill	2Tu	794ft	☐	Gardie Hill	1Tu	541ft	☐
Gardrum Moss	O	682ft	☐	Garelet Dod	H	2290ft	☐
Garelet Hill	Dot	2234ft	☐	Garleffin Fell	H	1410ft	☐
Garlet	D	1713ft	☐	Garlet Hill	4Tu	1594ft	☐
Garlick Hill	4Tu	1460ft	☐	Garmill	1Tu	463ft	☐
Garrel Hill	4Tu	1506ft	☐	Garroch Hill	1Tu	646ft	☐
Garrol Hill	3Tu	1043ft	☐	Garrow Hill	S	2418ft	☐
Gars-bheinn	H	2934ft	☐	Gart Law	4Tu	1483ft	☐
Gartcarron Hill	3Tu	1053ft	☐	Gartcarron Hill East Top	3Tu	1032ft	☐
Gartmorn Hill	U	318ft	☐	Gartnagerach Hill	1Tu	390ft	☐
Gartshore Bing	1Tu	331ft	☐	Garvald Law	D	1680ft	☐
Garwall Hill	H	1145ft	☐	Gasaval	1Tu	381ft	☐
Gask Hill	H	1175ft	☐	Gathersnow Hill	M	2257ft	☐
Geal Charn	M	3442ft	☐	Geal Charn	M	2694ft	☐
Geal Charn	H	3038ft	☐	Geal Charn	M	2638ft	☐
Geal Charn	H	2598ft	☐	Geal Charn	S	2881ft	☐
Geal Charn	S	2920ft	☐	Geal Charn	S	2873ft	☐
Geal Charn	S	2513ft	☐	Geal Charn	H	2208ft	☐
Geal Charn	SuS	2251ft	☐	Geal Charn	4Tu	1512ft	☐
Geal Charn Far North Top	SuS	2585ft	☐	Geal Charn NE Top	S	2615ft	☐

Geal Charn North Top	SuS	2621ft ☐	Geal-charn	M	3714ft ☐
Geal-charn	M	3009ft ☐	Geal-charn	MuT	3018ft ☐
Geal-charn Beag	S	2434ft ☐	Geal-charn Beag	SuS	2510ft ☐
Geal-charn Mor	M	2703ft ☐	Geallaig Hill	M	2438ft ☐
Gearr Aonach	S	2263ft ☐	Gearr Leacann	D	1831ft ☐
Gearr Leacann	SuD	1696ft ☐	Gearr Leachdann	4Tu	1342ft ☐
Gearran Island	U	102ft ☐	Gearum Mor	0Tu	157ft ☐
Genoch Inner Hill	3Tu	1115ft ☐	Geodha Brat North	0Tu	105ft ☐
Geodha Glas Head	0Tu	171ft ☐	Geodha Glas Stack	0Tu	102ft ☐
Geordie's Hill	4Tu	1522ft ☐	Georgeton Hills	3Tu	1145ft ☐
Gersit Law	1Tu	640ft ☐	Gerva Stack	0Tu	102ft ☐
Geure Dubh Mhor	1Tu	338ft ☐	Ghlas-bheinn	M	1093ft ☐
Gibb's Hole Wood	0Tu	239ft ☐	Giearol	1Tu	394ft ☐
Gilbert's Hill	2Tu	774ft ☐	Gilden's Get	0Tu	279ft ☐
Gill Hill	2Tu	873ft ☐	Gill Knowe	4Tu	1529ft ☐
Gillahill	1Tu	600ft ☐	Gillis Field	1Tu	381ft ☐
Giltarump	0Tu	217ft ☐	Ginshot Hill	1Tu	505ft ☐
Giolabhal Dubh	4Tu	1368ft ☐	Giolabhal Glas	H	1558ft ☐
Girnwood Hill	3Tu	1207ft ☐	Giur-bheinn	H	1041ft ☐
Giur-bheinn NE Top	2Tu	827ft ☐	Glac a' Chaise	D	1900ft ☐
Glac an Ailean	0Tu	322ft ☐	Glac Dhubh	2Tu	787ft ☐
Glac Dhubh NE Top	2Tu	709ft ☐	Glac nan Gamhna	3Tu	1109ft ☐
Glac nan Sgadan	3Tu	1017ft ☐	Glac Raineach	S	2421ft ☐
Glac Roineach	1Tu	331ft ☐	Glack Wood	2Tu	679ft ☐

Glaic na Crotha	*1Tu*	371ft	☐	Glaick Hill	*2Tu*	771ft	☐
Glaikhead Bing	*2Tu*	906ft	☐	Glais Bheinn	*H*	1575ft	☐
Glamaig - Sgurr Mhairi	*M*	2543ft	☐	Glas Bheinn	*M*	1644ft	☐
Glas Bheinn	*M*	2598ft	☐	Glas Bheinn	*M*	1302ft	☐
Glas Bheinn	*M*	2402ft	☐	Glas Bheinn	*H*	1824ft	☐
Glas Bheinn	*M*	2546ft	☐	Glas Bheinn	*M*	2084ft	☐
Glas Bheinn	*M*	1844ft	☐	Glas Bheinn	*M*	1549ft	☐
Glas Bheinn	*S*	2126ft	☐	Glas Bheinn	*H*	2392ft	☐
Glas Bheinn	*S*	2106ft	☐	Glas Bheinn	*4Tu*	1614ft	☐
Glas Bheinn	*2Tu*	758ft	☐	Glas Bheinn	*2Tu*	863ft	☐
Glas Bheinn	*2Tu*	909ft	☐	Glas Bheinn Bheag	*3Tu*	1148ft	☐
Glas Bheinn Mhor	*M*	3273ft	☐	Glas Bheinn Mhor	*M*	1867ft	☐
Glas Bheinn North Top	*S*	2054ft	☐	Glas Charn	*S*	2593ft	☐
Glas Dhruim	*0Tu*	230ft	☐	Glas Leathad Beag	*H*	3045ft	☐
Glas Leathad Beag West Top	*SuS*	2986ft	☐	Glas Maol	*M*	3504ft	☐
Glas Meall a' Chumhainn	*H*	2713ft	☐	Glas Mheall Beag	*S*	2892ft	☐
Glas Mheall Liath	*MuT*	3151ft	☐	Glas Mheall Mor	*MuT*	3045ft	☐
Glas Mheall Mor	*H*	2721ft	☐	Glas Mheall Mor	*H*	3214ft	☐
Glas Mheall Mor NW Top	*SuS*	2667ft	☐	Glas Mheall Mor West Top	*SuS*	3011ft	☐
Glas Shron	*3Tu*	1240ft	☐	Glas Tulaichean	*M*	3448ft	☐
Glas Tulaichean North Top	*S*	2817ft	☐	Glas-bheinn Bheag	*D*	1906ft	☐
Glas-bheinn Mhor	*M*	2136ft	☐	Glas-bheinn Mhor East Top	*SuD*	1831ft	☐
Glas-charn	*M*	2078ft	☐	Glas-charn SE Top	*SuD*	1826ft	☐
Glas-charn South Top	*SuD*	1903ft	☐	Glas-charn West Top	*SuS*	2014ft	☐

Glaschul Hill	3Tu	1181ft	☐	Glas-eilean	0Tu	105ft	☐
Glas-eilean Mor	0Tu	177ft	☐	Glas-leac Mor	0Tu	98ft	☐
Glas-leathad Feshie	S	2818ft	☐	Glas-leathad Lorgaidh	S	2760ft	☐
Glass Rig	3Tu	1001ft	☐	Glassoch Fell	1Tu	495ft	☐
Glastron Hill	1Tu	630ft	☐	Glebe Hill	0Tu	312ft	☐
Glecknabae Hill	2Tu	659ft	☐	Glen Craig	2Tu	692ft	☐
Glen Ea's Hill	D	1801ft	☐	Glenalla Fell - Fore Fell	H	1404ft	☐
Glenamachrie Hill	1Tu	587ft	☐	Glencaird Hill	3Tu	1125ft	☐
Glencarse Hill	1Tu	597ft	☐	Glendowran Hill	4Tu	1539ft	☐
Glendrian Hill	0Tu	220ft	☐	Glenduckie Hill	2Tu	715ft	☐
Glenearn Hill	2Tu	975ft	☐	Glenfarg Head	2Tu	712ft	☐
Glengaber Hill	D	1690ft	☐	Glengaber Hill	4Tu	1614ft	☐
Glengary Knowe	4Tu	1407ft	☐	Glengenny Muir	U	964ft	☐
Glengonnor Hill	4Tu	1434ft	☐	Gleniron Fell	1Tu	630ft	☐
Glenlaggan Hill	1Tu	620ft	☐	Glenlee Hill	2Tu	889ft	☐
Glenleith Fell	Dot	2008ft	☐	Glenlood Hill	D	1857ft	☐
Glenmillan Hill	U	948ft	☐	Glenmuck Craig	4Tu	1368ft	☐
Glenrath Heights	S	2402ft	☐	Glenshalg Hill	3Tu	1204ft	☐
Glenshalg Hill	3Tu	1014ft	☐	Glentenmont Height	4Tu	1352ft	☐
Glenton Hill	1Tu	571ft	☐	Glenton Hill	2Tu	860ft	☐
Glentye Hill	4Tu	1580ft	☐	Glenuig Hill	3Tu	994ft	☐
Glenuig Hill West Top	3Tu	984ft	☐	Glenvogie Fell	1Tu	381ft	☐
Glenwhappen Dod	SuD	1759ft	☐	Gleouraich	M	3396ft	☐
Glimps Holm	0Tu	105ft	☐	Gloup Holm	0Tu	167ft	☐

Name	Class	Height		Name	Class	Height	
Glower	1Tu	335ft	☐	Gluinn an Eich Bhain	2Tu	656ft	☐
Goatfell	M	2871ft	☐	Gob a' Chairn	S	2090ft	☐
Gob an Duin	0Tu	276ft	☐	Gob an Tobha	0Tu	217ft	☐
Gob Ard	1Tu	427ft	☐	Goidamol	0Tu	276ft	☐
Goirtean na Caorach	U	121ft	☐	Goldenberry Hill	H	459ft	☐
Goltonquoy Hill	0Tu	174ft	☐	Gometra	M	509ft	☐
Goodbush Hill	4Tu	1558ft	☐	Goodmans Stack	0Tu	115ft	☐
Gool Knowe	SuD	1719ft	☐	Gordi Stack	0Tu	164ft	☐
Gordonstown Hill	1Tu	584ft	☐	Gorm Chnoc	2Tu	830ft	☐
Gorm Chnoc	1Tu	584ft	☐	Gormol	M	1542ft	☐
Gormyre Hill	2Tu	774ft	☐	Gorset Hill	0Tu	272ft	☐
Goseland Hill	M	1427ft	☐	Goshen Hill	4Tu	1329ft	☐
Gossaford	1Tu	341ft	☐	Gouldrie Wood	1Tu	584ft	☐
Goyle Hill	H	1526ft	☐	Grain Heads	SuD	1745ft	☐
Grandtully Hill	H	1745ft	☐	Grandtully Hill North Top	4Tu	1421ft	☐
Grange Fell	M	1048ft	☐	Grange Hill	0Tu	121ft	☐
Grange Hill	3Tu	1257ft	☐	Grangehill	1Tu	387ft	☐
Grayrigg	2Tu	689ft	☐	Greabhal	M	919ft	☐
Great Hill	Dot	2542ft	☐	Great Hill	H	1158ft	☐
Great Hill	SuD	1772ft	☐	Great Hill	4Tu	1529ft	☐
Great Hill	4Tu	1447ft	☐	Great Hill	U	941ft	☐
Great Knock	dDot	2269ft	☐	Great Law	SuD	1670ft	☐
Great Muir	4Tu	1539ft	☐	Great Stac of Handa	0Tu	236ft	☐
Greatlaws	2Tu	761ft	☐	Greatmoor Hill	M	1965ft	☐

Green Benan	3Tu	1010ft	☐	Green Craig	1Tu	620ft	☐
Green Head	0Tu	184ft	☐	Green Hill	M	1929ft	☐
Green Hill	S	2847ft	☐	Green Hill	H	1870ft	☐
Green Hill	4Tu	1611ft	☐	Green Hill	3Tu	1309ft	☐
Green Hill	1Tu	564ft	☐	Green Hill	3Tu	1030ft	☐
Green Hill	3Tu	984ft	☐	Green Hill	2Tu	909ft	☐
Green Hill	2Tu	732ft	☐	Green Hill	2Tu	800ft	☐
Green Hill	H	1795ft	☐	Green Hill South Top	D	1765ft	☐
Green Holm	0Tu	108ft	☐	Green Humbleton	2Tu	942ft	☐
Green Knowes	3Tu	1214ft	☐	Green Law	D	1854ft	☐
Green Law	D	1736ft	☐	Green Lowther	M	2402ft	☐
Green Trough	SuS	2329ft	☐	Green Ward	1Tu	348ft	☐
Greena Hill	2Tu	728ft	☐	Greencairn	1Tu	627ft	☐
Greendykes Bing	1Tu	511ft	☐	Greendykes Bing South Top	1Tu	419ft	☐
Greeness Hill	1Tu	568ft	☐	Greenforet Hill	dDot	2021ft	☐
Greengair	4Tu	1631ft	☐	Greenside	2Tu	902ft	☐
Greenside Law	S	2110ft	☐	Greenside Law South Top	dDot	2005ft	☐
Greeny Hill	H	502ft	☐	Greenybrae Hill	0Tu	184ft	☐
Grey Hill	M	974ft	☐	Grey Hill	1Tu	430ft	☐
Grey Hill	4Tu	1316ft	☐	Grey Stack	0Tu	125ft	☐
Grey Weather Law	SuS	2336ft	☐	Grey Yade	SuD	1762ft	☐
Greymore	3Tu	1293ft	☐	Grianabhal Mor	0Tu	317ft	☐
Grianan	H	968ft	☐	Griomabhal	M	1631ft	☐
Griomasaigh	0Tu	98ft	☐	Griomasaigh	SIB	69ft	☐

Griosamol	2Tu	804ft	☐	Griosamul	3Tu	1283ft	☐
Griskerry	0Tu	108ft	☐	Gro Stack	0Tu	121ft	☐
Groba nan Each	D	1886ft	☐	Groban	M	2457ft	☐
Grodaigh	0Tu	108ft	☐	Grodhaigh	SIB	85ft	☐
Groni Stack	0Tu	151ft	☐	Gropenally	0Tu	151ft	☐
Grosa Cleit	1Tu	600ft	☐	Gruf Hill	1Tu	620ft	☐
Grumack Hill	H	1729ft	☐	Gruna Stack	0Tu	207ft	☐
Gruney	0Tu	154ft	☐	Gruti Field	2Tu	902ft	☐
Guaineamol	M	1329ft	☐	Guala an Tuir	1Tu	633ft	☐
Guala Mhor	S	2618ft	☐	Gualann	H	1512ft	☐
Gualann na Pairce	2Tu	761ft	☐	Gualann nan Osna	SuD	1778ft	☐
Gualann Sheileach	H	2013ft	☐	Guallan Mhor	3Tu	994ft	☐
Guarsaigh Mor	1Tu	367ft	☐	Gubber Hill	U	231ft	☐
Guiltree Hill	1Tu	643ft	☐	Guirasdeal	0Tu	108ft	☐
Gullane Hill	0Tu	226ft	☐	Gulvain	M	3238ft	☐
Gulvain South Top	MuT	3153ft	☐	Gump of Spurness	0Tu	174ft	☐
Gunamul	0Tu	315ft	☐	Gunna	0Tu	118ft	☐
Gurlet	S	1998ft	☐	Gurlet North Top	SuS	1975ft	☐
Guthrie Hill	1Tu	489ft	☐	Guttery Gairs	3Tu	1178ft	☐
Gwesk Hillock	U	840ft	☐	Gyran	0Tu	253ft	☐
Hadden Rig	1Tu	551ft	☐	Haggis Hill	D	1673ft	☐
Haggy Hill	4Tu	1417ft	☐	Hairtebreac	1Tu	591ft	☐
Halfmerk Hill	4Tu	1486ft	☐	Halk Law	2Tu	894ft	☐
Hall Hill	1Tu	512ft	☐	Halliburton Hill	2Tu	788ft	☐

Hallilee	2Tu	814ft	☐	Hallival	H	2369ft	☐
Halltree Rings	3Tu	1224ft	☐	Hamara Field	1Tu	367ft	☐
Hamari Field	2Tu	912ft	☐	Hamarty Hill	SuD	1778ft	☐
Hamildean Hill	3Tu	1306ft	☐	Hamilton Hill	3Tu	1217ft	☐
Hamlin Knowe	2Tu	935ft	☐	Hamma Cletts	1Tu	400ft	☐
Hammars Hill	1Tu	541ft	☐	Hammer Head	D	1683ft	☐
Hamnavoe Field	0Tu	223ft	☐	Harbour Hill	4Tu	1381ft	☐
Harden Hill Head	2Tu	774ft	☐	Hardens Hill	3Tu	1181ft	☐
Hardrig Head	D	1834ft	☐	Hare Cairn	M	1693ft	☐
Hare Hill	S	1970ft	☐	Hare Hill	4Tu	1473ft	☐
Hare Hill	U	1030ft	☐	Hare Law	SuD	1673ft	☐
Hare Law	1Tu	489ft	☐	Hare Law	1Tu	367ft	☐
Hare Law	3Tu	1306ft	☐	Hare Law	O	467ft	☐
Harelawcraigs	2Tu	873ft	☐	Hareshaw Hill	H	1532ft	☐
Hareshaw Hill	4Tu	1522ft	☐	Hareshawhill	2Tu	938ft	☐
Harestanes Heights	D	1896ft	☐	Harestone Hill	SuD	1654ft	☐
Harle Rigging	2Tu	883ft	☐	Harleburn Head	H	1791ft	☐
Harlosh Island	0Tu	174ft	☐	Harryburn Brae	4Tu	1637ft	☐
Hart Fell	M	2651ft	☐	Hart Fell	H	1086ft	☐
Hart Hill	2Tu	906ft	☐	Hart Hill	4Tu	1434ft	☐
Hart Horns	3Tu	1197ft	☐	Hartabhal	3Tu	1168ft	☐
Hartaval	M	2195ft	☐	Hartleap Knowe	4Tu	1355ft	☐
Hartree Hills	4Tu	1345ft	☐	Hartrith Rig	2Tu	974ft	☐
Hartside Hill	H	1535ft	☐	Hartwood Hill	4Tu	1312ft	☐

Hascosay	0Tu	98ft	☐	Haskeir Island	0Tu	128ft	☐
Haskeir Island NE Top	0Tu	112ft	☐	Hatharsal	1Tu	459ft	☐
Hatton Hill	2Tu	873ft	☐	Hawk Hill	0Tu	233ft	☐
Hawkhill	2Tu	728ft	☐	Hawkwood Hill	D	1801ft	☐
Hawthorn Hill	1Tu	620ft	☐	Hayston Hill	3Tu	1033ft	☐
Hazel Rig	4Tu	1336ft	☐	Hazelbank Hill	2Tu	771ft	☐
Hazelbush Hill	SuD	1673ft	☐	Hazelhope Hill	3Tu	1214ft	☐
Hazelshaw Hill	H	817ft	☐	Heabhal	H	733ft	☐
Heabhal	M	1260ft	☐	Heacla	2Tu	718ft	☐
Head of Hevdagarth	0Tu	213ft	☐	Head of Lambhoga	U	171ft	☐
Heads of Ayr	0Tu	259ft	☐	Healabhal Bheag	M	1604ft	☐
Healabhal Mhor	M	1545ft	☐	Heastabhal	1Tu	630ft	☐
Heatherland Hill	3Tu	1047ft	☐	Heathery Hill	D	1667ft	☐
Hecla	M	1988ft	☐	Heileasbhal Mor	M	1260ft	☐
Heill Head	0Tu	197ft	☐	Heillia	1Tu	351ft	☐
Heillie Stack	0Tu	108ft	☐	Heip Hill	2Tu	857ft	☐
Heiseabhal Mor	M	623ft	☐	Heisgeir A-Muigh	0Tu	144ft	☐
Heisgeir A-Muigh Middle	0Tu	112ft	☐	Heisgeir A-Muigh West	0Tu	128ft	☐
Heisgeir Eagach	0Tu	102ft	☐	Helliar Holm	SIB	92ft	☐
Helmburn Hill	3Tu	1010ft	☐	Hempland Hill	1Tu	614ft	☐
Henderland Hill	D	1742ft	☐	Henderland Hill	3Tu	1171ft	☐
Henderston Hill	3Tu	1211ft	☐	Hendry's Corse	3Tu	1183ft	☐
Henshaw Hill	4Tu	1365ft	☐	Herman Law	S	2016ft	☐
Hermaness Hill	H	656ft	☐	Hermetray	0Tu	115ft	☐

Heron Hill	2Tu	814ft	Heronryhill	1Tu	344ft
Herscha Hill	2Tu	732ft	Herta Stack	0Tu	118ft
Hestan Island	0Tu	177ft	Hestinsetter Hill	1Tu	351ft
Hetland Hill	U	536ft	Heugh Law	3Tu	1204ft
Hevda Stack	0Tu	112ft	Hevdadale Head	1Tu	328ft
Hich Holm	0Tu	151ft	High Corby Knowe	Su4	1614ft
High Germany	1Tu	525ft	High Law	0Tu	295ft
High Mount	3Tu	1197ft	High Muir	1Tu	568ft
High Murdonochee	2Tu	906ft	High Seat	3Tu	1148ft
High Slock Fell	1Tu	525ft	Higham Hill	1Tu	509ft
Highmains Hill	1Tu	338ft	Highside	2Tu	896ft
Highside Hill	3Tu	1030ft	Highside Hill	1Tu	643ft
Hightown Hill	2Tu	819ft	Hildasay	0Tu	105ft
Hill of Adenaich	D	1814ft	Hill of Airds Moss	O	758ft
Hill of Airlie	2Tu	938ft	Hill of Aitnoch	4Tu	1355ft
Hill of Allargue	D	1831ft	Hill of Alvah	1Tu	584ft
Hill of Alyth	H	984ft	Hill of Ardtannes	1Tu	522ft
Hill of Arisdale	M	689ft	Hill of Ascog	1Tu	341ft
Hill of Ashmore	3Tu	1283ft	Hill of Bainshole	3Tu	1070ft
Hill of Balquhindachy	1Tu	476ft	Hill of Bardister	1Tu	344ft
Hill of Barnweil	1Tu	502ft	Hill of Beath	2Tu	787ft
Hill of Bellaty	3Tu	1263ft	Hill of Belnagoak	1Tu	581ft
Hill of Beltie	1Tu	640ft	Hill of Bixsetter	0Tu	249ft
Hill of Blackford	2Tu	715ft	Hill of Blairfowl	1Tu	499ft

Hill of Bourtie	1Tu	643ft	☐	Hill of Bouster	1Tu	367ft	☐
Hill of Brackans	1Tu	614ft	☐	Hill of Braewick	0Tu	207ft	☐
Hill of Brathens	1Tu	592ft	☐	Hill of Brunt Hamarsland	0Tu	266ft	☐
Hill of Buchromb	2Tu	745ft	☐	Hill of Burwick	1Tu	351ft	☐
Hill of Cairnton	1Tu	443ft	☐	Hill of Cally	3Tu	1145ft	☐
Hill of Camb	H	413ft	☐	Hill of Cammie	S	2028ft	☐
Hill of Candacraig	D	1736ft	☐	Hill of Carlincraig	1Tu	630ft	☐
Hill of Carslogie	0Tu	285ft	☐	Hill of Cat	H	2434ft	☐
Hill of Chattie	1Tu	362ft	☐	Hill of Christ's Kirk	H	1020ft	☐
Hill of Clais nan Earb	H	1719ft	☐	Hill of Cleftbog	U	600ft	☐
Hill of Clibberswick	H	525ft	☐	Hill of Clindrag	0Tu	308ft	☐
Hill of Coldwells	1Tu	330ft	☐	Hill of Colvadale	1Tu	394ft	☐
Hill of Conerock	2Tu	915ft	☐	Hill of Corrachree	H	965ft	☐
Hill of Corskie	4Tu	1378ft	☐	Hill of Couternach	H	1680ft	☐
Hill of Crannabog	2Tu	692ft	☐	Hill of Crooksetter	1Tu	381ft	☐
Hill of Cruchie	1Tu	472ft	☐	Hill of Cruester	0Tu	167ft	☐
Hill of Culbirnie	1Tu	518ft	☐	Hill of Cummerton	SuD	1663ft	☐
Hill of Cumrie	2Tu	674ft	☐	Hill of Dale	1Tu	574ft	☐
Hill of Dalnapot	3Tu	1007ft	☐	Hill of Dalsetter	0Tu	315ft	☐
Hill of Dens	1Tu	551ft	☐	Hill of Dores	2Tu	879ft	☐
Hill of Draidland	1Tu	600ft	☐	Hill of Drumwhindle	1Tu	341ft	☐
Hill of Duchery	D	1818ft	☐	Hill of Dudwick	1Tu	571ft	☐
Hill of Dun	2Tu	679ft	☐	Hill of Dunmeath	3Tu	1155ft	☐
Hill of Dunnideer	2Tu	879ft	☐	Hill of Easter Echt	1Tu	479ft	☐

Hill of Edendocher	SuD	1893ft	☐	Hill of Edzell	2Tu	748ft	☐
Hill of Fare	M	1545ft	☐	Hill of Feilie	0Tu	217ft	☐
Hill of Fetterangus	1Tu	433ft	☐	Hill of Finavon	2Tu	751ft	☐
Hill of Finavon East Top	U	709ft	☐	Hill of Fishrie	2Tu	748ft	☐
Hill of Flinder	2Tu	960ft	☐	Hill of Foradale	1Tu	371ft	☐
Hill of Fortrose	H	630ft	☐	Hill of Foudland	M	1532ft	☐
Hill of Foulzie	1Tu	440ft	☐	Hill of Franklyden	3Tu	994ft	☐
Hill of Frendraught	2Tu	751ft	☐	Hill of Gairney	S	2480ft	☐
Hill of Garbet	D	1906ft	☐	Hill of Gardin	H	459ft	☐
Hill of Garvock	M	909ft	☐	Hill of Glanderston	2Tu	741ft	☐
Hill of Glansie	S	2382ft	☐	Hill of Glasserton	1Tu	404ft	☐
Hill of Glenroads	D	1936ft	☐	Hill of Goauch	H	1106ft	☐
Hill of Gorthleck	2Tu	823ft	☐	Hill of Gothie	4Tu	1470ft	☐
Hill of Gourdie	1Tu	518ft	☐	Hill of Greenfold	2Tu	719ft	☐
Hill of Greenstile	SuD	1703ft	☐	Hill of Griesta	U	383ft	☐
Hill of Gutcher	0Tu	233ft	☐	Hill of Haggrister	1Tu	354ft	☐
Hill of Hamarsland	H	518ft	☐	Hill of Harland	0Tu	203ft	☐
Hill of Heddle	1Tu	443ft	☐	Hill of Heodale	1Tu	407ft	☐
Hill of Herrislee	1Tu	449ft	☐	Hill of Janetstown	3Tu	1053ft	☐
Hill of Johnston	2Tu	860ft	☐	Hill of Keir	2Tu	728ft	☐
Hill of Kinellar	1Tu	509ft	☐	Hill of Kingseat	3Tu	1276ft	☐
Hill of Kirkforthar	1Tu	515ft	☐	Hill of Kirriemuir	1Tu	633ft	☐
Hill of Knocknashalg	D	1903ft	☐	Hill of Lee	0Tu	302ft	☐
Hill of Lendrum	1Tu	558ft	☐	Hill of Lethendry	3Tu	1106ft	☐

Hill of Lethendy	1Tu	502ft	☐	Hill of Lethenty	1Tu	367ft	☐
Hill of Lieurary	1Tu	449ft	☐	Hill of Lightnot	1Tu	564ft	☐
Hill of Little Folla	1Tu	620ft	☐	Hill of Loanhead	1Tu	531ft	☐
Hill of Longhaven	1Tu	374ft	☐	Hill of Loyal	2Tu	899ft	☐
Hill of Lundie	2Tu	801ft	☐	Hill of Lussetter	1Tu	341ft	☐
Hill of Lynedardy	1Tu	446ft	☐	Hill of Maryfield	U	482ft	☐
Hill of Maud	2Tu	899ft	☐	Hill of Megray	U	404ft	☐
Hill of Mid Clyth	1Tu	538ft	☐	Hill of Midgate	1Tu	505ft	☐
Hill of Midland	1Tu	518ft	☐	Hill of Miffia	H	518ft	☐
Hill of Milleath	3Tu	1053ft	☐	Hill of Mondurran	S	1976ft	☐
Hill of Montsnaught	2Tu	817ft	☐	Hill of Morphie	1Tu	486ft	☐
Hill of Moustoft	H	577ft	☐	Hill of Mulderie	H	1020ft	☐
Hill of Mulundy	2Tu	787ft	☐	Hill of Mungo	1Tu	651ft	☐
Hill of Newleslie	2Tu	935ft	☐	Hill of Newton	1Tu	443ft	☐
Hill of Newtongarry	2Tu	676ft	☐	Hill of Nigg	M	673ft	☐
Hill of Noth	D	1711ft	☐	Hill of Ochiltree	O	603ft	☐
Hill of Oldmerdrum	3Tu	1237ft	☐	Hill of Olligarth	0Tu	230ft	☐
Hill of Olrig	1Tu	463ft	☐	Hill of Ord	1Tu	466ft	☐
Hill of Oxnabool	2Tu	669ft	☐	Hill of Persie	M	1462ft	☐
Hill of Phones	3Tu	1010ft	☐	Hill of Pitcalnie	2Tu	656ft	☐
Hill of Pitcow	1Tu	587ft	☐	Hill of Redhall	1Tu	620ft	☐
Hill of Retanach	2Tu	871ft	☐	Hill of Rothmaise	H	856ft	☐
Hill of Rowan	3Tu	1247ft	☐	Hill of Sandvoe	1Tu	397ft	☐
Hill of Sandwick	0Tu	213ft	☐	Hill of Selbie	1Tu	623ft	☐

Hill of Setter	0Tu	295ft	☐	Hill of Shandwick	U	276ft	☐
Hill of Shebster	1Tu	436ft	☐	Hill of Shurton	1Tu	581ft	☐
Hill of Skares	3Tu	1079ft	☐	Hill of Skea	0Tu	269ft	☐
Hill of Skellister	1Tu	348ft	☐	Hill of Skilmafilly	1Tu	577ft	☐
Hill of Skurron	1Tu	469ft	☐	Hill of Snowy Slack	SuD	1955ft	☐
Hill of Spott	4Tu	1480ft	☐	Hill of Stake	M	1713ft	☐
Hill of Stemster	1Tu	420ft	☐	Hill of Stracathro	1Tu	427ft	☐
Hill of Strone	H	2781ft	☐	Hill of Strone	SuD	1680ft	☐
Hill of Susetter	1Tu	574ft	☐	Hill of Swanley	2Tu	751ft	☐
Hill of Tagdale	1Tu	433ft	☐	Hill of Tain	2Tu	945ft	☐
Hill of Talnamounth	3Tu	1243ft	☐	Hill of Tarvit	2Tu	692ft	☐
Hill of Tertowie	1Tu	505ft	☐	Hill of the Wangie	M	1047ft	☐
Hill of Three Stones	S	2073ft	☐	Hill of Three Stones	2Tu	955ft	☐
Hill of Tillymorgan	M	1249ft	☐	Hill of Tolquhon	1Tu	459ft	☐
Hill of Tornahaish	4Tu	1496ft	☐	Hill of Towie	3Tu	1112ft	☐
Hill of Troup	2Tu	699ft	☐	Hill of Trusta	3Tu	1053ft	☐
Hill of Trustach	1Tu	586ft	☐	Hill of Turlundie	1Tu	653ft	☐
Hill of Urchany	2Tu	741ft	☐	Hill of Vigon	1Tu	367ft	☐
Hill of Watten	0Tu	269ft	☐	Hill of Westfield	2Tu	764ft	☐
Hill of White Cow Wood	1Tu	466ft	☐	Hill of Whitecross	2Tu	682ft	☐
Hill of Wirren	M	2224ft	☐	Hill of Wrae	1Tu	456ft	☐
Hill of Yarrows	2Tu	696ft	☐	Hill of Ythsie	1Tu	390ft	☐
Hill Park	D	1867ft	☐	Hill Park South Top	D	1837ft	☐
Hillend Hill	4Tu	1598ft	☐	Hillfield Crescent	0Tu	255ft	☐

Hillfoot Hill	4Tu	1450ft	☐	Hillhead Hill	1Tu	364ft	☐
Hillhead Hill	2Tu	830ft	☐	Hillquoy	1Tu	328ft	☐
Hillshaw Head	S	2139ft	☐	Hilton Hill	U	253ft	☐
Hilton Wood	2Tu	696ft	☐	Hind Hill	2Tu	971ft	☐
Hinda Stack	0Tu	164ft	☐	Hindside Hill	2Tu	889ft	☐
Hirsel Law	0Tu	312ft	☐	Hitteril Hill	4Tu	1611ft	☐
Hods Hill	M	1867ft	☐	Hog Fell	3Tu	1217ft	☐
Hog Hill	3Tu	1024ft	☐	Hog Hill	4Tu	1598ft	☐
Hog Hill	3Tu	1309ft	☐	Hog Hill	3Tu	1201ft	☐
Hog Hill	3Tu	1154ft	☐	Hog Knowes	SuD	1690ft	☐
Hogan	0Tu	230ft	☐	Hogs Law	4Tu	1473ft	☐
Hoiliff	0Tu	246ft	☐	Holasmul	2Tu	787ft	☐
Holehead	D	1811ft	☐	Holehouse Hill	3Tu	1310ft	☐
Hollandstoun Hill (North Ronaldsay)	SIB	75ft	☐	Holm Field	H	951ft	☐
Holm Hill	U	947ft	☐	Holm of Faray	SIB	62ft	☐
Holm of Noss	0Tu	148ft	☐	Holmhead Hill	3Tu	1118ft	☐
Holpur	0Tu	171ft	☐	Home Law	4Tu	1352ft	☐
Hoo Field	2Tu	656ft	☐	Hoo Field	1Tu	361ft	☐
Hoo Kame	H	686ft	☐	Hoo Stack	0Tu	112ft	☐
Hoodens Hill	D	1864ft	☐	Hoole Hill	2Tu	974ft	☐
Hoole Hill SW Top	2Tu	909ft	☐	Hope Head	D	1703ft	☐
Hopetoun Craig	S	2077ft	☐	Hophills Nob	3Tu	1178ft	☐
Hoppringle Hill	3Tu	1122ft	☐	Horse Hope Hill	D	1942ft	☐
Horse Island	0Tu	131ft	☐	Horse Pow Hill	4Tu	1598ft	☐

Houlland Hill	0Tu	203ft	Houllna Gruna	1Tu	502ft
Hound Hillock	D	1700ft	Housa Field	0Tu	315ft
Housay Field	0Tu	125ft	Houss Ness	0Tu	128ft
How Law	2Tu	814ft	Howden Hill	2Tu	745ft
Howgate Hill	4Tu	1476ft	Hownam Law	M	1473ft
Hownam Steeple	2Tu	886ft	Hoxa Hill	0Tu	197ft
Hoy	0Tu	167ft	Hu Field	U	249ft
Hudderstone	H	2054ft	Huiseabhal Beag	3Tu	1004ft
Huiseabhal Mor	M	1604ft	Humblemoor Hill	H	1191ft
Hume Castle	2Tu	735ft	Humla Stack	0Tu	180ft
Hunda	0Tu	138ft	Hundi Stack	0Tu	246ft
Hundland Hill	1Tu	348ft	Hundleshope Heights	dDot	2251ft
Hunt Hill	M	2313ft	Hunt Hill	H	758ft
Hunt Hill	Su4	1624ft	Hunt Law	S	2096ft
Hunt Law	D	1755ft	Hunt Law North Top	Su4	1617ft
Hunt Law NW Top	SuD	1716ft	Hunters Hill	2Tu	669ft
Huntly Cot Hills	SuD	1742ft	Huntly Hill East Top	3Tu	1158ft
Hurda Field	1Tu	390ft	Hurlet Hill	0Tu	217ft
Hut Knowe	3Tu	1178ft	Hutlerburn Hill	3Tu	1178ft
Hyter	0Tu	105ft	Idzholm Hill	1Tu	348ft
Ileach Bhan	S	2539ft	Inchcolm	0Tu	103ft
Inchconnachan	0Tu	164ft	Inchfad	SIB	79ft
Inchie Hill	0Tu	174ft	Inchkeith	0Tu	194ft
Inchmarnock	0Tu	197ft	Inchmoan	SIB	49ft

Inchmulloch Hill	1Tu	400ft	☐	Inchtavannach South	0Tu	180ft	☐
Inner Hill	3Tu	1014ft	☐	Innerdouny Hill	M	1631ft	☐
Innerdownie	S	2001ft	☐	Innis Ard	1Tu	571ft	☐
Innis Riabhach	3Tu	1024ft	☐	Insh Hill	3Tu	1053ft	☐
Insh Island	0Tu	226ft	☐	Inshanks Fell	1Tu	538ft	☐
Inverawe Woods Hill	0Tu	305ft	☐	Inveryne Barr	0Tu	276ft	☐
Ionasaoidhneas Mhor	1Tu	361ft	☐	Iorguill	S	2867ft	☐
Iosaigh	0Tu	102ft	☐	Irish Law	4Tu	1588ft	☐
Ironhash Hill	1Tu	468ft	☐	Ironside Hill	3Tu	1161ft	☐
Island Davaar	H	377ft	☐	Island Macaskin	0Tu	213ft	☐
Isle Martin	H	404ft	☐	Isle of Fethaland	0Tu	210ft	☐
Isle of May	0Tu	167ft	☐	Isle of West Burrafirth	0Tu	148ft	☐
Isle Ristol	0Tu	236ft	☐	Jacksbank	2Tu	740ft	☐
James's Hill	2Tu	928ft	☐	Jeaniefield Hill	2Tu	978ft	☐
Jedburgh Knees	dDot	2037ft	☐	Jeffries Corse North Top	dDot	2011ft	☐
Jock's Craig	1Tu	630ft	☐	Jock's Hill	4Tu	1565ft	☐
Jock's Shoulder	D	1759ft	☐	Jockstown Hill	1Tu	412ft	☐
John's Hill	4Tu	1585ft	☐	Kailrine Hill	Su4	1611ft	☐
Kaim Hill	3Tu	1270ft	☐	Kaimes Hill	2Tu	850ft	☐
Kaims of Airlie	2Tu	692ft	☐	Kame of Corrigall	1Tu	597ft	☐
Kame of Sandwick	1Tu	548ft	☐	Kames Hill	2Tu	883ft	☐
Kat Fell	0Tu	299ft	☐	Kebbuck Knowe	SuS	2205ft	☐
Kedlock Hill	1Tu	535ft	☐	Keelylang Hill	M	725ft	☐
Keen of Hamar	0Tu	292ft	☐	Keil Hill	1Tu	358ft	☐

Keir Brae	1Tu	457ft	☐	Keir Hill	0Tu	197ft	☐
Keirs Hill	3Tu	1007ft	☐	Keith Hill	1Tu	576ft	☐
Keith Hills	1Tu	640ft	☐	Kellie Law	1Tu	604ft	☐
Kelton Hill	1Tu	397ft	☐	Kemnay Hill	1Tu	420ft	☐
Kemps Hill	3Tu	1134ft	☐	Kenick Hill	2Tu	863ft	☐
Kenlum Hill	H	1001ft	☐	Kenmore Hill	2Tu	833ft	☐
Kenmure Hill	0Tu	253ft	☐	Kennapole Hill	H	1263ft	☐
Kenshot Hill	2Tu	659ft	☐	Kenzie's Tower	0Tu	138ft	☐
Keoch Rig	Dot	2009ft	☐	Kerloch	M	1752ft	☐
Kerran Hill	2Tu	791ft	☐	Kerryfearn Hill	1Tu	449ft	☐
Kiddam Hill	3Tu	1270ft	☐	Kidlaw Hill	SuD	1673ft	☐
Kier Fiold	0Tu	194ft	☐	Kierfea Hill	H	771ft	☐
Kil Craigs	2Tu	961ft	☐	Kilbraur Hill	3Tu	1063ft	☐
Kilbride Hill	3Tu	1299ft	☐	Kilbride Hill	2Tu	840ft	☐
Kildoach Hill	3Tu	1162ft	☐	Kilduff Hill	1Tu	453ft	☐
Killantringan Fell	1Tu	495ft	☐	Killelan Hill	1Tu	512ft	☐
Killin Rock	2Tu	705ft	☐	Killoch Colliery Hill	1Tu	602ft	☐
Killoeter	3Tu	984ft	☐	Killpallet Rig	U	1470ft	☐
Killyleoch Hill	M	786ft	☐	Killymingan Hill	1Tu	518ft	☐
Kilmaron Hill	1Tu	482ft	☐	Kilmoray	4Tu	1388ft	☐
Kilmory Lodge Hill	1Tu	492ft	☐	Kiln Hill	U	346ft	☐
Kilnair Hill	3Tu	1076ft	☐	Kilncadzow Law	3Tu	1050ft	☐
Kilvaree Hill	1Tu	397ft	☐	Kinbeachie Hill	1Tu	397ft	☐
Kinblethmont Hill	0Tu	269ft	☐	Kinbrace Hill	2Tu	958ft	☐

Kincraig Hill	0Tu	213ft	☐	Kindrochet Hill	U	367ft	☐
Kindrogan Hill	4Tu	1624ft	☐	King Seat	4Tu	1519ft	☐
Kingarth Hill	2Tu	823ft	☐	King's Park	0Tu	226ft	☐
King's Seat	M	1237ft	☐	King's Seat	2Tu	968ft	☐
King's Seat	1Tu	528ft	☐	King's Seat Hill	H	2126ft	☐
King's Seat Hill	0Tu	192ft	☐	Kingshill	2Tu	699ft	☐
Kingside Edge	3Tu	1041ft	☐	Kingston Hill	0Tu	300ft	☐
Kinnaird Hill	2Tu	820ft	☐	Kinnel Knock	2Tu	745ft	☐
Kinnettles Hill	1Tu	551ft	☐	Kinninghall Hill	2Tu	719ft	☐
Kinnoull Hill	2Tu	728ft	☐	Kinpurney Hill	3Tu	1132ft	☐
Kinsadel Hill	0Tu	200ft	☐	Kintallan Hill	0Tu	246ft	☐
Kippen Muir	1Tu	633ft	☐	Kippit Hill	2Tu	860ft	☐
Kipps of Downies	1Tu	643ft	☐	Kirbuster Hill	1Tu	335ft	☐
Kircram	4Tu	1329ft	☐	Kirk Hill	H	850ft	☐
Kirk Hill	3Tu	1155ft	☐	Kirk Hill	2Tu	850ft	☐
Kirk Hill	3Tu	1302ft	☐	Kirk Hill	2Tu	925ft	☐
Kirk Hill	0Tu	259ft	☐	Kirkbride Hill	1Tu	656ft	☐
Kirkbride Hill	1Tu	558ft	☐	Kirkeoch Hill	0Tu	295ft	☐
Kirkhill	0Tu	204ft	☐	Kirkhope Law	D	1762ft	☐
Kirkie Hill	0Tu	249ft	☐	Kirkland Hill	M	1677ft	☐
Kirkland Hill	2Tu	974ft	☐	Kirklea	H	1535ft	☐
Kirkmichael Fell	2Tu	909ft	☐	Kirkpatrick Hill	1Tu	400ft	☐
Kirkslight Hill	3Tu	988ft	☐	Kirkton Hill	0Tu	289ft	☐
Kirkton Hill	2Tu	830ft	☐	Kirkton Hill	2Tu	902ft	☐

Name	Class	Height		Name	Class	Height
Kirn Law	4Tu	1352ft	☐	Kirnashie Hill	1Tu	531ft	☐
Kirnie Law	4Tu	1539ft	☐	Kirriemore Hill	4Tu	1499ft	☐
Kirriereoch Hill	M	2581ft	☐	Kirriereoch Hill (boundary)	HCT	2566ft	☐
Kirtlehead Hill	3Tu	1030ft	☐	Kirvennie Hill	0Tu	266ft	☐
Kittyflat	3Tu	1171ft	☐	Knachly	4Tu	1604ft	☐
Knap of Trowieglen	M	1309ft	☐	Knapps	D	1798ft	☐
Knappy Park	U	599ft	☐	Knee of Cairnsmore	S	2156ft	☐
Kneedeep	D	1952ft	☐	Knight's Peak	S	2999ft	☐
Knock Craggie	2Tu	801ft	☐	Knock Crossibeg	1Tu	495ft	☐
Knock Farril	2Tu	715ft	☐	Knock Fell	1Tu	574ft	☐
Knock Frink	3Tu	1247ft	☐	Knock Hill	M	1411ft	☐
Knock Hill	H	1194ft	☐	Knock Hill	2Tu	892ft	☐
Knock Hill	SuD	1685ft	☐	Knock Hill	2Tu	928ft	☐
Knock Hill	2Tu	715ft	☐	Knock Hill	0Tu	299ft	☐
Knock Hills	3Tu	1109ft	☐	Knock Jargon	2Tu	758ft	☐
Knock Leaven	3Tu	1135ft	☐	Knock Mary	1Tu	592ft	☐
Knock More	3Tu	1168ft	☐	Knock of Allachie	2Tu	919ft	☐
Knock of Balmyle	4Tu	1459ft	☐	Knock of Braemoray	M	1496ft	☐
Knock of Crieff	M	915ft	☐	Knock of Formal	3Tu	1160ft	☐
Knock of Lawsie	SuD	1864ft	☐	Knock Ruan	1Tu	594ft	☐
Knock Saul	4Tu	1352ft	☐	Knock Scalbart	H	710ft	☐
Knock Wood	3Tu	1204ft	☐	Knockali	4Tu	1329ft	☐
Knockan	M	1220ft	☐	Knockandy Hill	H	1424ft	☐
Knockargety	2Tu	876ft	☐	Knockbain	1Tu	633ft	☐

Knockbrake	1Tu	643ft	☐	Knockclune	2Tu	797ft	☐
Knockdal Ring	3Tu	1286ft	☐	Knockdaw Hill	H	853ft	☐
Knockdhu	1Tu	564ft	☐	Knockdhu	2Tu	755ft	☐
Knockdolian	M	869ft	☐	Knockeans Hill	H	974ft	☐
Knockeen	3Tu	1138ft	☐	Knockeffrick Hill	0Tu	299ft	☐
Knockenae	U	786ft	☐	Knockencorsan	3Tu	1091ft	☐
Knockendurrick	2Tu	873ft	☐	Knockenhair	H	1329ft	☐
Knockenshag	4Tu	1444ft	☐	Knockfin Heights	4Tu	1437ft	☐
Knockfullertree	2Tu	978ft	☐	Knockie	2Tu	860ft	☐
Knockie Branar	S	1988ft	☐	Knockie Lodge Hill	2Tu	958ft	☐
Knockilsine	3Tu	1017ft	☐	Knockinculloch	3Tu	1168ft	☐
Knockinglews	2Tu	781ft	☐	Knockinhaglish Hill	1Tu	382ft	☐
Knocklea Hill	3Tu	1230ft	☐	Knockmade	2Tu	782ft	☐
Knockman Hill	3Tu	1063ft	☐	Knockmountain	1Tu	607ft	☐
Knockormal Hill	2Tu	705ft	☐	Knockour Hill - Mount Misery	H	577ft	☐
Knockower	D	1677ft	☐	Knockrocher Knowe	1Tu	650ft	☐
Knockstapple	1Tu	420ft	☐	Knocktall	0Tu	266ft	☐
Knockteenan	1Tu	456ft	☐	Knockton	4Tu	1604ft	☐
Knockwhirn	D	1640ft	☐	Knowe Dod	4Tu	1444ft	☐
Knowe Head	O	479ft	☐	Knowe of Burgarth	0Tu	280ft	☐
Knowehead Hill	3Tu	1257ft	☐	Knowes Hill	H	1227ft	☐
Knowes of Bratta	0Tu	299ft	☐	Knowes of Lunnister	0Tu	217ft	☐
Knoweside Hill	2Tu	928ft	☐	Knox Hill	1Tu	522ft	☐
Knox Hill	1Tu	495ft	☐	Kye Hill	3Tu	1266ft	☐

Hill	Class	Height		Hill	Class	Height	
Kyles Hill	2Tu	935ft	☐	Kynballoch Hill	2Tu	958ft	☐
Ladder Law	4Tu	1460ft	☐	Ladhar Bheinn	M	3346ft	☐
Ladhar Bheinn Far South Top	S	2815ft	☐	Ladhar Bheinn North Top	S	2270ft	☐
Ladhar Bheinn South Top	SuS	2778ft	☐	Ladhope Moor	3Tu	1050ft	☐
Ladshaw Fell	4Tu	1526ft	☐	Lady Cairn	D	1713ft	☐
Lady Hill	2Tu	679ft	☐	Ladylea Hill	M	1998ft	☐
Ladyurd Hill	D	1722ft	☐	Lag na Saill	1Tu	600ft	☐
Laggan Hill	1Tu	505ft	☐	Laggan Hill	3Tu	1276ft	☐
Laggan Hill	2Tu	659ft	☐	Laggan Hill	2Tu	883ft	☐
Laggandhu Hill	4Tu	1319ft	☐	Laght Hill	D	1663ft	☐
Laglass Hill	SuD	1798ft	☐	Laibheal a' Deas	D	1644ft	☐
Laibheal a Tuath	H	1654ft	☐	Laidie Hill	0Tu	279ft	☐
Laidlawstiel Hill	3Tu	1083ft	☐	Laiken Brae	U	286ft	☐
Lair of Aldararie	SuS	2728ft	☐	Laird's Cleuch Rig	S	2244ft	☐
Lamachan Hill	M	2351ft	☐	Lamahip	4Tu	1325ft	☐
Lamb Hill	4Tu	1384ft	☐	Lamb Holm	SIB	66ft	☐
Lamb Knowe	dDot	2172ft	☐	Lamb Knowe	2Tu	892ft	☐
Lamb Law	SuD	1818ft	☐	Lamba	0Tu	115ft	☐
Lamberton Hill	M	712ft	☐	Lambhill	1Tu	574ft	☐
Lambigart Stack	0Tu	112ft	☐	Lamblair Hill	Su4	1634ft	☐
Lamblair Knowe	SuD	1719ft	☐	Lamford Hill	3Tu	1309ft	☐
Lamgarroch	D	1880ft	☐	Lamh an Sgeire Moire	0Tu	98ft	☐
Lamh Dhearg	D	1886ft	☐	Lamington Hill	M	1614ft	☐
Lammer Law	H	1736ft	☐	Lanchestoo	H	427ft	☐

Lang Cole	0Tu	213ft	☐	Lang Stack	0Tu	164ft	☐
Langgadlie Hill	4Tu	1470ft	☐	Langlaw Hill	H	1210ft	☐
Langracleit	1Tu	545ft	☐	Langside Law	3Tu	1293ft	☐
Langskaill Hill	U	112ft	☐	Langwell Hill	2Tu	696ft	☐
Lanton Hill	2Tu	925ft	☐	Larach Hill	1Tu	614ft	☐
Larg Hill	S	2218ft	☐	Larg Hill	H	1444ft	☐
Larg Hill	1Tu	577ft	☐	Larglanglee Hill	2Tu	942ft	☐
Larglear Hill	2Tu	925ft	☐	Largo Law	M	951ft	☐
Larig Fell	1Tu	640ft	☐	Larig Hill	H	1788ft	☐
Larriston Fells	M	1680ft	☐	Lary Hill	D	1722ft	☐
Latchly Hill	4Tu	1348ft	☐	Lathalmond Hill	2Tu	804ft	☐
Lauchintilly Hill	1Tu	600ft	☐	Lauder Common	3Tu	1240ft	☐
Laughenghie Hill	2Tu	860ft	☐	Laughing Law	3Tu	1010ft	☐
Laverhay Height	4Tu	1588ft	☐	Law Hill	2Tu	663ft	☐
Law Hill	1Tu	584ft	☐	Law Hill	0Tu	279ft	☐
Law Kneis	M	1635ft	☐	Law of Dumbuils	1Tu	354ft	☐
Law of Lumgair	1Tu	492ft	☐	Law of Maudslie	2Tu	669ft	☐
Lawel Hill	H	774ft	☐	Lawglass	H	1270ft	☐
Lawhead Hill	1Tu	561ft	☐	Laws Hill	1Tu	436ft	☐
Laxo Knowe	1Tu	433ft	☐	Leaba Bhaltair	SuS	2149ft	☐
Leaba Bhruic	H	2251ft	☐	Leac a' Bharraich	SIB	46ft	☐
Leac a' Bheithe	2Tu	659ft	☐	Leac a' Chaisteil	S	2490ft	☐
Leac an Fhidleir	4Tu	1489ft	☐	Leac an Taobhain	S	2726ft	☐
Leac Chorrach	SuD	1929ft	☐	Leac Easgadail	3Tu	1096ft	☐

Name	Class	Height		Name	Class	Height
Leac Eidhne	1Tu	420ft	☐	Leac Fhola	3Tu	1030ft ☐
Leac Ghorm	D	1946ft	☐	Leac na Carnaich	H	1867ft ☐
Leac nam Buidheag	D	1824ft	☐	Leac nan Cisteachan	D	1936ft ☐
Leac nan Fionn	3Tu	1247ft	☐	Leac nan Gaidhseich	U	2150ft ☐
Leac nan Uan	S	2277ft	☐	Leac Shoilleir	4Tu	1463ft ☐
Leacainn	D	1729ft	☐	Leacan Dubha	S	2106ft ☐
Leacann Amarach	SuS	2473ft	☐	Leacann Chorrach	S	2608ft ☐
Leacann Doire Bainneir	S	2113ft	☐	Leacann na Sguabaich	S	2952ft ☐
Leacann nan Gall	D	1864ft	☐	Leachd Dhubh	3Tu	1224ft ☐
Leachd nan Saighead	D	1880ft	☐	Leachdann Feith Seasgachain	SuS	2569ft ☐
Leachdann Feith Seasgachain South	S	2533ft	☐	Leachie Hill	3Tu	1299ft ☐
Lead Law	3Tu	1138ft	☐	Leadburn Rig	4Tu	1535ft ☐
Leagag	M	1972ft	☐	Leakin Hill	0Tu	259ft ☐
Leana Mhor	M	2244ft	☐	Leana Mhor	M	2218ft ☐
Leap Hill	4Tu	1549ft	☐	Leap Hill	3Tu	1048ft ☐
Learney Hill	3Tu	1161ft	☐	Leathabhal	H	597ft ☐
Leathad an Seamraig	1Tu	436ft	☐	Leathad an Seamraig South Top	1Tu	417ft ☐
Leathad an Taobhain	M	2991ft	☐	Leathad an Taobhain West Top	SuS	2957ft ☐
Leathad Bheithe	2Tu	814ft	☐	Leathad Bheithe East Top	2Tu	745ft ☐
Leathad Buidhe	D	1834ft	☐	Leathad Chrithinn	2Tu	758ft ☐
Leathad Chrithinn NE Top	2Tu	728ft	☐	Leathad Gaothach	S	2769ft ☐
Leathad Ghaicarain	U	886ft	☐	Leathad Mor	M	1795ft ☐
Leathad Mor	1Tu	571ft	☐	Leathad na Lice	S	2564ft ☐
Leathad na Steisig	2Tu	974ft	☐	Leathad nan Craobh Fearna	4Tu	1496ft ☐

Leathad Riabhach	4Tu	1476ft	☐	Leathad Salach	2Tu	778ft ☐
Leathbhal	0Tu	226ft	☐	Leccamore	0Tu	279ft ☐
Lecket Hill	D	1795ft	☐	Lee Field	1Tu	387ft ☐
Lee Pen	D	1647ft	☐	Leera Stack	0Tu	230ft ☐
Legerwood Hill	H	922ft	☐	Leibhinis	0Tu	203ft ☐
Leids Hill	4Tu	1581ft	☐	Leitir Achlyness	1Tu	361ft ☐
Leitir Dhubh	3Tu	1135ft	☐	Leitir Riabhach	D	1827ft ☐
Lendrick Hill	M	1496ft	☐	Lennie	3Tu	1207ft ☐
Lennie Hill	0Tu	258ft	☐	Lenrohmas Hill	U	271ft ☐
Leosabhal	H	1352ft	☐	Lerwick Coastguard Station	0Tu	135ft ☐
Leschangie Hill	1Tu	545ft	☐	Leth Chreag	D	1962ft ☐
Letham Hill	2Tu	800ft	☐	Letham Hill	0Tu	312ft ☐
Letham Hill	O	358ft	☐	Leth-chreag	dMut	3232ft ☐
Lethen Bar	H	846ft	☐	Letterach	S	2586ft ☐
Leum Uilleim	M	2974ft	☐	Leum Uilleim South Top	S	2780ft ☐
Leven Seat	3Tu	1168ft	☐	Lewis Hill	2Tu	873ft ☐
Ley Hill	1Tu	367ft	☐	Li a' Deas	M	922ft ☐
Li a' Tuath	M	863ft	☐	Li a' Tuath NE Top	2Tu	823ft ☐
Lianamuil	H	367ft	☐	Liath Bheinn	H	2182ft ☐
Liath Dhoire	4Tu	1450ft	☐	Liathach - Mullach an Rathain	M	3359ft ☐
Liathach - Spidean a' Choire Leith	M	3461ft	☐	Libbers Hill	1Tu	558ft ☐
Lighe Mhor	0Tu	269ft	☐	Lighthouse Hill	H	404ft ☐
Lightning Hill	4Tu	1598ft	☐	Lime Hill	2Tu	682ft ☐
Lindalla	4Tu	1476ft	☐	Lindalla NW Top	4Tu	1333ft ☐

Lindores Hill	1Tu	584ft	☐	Lindston Hill	1Tu	413ft ☐
Ling Ness	0Tu	128ft	☐	Linga	0Tu	226ft ☐
Linga	0Tu	131ft	☐	Linga	SIB	85ft ☐
Linga Holm	SIB	59ft	☐	Lingeigh	0Tu	272ft ☐
Lingeigh	0Tu	167ft	☐	Lingeigh	0Tu	108ft ☐
Linton Hill	M	925ft	☐	Lionais	0Tu	220ft ☐
Liongam	0Tu	105ft	☐	Lith Langa	1Tu	387ft ☐
Little Airds Hill	0Tu	289ft	☐	Little Balloch Hill	2Tu	915ft ☐
Little Bin	2Tu	807ft	☐	Little Bin	4Tu	1453ft ☐
Little Bog Hill	4Tu	1526ft	☐	Little Cairn Table	D	1696ft ☐
Little Cairngorm	dMut	3412ft	☐	Little Channeler	U	80ft ☐
Little Conachcraig	SuD	1965ft	☐	Little Conval	M	1814ft ☐
Little Craigie Side	4Tu	1598ft	☐	Little Culcaigrie Hill	2Tu	761ft ☐
Little Dornell	U	567ft	☐	Little Elrick	D	1890ft ☐
Little Fell	3Tu	1168ft	☐	Little Flugga	0Tu	102ft ☐
Little Garvoun	S	2367ft	☐	Little Geal Charn	S	2434ft ☐
Little Geal Charn	SuS	2329ft	☐	Little Glas Maol	MuT	3192ft ☐
Little Hallitie	0Tu	180ft	☐	Little Havra	0Tu	115ft ☐
Little Hill	2Tu	873ft	☐	Little Hill	3Tu	1148ft ☐
Little Hills East	S	2602ft	☐	Little Hills West	S	2651ft ☐
Little Law	4Tu	1496ft	☐	Little Ley	3Tu	1299ft ☐
Little Millyea	D	1896ft	☐	Little Mulderie	2Tu	873ft ☐
Little Ossa	0Tu	121ft	☐	Little Pap	MuT	3136ft ☐
Little Port Hill	4Tu	1506ft	☐	Little Ross	0Tu	115ft ☐

Name	Class	Height		Name	Class	Height	
Little Tind	0Tu	115ft	☐	Little Tomanour Hill	2Tu	968ft	☐
Little Wyvis	M	2503ft	☐	Littledeanlees Hill	1Tu	620ft	☐
Littleton Hill	1Tu	577ft	☐	Liuthaid	M	1614ft	☐
Loanend Hill	3Tu	1289ft	☐	Loch Fell	H	2258ft	☐
Loch Hill	2Tu	957ft	☐	Loch Hill	0Tu	230ft	☐
Lochan Hill	0Tu	312ft	☐	Lochbank Hill	H	709ft	☐
Lochbrowan Hill	4Tu	1355ft	☐	Lochcraig Head	H	2627ft	☐
Lochlands Hill	O	691ft	☐	Lochlyoch Hill	D	1736ft	☐
Lochnagar - Cac Carn Beag	M	3792ft	☐	Lochnagar NW Top	S	2723ft	☐
Lochurd Hills	U	1752ft	☐	Lochy Law	SuD	1699ft	☐
Loddan Hill	3Tu	1201ft	☐	Loft Shaws	3Tu	1070ft	☐
Logan Hill	1Tu	436ft	☐	Logie Hill	1Tu	377ft	☐
Logierait Wood	4Tu	1378ft	☐	Long Craig	1Tu	433ft	☐
Long Goat	D	1873ft	☐	Long Grain Knowe	dDot	2310ft	☐
Long Hill	U	1611ft	☐	Longay	0Tu	220ft	☐
Longbedholm Hill	2Tu	961ft	☐	Longhouse Hill	3Tu	1109ft	☐
Longshaw Law	4Tu	1450ft	☐	Loose Head	0Tu	156ft	☐
Lord Arthur's Hill	M	1699ft	☐	Lord Berkeley's Seat	MuT	3384ft	☐
Lorg an Fhamhair	1Tu	417ft	☐	Lotus Hill	H	1053ft	☐
Loudoun Hill	3Tu	1037ft	☐	Lousie Wood Law	H	2031ft	☐
Lowther Hill	S	2379ft	☐	Lub Mhor	3Tu	1299ft	☐
Lucklaw Hill	H	623ft	☐	Luinne Bheinn	M	3081ft	☐
Luinne Bheinn East Top	MuT	3071ft	☐	Lumbennie Hill	H	932ft	☐
Lundie Craigs	H	1158ft	☐	Lung Ness	0Tu	164ft	☐

Name	Class	Height		Name	Class	Height	
Lurg Hill	H	1024ft	☐	Lurg Mhor	M	3238ft	☐
Lurgan Hill	3Tu	1132ft	☐	Lynturk Hill	2Tu	909ft	☐
Lyra Skerry	0Tu	105ft	☐	Maari	1Tu	561ft	☐
Mac a' Mhill	D	1765ft	☐	Mac is Mathair	SuS	2300ft	☐
Macaterick	4Tu	1634ft	☐	Macbeth's Castle	3Tu	1115ft	☐
Maccallum	3Tu	1148ft	☐	Mackilston Hill	2Tu	966ft	☐
Macleod's Maidens	0Tu	213ft	☐	Macmaw Hill	3Tu	1276ft	☐
Macneilie Hill	0Tu	203ft	☐	Madadh Gruamach	0Tu	98ft	☐
Magheuchan Rig	D	1864ft	☐	Maiden Law	D	1647ft	☐
Maiden Pap	M	1588ft	☐	Maiden Paps	D	1673ft	☐
Maidenpap	H	1030ft	☐	Mailer Hill	H	597ft	☐
Mailingsland	3Tu	1214ft	☐	Main Drong	0Tu	135ft	☐
Mainnir nam Fiadh	S	2484ft	☐	Mainreachan Buttress	S	2936ft	☐
Mains Hill	H	1161ft	☐	Mains Hill	U	597ft	☐
Mains of Kair	1Tu	364ft	☐	Mains of Kinmundy	1Tu	636ft	☐
Maireabhal	M	755ft	☐	Mala Bholsa	1Tu	417ft	☐
Malcolm's Head	1Tu	351ft	☐	Mallrenheskein	S	2510ft	☐
Mam a' Chroisg	S	2346ft	☐	Mam a' Chullaich	4Tu	1522ft	☐
Mam an Doire Dhuinn	D	1850ft	☐	Mam Coire Easain	dMut	3510ft	☐
Mam Hael	M	2375ft	☐	Mam Mor	2Tu	712ft	☐
Mam na Gualainn	M	2612ft	☐	Mam na Gualainn East Top	S	2477ft	☐
Mam na Luirg	SuD	1739ft	☐	Mam na Luirginn	4Tu	1480ft	☐
Mam na Seilg	Su4	1637ft	☐	Mam nan Carn	MuT	3235ft	☐
Mam Sodhail	H	3869ft	☐	Mam Sodhail East Top	U	3244ft	☐

Name	Class	Height		Name	Class	Height
Mam Tuath	3Tu	1017ft	☐	Mammie	4Tu	1634ft	☐
Mamol	0Tu	200ft	☐	Manabattock Hill	4Tu	1378ft	☐
Manach Hill	2Tu	869ft	☐	Manish Beg	1Tu	564ft	☐
Manor Hill	2Tu	955ft	☐	Manquhill Hill	4Tu	1381ft	☐
Mansion Hill	0Tu	269ft	☐	Manywee	S	2251ft	☐
Maodal	2Tu	823ft	☐	Maoil an Roll	0Tu	279ft	☐
Maoil na h-Airigh Ghnugaich	0Tu	279ft	☐	Maoil Thotarail	0Tu	305ft	☐
Maoile Choill-mhias	D	1657ft	☐	Maoile Lunndaidh	Mu	3297ft	☐
Maoile Mhor	1Tu	495ft	☐	Maol a' Chapuill	D	1698ft	☐
Maol a' Chapuill West Top	SuD	1683ft	☐	Maol a' Ghearraidh	D	1713ft	☐
Maol Accurrach	3Tu	1032ft	☐	Maol Achadh-bheinn	2Tu	755ft	☐
Maol Achadh-bheinn North Top	2Tu	682ft	☐	Maol an Eilean	0Tu	115ft	☐
Maol an Fhithich	S	2159ft	☐	Maol an Fhithich West Top	SuS	2056ft	☐
Maol an Iaruinn	2Tu	725ft	☐	Maol an Iaruinn West Top	2Tu	712ft	☐
Maol an Tailleir	4Tu	1371ft	☐	Maol an Tailleir SW Top	4Tu	1368ft	☐
Maol Ban	M	1110ft	☐	Maol Beag	2Tu	892ft	☐
Maol Beag	1Tu	554ft	☐	Maol Bhuidhe	3Tu	1207ft	☐
Maol Breac	H	2116ft	☐	Maol Breac a' Bhealaich	D	1963ft	☐
Maol Breac SE Top	D	1961ft	☐	Maol Buidhe	SuD	1967ft	☐
Maol Buidhe	2Tu	771ft	☐	Maol Buidhe	1Tu	545ft	☐
Maol Buidhe	1Tu	358ft	☐	Maol Chean-dearg	M	3061ft	☐
Maol Chinn-dearg	H	3216ft	☐	Maol Chinn-dearg East Top	SuS	2996ft	☐
Maol Coire a' Mhile	D	1962ft	☐	Maol Disnich	D	1900ft	☐
Maol Domhnaich	M	505ft	☐	Maol Meadhonach	S	1983ft	☐

Maol Meadhonach NW Top	SuD	1775ft	☐	Maol Mheadhonach	4Tu	1581ft	☐
Maol Mheadhonach	4Tu	1562ft	☐	Maol Mhor	1Tu	512ft	☐
Maol Mor	H	2275ft	☐	Maol Mor	3Tu	1230ft	☐
Maol Mor	3Tu	1204ft	☐	Maol Mor Glac nan Cnamh	4Tu	1319ft	☐
Maol na Bruaich	1Tu	489ft	☐	Maol na h-Airde	0Tu	322ft	☐
Maol na h-Ordaig	1Tu	348ft	☐	Maol nan Caorach	1Tu	381ft	☐
Maol nan Damh	2Tu	902ft	☐	Maol nan Damh	1Tu	614ft	☐
Maol nan Damh SE Top	2Tu	896ft	☐	Maol Odhar	S	2605ft	☐
Maol Odhar East Top	S	2346ft	☐	Maol Ruadh	1Tu	610ft	☐
Maoladh Mhicearraig	3Tu	1115ft	☐	Maolanaidh Mor	2Tu	840ft	☐
Maovally	M	1677ft	☐	Maovally	H	991ft	☐
Maovally More	2Tu	751ft	☐	Marabhal	1Tu	531ft	☐
Marg na Craige	H	2735ft	☐	Margadale Hill	2Tu	928ft	☐
Margmony Hill	3Tu	1072ft	☐	Mark Hill	1Tu	367ft	☐
Market Hill	2Tu	981ft	☐	Marnoch Hill	1Tu	407ft	☐
Marro Field	2Tu	850ft	☐	Marrogh	1Tu	551ft	☐
Marscalloch Hill	3Tu	1254ft	☐	Marsco	M	2415ft	☐
Marthrown Hill	2Tu	817ft	☐	Martinside	3Tu	1207ft	☐
Martour Hill	D	1650ft	☐	Marwick Head	0Tu	282ft	☐
Marygold Hill	H	879ft	☐	Mas Sgeir	0Tu	98ft	☐
Matchi Stack	0Tu	207ft	☐	Mathieside Cairn	dDot	2195ft	☐
Mauchline Hill	1Tu	650ft	☐	Maw Craig	0Tu	106ft	☐
Maw Craigs	0Tu	99ft	☐	Mayar	H	3047ft	☐
McCowans Knowe	U	1719ft	☐	McCrierick's Cairn	SuD	1824ft	☐

Meadie Ridge	M	1358ft	☐	Mealaisbhal	M	1883ft	☐
Meall a' Bhainne	H	2072ft	☐	Meall a' Bhainne	M	1834ft	☐
Meall a' Bhainne	4Tu	1503ft	☐	Meall a' Bharr	MuT	3294ft	☐
Meall a' Bhata	H	1913ft	☐	Meall a' Bhealach	SuS	2231ft	☐
Meall a' Bhealaich	S	2839ft	☐	Meall a' Bhealaich	S	2563ft	☐
Meall a' Bhealaich	3Tu	1109ft	☐	Meall a' Bhealaich Bhain	SuD	1798ft	☐
Meall a' Bhealaich Easaich	SuD	1732ft	☐	Meall a' Bhobuir	S	2149ft	☐
Meall a' Bhogair Beag	S	2142ft	☐	Meall a' Bhogair Beag East Top	SuS	2090ft	☐
Meall a' Bhogair Mor	S	2201ft	☐	Meall a' Bhogair Mor West Top	SuS	2151ft	☐
Meall a' Bhothain	SuS	2985ft	☐	Meall a' Bhraghaid	S	2257ft	☐
Meall a' Bhraghaid	D	1673ft	☐	Meall a' Bhreacain	SuD	1729ft	☐
Meall a' Bhreac-leathaid	3Tu	1276ft	☐	Meall a' Bhreacraibh	D	1808ft	☐
Meall a' Bhrodainn	D	1739ft	☐	Meall a' Bhroin	3Tu	994ft	☐
Meall a' Bhrollaich	2Tu	748ft	☐	Meall a' Bhuachaille	M	2657ft	☐
Meall a' Bhuailt	S	2162ft	☐	Meall a' Bhuic	0Tu	177ft	☐
Meall a' Bhuige	SuD	1641ft	☐	Meall a' Bhuirich	S	2759ft	☐
Meall a' Bhuirich	H	1335ft	☐	Meall a' Bhuirich	H	1385ft	☐
Meall a' Bhuirich	SuS	2099ft	☐	Meall a' Bhuirich	D	1686ft	☐
Meall a' Bhuirich	4Tu	1526ft	☐	Meall a' Bhuirich SE Top	3Tu	1191ft	☐
Meall a' Bhuiridh	M	3635ft	☐	Meall a' Bhuiridh	H	2454ft	☐
Meall a' Chairn	H	1673ft	☐	Meall a' Chairn SW Top	Su4	1614ft	☐
Meall a' Chaise	M	1220ft	☐	Meall a' Chaise	H	481ft	☐
Meall a' Chaise	D	1719ft	☐	Meall a' Chait	3Tu	997ft	☐
Meall a' Chall	S	2486ft	☐	Meall a' Chaorainn	S	2984ft	☐

Name	Class	Height		Name	Class	Height	
Meall a' Chaorainn	dMut	3005ft	☐	Meall a' Chaorainn	M	2313ft	☐
Meall a' Chaorainn	M	2073ft	☐	Meall a' Chaorainn	D	1762ft	☐
Meall a' Chaorainn	4Tu	1489ft	☐	Meall a' Chaorainn	4Tu	1532ft	☐
Meall a' Chaorainn	3Tu	1053ft	☐	Meall a' Chaorainn	4Tu	1578ft	☐
Meall a' Chaorainn Beag	D	1663ft	☐	Meall a' Chaorainn Loch Uisge	D	1686ft	☐
Meall a' Chaorainn Mor	S	2927ft	☐	Meall a' Chaoruinn	3Tu	1168ft	☐
Meall a' Chapuill	D	1686ft	☐	Meall a' Chapuill	4Tu	1496ft	☐
Meall a' Charnan	0Tu	213ft	☐	Meall a' Charra	S	2026ft	☐
Meall a' Charra	SuS	2009ft	☐	Meall a' Charra East Top	SuD	1936ft	☐
Meall a' Chathaidh	H	1709ft	☐	Meall a' Cheardaich	2Tu	705ft	☐
Meall a' Chleirich	H	2060ft	☐	Meall a' Chocaire	S	2346ft	☐
Meall a' Choire	S	2028ft	☐	Meall a' Choire	1Tu	463ft	☐
Meall a' Choire Bhuidhe	H	2848ft	☐	Meall a' Choire Bhuidhe	1Tu	410ft	☐
Meall a' Choire Bhuidhe	1Tu	653ft	☐	Meall a' Choire Chreagaich	H	2182ft	☐
Meall a' Choire Chreagaich East Top	S	1989ft	☐	Meall a' Choire Chruinn	S	2080ft	☐
Meall a' Choire Dhuibh	H	2430ft	☐	Meall a' Choire Ghlais	S	2956ft	☐
Meall a' Choire Ghlais	S	2638ft	☐	Meall a' Choire Ghlais	SuS	2211ft	☐
Meall a' Choire Ghlais East Top	SuS	2956ft	☐	Meall a' Choire Leith	M	3037ft	☐
Meall a' Choire Leith	SuD	1900ft	☐	Meall a' Choire Leith	D	1670ft	☐
Meall a' Choire Leith	4Tu	1430ft	☐	Meall a' Choire Odhair	H	1171ft	☐
Meall a' Choire Riabhaich	3Tu	1220ft	☐	Meall a' Choirean Luachraich	D	1762ft	☐
Meall a' Chois	H	374ft	☐	Meall a' Cholumain	H	1040ft	☐
Meall a' Cholumain NE Top	2Tu	909ft	☐	Meall a' Chomhlain	S	2083ft	☐
Meall a' Chrasgaidh	H	3064ft	☐	Meall a' Chrathaich	M	2227ft	☐

Meall a' Chrathaich East Top	S	2097ft	☐	Meall a' Chrathaich West Top	S	2073ft	☐
Meall a' Chreagain Duibh	SuS	2238ft	☐	Meall a' Chreamha	4Tu	1565ft	☐
Meall a' Chreamha East Top	4Tu	1535ft	☐	Meall a' Chrom Dhoire	3Tu	1207ft	☐
Meall a' Chrotha	1Tu	466ft	☐	Meall a' Chuail	SuD	1768ft	☐
Meall a' Chuaille	H	2064ft	☐	Meall a' Chuaille	3Tu	1240ft	☐
Meall a' Chuilinn	S	2536ft	☐	Meall a' Chuilinn	3Tu	1022ft	☐
Meall a' Chuilinn South Top	S	2254ft	☐	Meall a' Chuit	D	1893ft	☐
Meall a' Chuna Mor	2Tu	673ft	☐	Meall a' Churain	MuT	3010ft	☐
Meall a' Gharbhgair	2Tu	673ft	☐	Meall a' Gharbhrain	Su4	1631ft	☐
Meall a' Gheur-fheadain	S	2474ft	☐	Meall a' Ghiubhais	SuD	1955ft	☐
Meall a' Ghiubhais	M	2910ft	☐	Meall a' Ghlamaidh	0Tu	259ft	☐
Meall a' Ghlas Leothaid	3Tu	1122ft	☐	Meall a' Ghlas Leothaid SE Top	3Tu	1066ft	☐
Meall a' Ghob Sheilich	0Tu	289ft	☐	Meall a' Ghortain	D	1647ft	☐
Meall a' Ghrianain	H	2533ft	☐	Meall a' Ghruagaich	1Tu	417ft	☐
Meall a' Ghruididh	3Tu	1194ft	☐	Meall a' Ghuall	4Tu	1529ft	☐
Meall a' Ghuirmein	4Tu	1480ft	☐	Meall a' Ghuirrain	3Tu	1142ft	☐
Meall a' Mhadaidh	S	2244ft	☐	Meall a' Mhadaidh Beag	4Tu	1489ft	☐
Meall a' Mhaoil	M	932ft	☐	Meall a' Mheanbh-chruidh	H	2685ft	☐
Meall a' Mheil	S	2014ft	☐	Meall a' Mhuic	M	2444ft	☐
Meall a' Mhuirich	U	2941ft	☐	Meall a' Mhuthaich	3Tu	1171ft	☐
Meall a' Phiobaire	3Tu	1230ft	☐	Meall a' Phubuill	M	2535ft	☐
Meall a' Phubuill East Top	S	2448ft	☐	Meall a' Phuill	SuS	2891ft	☐
Meall a' Phuill	4Tu	1470ft	☐	Meall Acairseid	H	410ft	☐
Meall Acairseid NE Top	0Tu	282ft	☐	Meall Acairseid South Top	1Tu	387ft	☐

Meall Achadh a' Chuirn	2Tu	942ft	☐	Meall Ailein	S	2367ft	☐
Meall Ailein	H	1056ft	☐	Meall Ailein	1Tu	472ft	☐
Meall Airigh Mhic Criadh	3Tu	1145ft	☐	Meall Aiteachain	SuS	2571ft	☐
Meall Alvie	M	1837ft	☐	Meall an Abha	1Tu	433ft	☐
Meall an Achaidh Gharbhgein	SuD	1650ft	☐	Meall an Alltain-chuilinn	1Tu	535ft	☐
Meall an Aodainn	H	2224ft	☐	Meall an Aoil	1Tu	505ft	☐
Meall an Aonaich	H	2346ft	☐	Meall an Araich	H	2287ft	☐
Meall an Ceirileach	H	1647ft	☐	Meall an Daimh	S	2369ft	☐
Meall an Daimh	SuS	1983ft	☐	Meall an Daimh	4Tu	1581ft	☐
Meall an Daimh	SuS	2500ft	☐	Meall an Daimh Bhig	4Tu	1535ft	☐
Meall an Daimh Mhoir	D	1850ft	☐	Meall an Damhain	H	1703ft	☐
Meall an Damhain NW Top	4Tu	1325ft	☐	Meall an Doire	1Tu	390ft	☐
Meall an Doire Dharaich	4Tu	1539ft	☐	Meall an Doire Dhuibh	0Tu	223ft	☐
Meall an Doire Dhuinn	D	1831ft	☐	Meall an Doire Shleaghaich	4Tu	1365ft	☐
Meall an Doireachain	D	1923ft	☐	Meall an Doirein	M	1387ft	☐
Meall an Doirein NE Top	3Tu	1073ft	☐	Meall an Doirein SW Top	3Tu	1211ft	☐
Meall an Domhnaich	S	1995ft	☐	Meall an Dubh Lochain	S	2491ft	☐
Meall an Dubh-chadha	S	2306ft	☐	Meall an Duibhe	SuS	1982ft	☐
Meall an Duibhe	4Tu	1424ft	☐	Meall an Eich Ghlais	4Tu	1519ft	☐
Meall an Eoin	SuS	2539ft	☐	Meall an Eoin	3Tu	1007ft	☐
Meall an Eoin	0Tu	282ft	☐	Meall an Fhamhair	4Tu	1417ft	☐
Meall an Fheadain	M	669ft	☐	Meall an Fheadain	3Tu	1099ft	☐
Meall an Fhearna	SuS	2242ft	☐	Meall an Fheidh	4Tu	1388ft	☐
Meall an Fheidh	1Tu	427ft	☐	Meall an Fheidh West Top	3Tu	1260ft	☐

Meall an Fheur Loch	M	2011ft	☐	Meall an Fheuraich	3Tu	1152ft	☐
Meall an Fhiar Mhaim	3Tu	1066ft	☐	Meall an Fhiodhain	S	2685ft	☐
Meall an Fhiodhain West Top	S	2598ft	☐	Meall an Fhir-eoin	D	1906ft	☐
Meall an Fhir-eoin	2Tu	758ft	☐	Meall an Fhithich	M	965ft	☐
Meall an Fhliuchaird	H	1329ft	☐	Meall an Fhreiceadain	3Tu	1073ft	☐
Meall an Fhrith-alltain	4Tu	1417ft	☐	Meall an Fhuarain	M	1896ft	☐
Meall an Fhuarain	M	1549ft	☐	Meall an Fhuarain	D	1650ft	☐
Meall an Fhuarain	U	869ft	☐	Meall an Fhuarain Mhoir	MuT	3133ft	☐
Meall an Fhuarain SW Top	SuD	1644ft	☐	Meall an Fhuarain West Top	SuD	1647ft	☐
Meall an Fhudair	M	2507ft	☐	Meall an Inbhire	2Tu	866ft	☐
Meall an Inbhire Bhain	1Tu	472ft	☐	Meall an Laoigh	SuD	1797ft	☐
Meall an Laoigh West Top	SuD	1705ft	☐	Meall an Leathaid	D	1900ft	☐
Meall an Leathaid Dharaich	1Tu	423ft	☐	Meall an Lochain	S	2171ft	☐
Meall an Lochain	2Tu	892ft	☐	Meall an Lochain Sgeirich	SuD	1660ft	☐
Meall an Lundain	H	2549ft	☐	Meall an Odhar	D	1841ft	☐
Meall an Sgiathain	1Tu	545ft	☐	Meall an Spardain	S	2134ft	☐
Meall an Spardain	4Tu	1362ft	☐	Meall an Spothaidh	3Tu	1211ft	☐
Meall an Stalcair	D	1680ft	☐	Meall an Tagraidh	H	2493ft	☐
Meall an Tairbh	SuD	1719ft	☐	Meall an Tarmachain	H	1327ft	☐
Meall an Tarmachain	S	2715ft	☐	Meall an Tarmachain	SuS	2343ft	☐
Meall an Tarsaid	M	1615ft	☐	Meall an Tionail	S	2905ft	☐
Meall an Torcain	D	1762ft	☐	Meall an Tota	1Tu	558ft	☐
Meall an Triubhais Dhuibh	2Tu	925ft	☐	Meall an Triubhais Dhuibh East Top	2Tu	879ft	☐
Meall an t-Sagairt	1Tu	456ft	☐	Meall an t-Seallaidh	M	2798ft	☐

Meall an t-Seangain	S	2064ft	☐	Meall an t-Sithe	S	1972ft	☐
Meall an t-Sithein	4Tu	1604ft	☐	Meall an t-Slagain	1Tu	410ft	☐
Meall an t-Slamain	M	1532ft	☐	Meall an t-Slugain	H	2785ft	☐
Meall an t-Slugain	S	2401ft	☐	Meall an t-Slugain	U	2664ft	☐
Meall an t-Slugaite	3Tu	1227ft	☐	Meall an t-Snaim	MuT	3182ft	☐
Meall an t-Socaich	2Tu	899ft	☐	Meall an t-Suidhe	H	2333ft	☐
Meall an Tuill-aoil	2Tu	679ft	☐	Meall an Tuim Bhuidhe	4Tu	1565ft	☐
Meall an Tuirc	S	2053ft	☐	Meall an Tuirc	H	1627ft	☐
Meall an Uillt Badan Laraich	D	1834ft	☐	Meall an Uillt Bhain	S	1995ft	☐
Meall an Uillt Chaoil	H	2769ft	☐	Meall an Uillt Chreagaich	S	2779ft	☐
Meall an Uillt Riabhaich	H	1663ft	☐	Meall an Ulbhaidh	1Tu	331ft	☐
Meall Aonghais	SuD	1906ft	☐	Meall Ard	SuS	2078ft	☐
Meall Ard Achaidh	3Tu	1112ft	☐	Meall Ardruighe	4Tu	1417ft	☐
Meall Aundrary	H	1073ft	☐	Meall Aundrary NW Top	2Tu	925ft	☐
Meall Bac a' Chul-dhoire	4Tu	1627ft	☐	Meall Bad a' Bheithe	4Tu	1398ft	☐
Meall Bad a' Chrotha	1Tu	358ft	☐	Meall Bad a' Mhartuin	2Tu	909ft	☐
Meall Bad a' Mhuidhe	2Tu	948ft	☐	Meall Bad na Cuaiche	3Tu	1112ft	☐
Meall Bad na Cuaiche NW Top	2Tu	909ft	☐	Meall Ban	H	2146ft	☐
Meall Ban	H	1791ft	☐	Meall Ban	SuD	1654ft	☐
Meall Ban	4Tu	1444ft	☐	Meall Ban	0Tu	161ft	☐
Meall Beag	S	2126ft	☐	Meall Beag	S	2164ft	☐
Meall Beag	S	1997ft	☐	Meall Beag	SuS	2116ft	☐
Meall Beag	D	1841ft	☐	Meall Beag	D	1699ft	☐
Meall Beag	4Tu	1562ft	☐	Meall Beag	0Tu	177ft	☐

Meall Beag	4Tu	1542ft	☐	Meall Beithe	S	2274ft ☐
Meall Bhad Ghaineamhaich	D	1654ft	☐	Meall Bhaideanach	S	1988ft ☐
Meall Bhalach	S	2317ft	☐	Meall Bhalach East Top	S	2309ft ☐
Meall Bhanbhaidh	H	1072ft	☐	Meall Bhasiter	H	2356ft ☐
Meall Bhasiter North Top	SuS	2001ft	☐	Meall Bhenneit	D	1742ft ☐
Meall Bhig	4Tu	1437ft	☐	Meall Bhreide	0Tu	161ft ☐
Meall Biorach	4Tu	1631ft	☐	Meall Biorach	4Tu	1414ft ☐
Meall Biorach SE Top	Su4	1617ft	☐	Meall Blair	M	2154ft ☐
Meall Blar nan Lochan	3Tu	1286ft	☐	Meall Breac	H	2631ft ☐
Meall Breac	S	2249ft	☐	Meall Breac	S	2331ft ☐
Meall Breac	S	2211ft	☐	Meall Breac	D	1854ft ☐
Meall Breac	D	1745ft	☐	Meall Breac	SuD	1883ft ☐
Meall Breac	2Tu	961ft	☐	Meall Breac	4Tu	1335ft ☐
Meall Breac	3Tu	1286ft	☐	Meall Breac North Top	4Tu	1522ft ☐
Meall Breac South Top	D	1752ft	☐	Meall Buidhe	M	2360ft ☐
Meall Buidhe	MuT	3206ft	☐	Meall Buidhe	M	3058ft ☐
Meall Buidhe	M	2980ft	☐	Meall Buidhe	H	2047ft ☐
Meall Buidhe	MuT	3202ft	☐	Meall Buidhe	M	3104ft ☐
Meall Buidhe	S	2831ft	☐	Meall Buidhe	S	2144ft ☐
Meall Buidhe	H	2060ft	☐	Meall Buidhe	S	2297ft ☐
Meall Buidhe	4Tu	1594ft	☐	Meall Buidhe	1Tu	597ft ☐
Meall Buidhe	1Tu	584ft	☐	Meall Buidhe	4Tu	1506ft ☐
Meall Buidhe	2Tu	915ft	☐	Meall Buidhe	1Tu	554ft ☐
Meall Buidhe	0Tu	230ft	☐	Meall Buidhe	3Tu	1230ft ☐

Meall Buidhe	U	912ft	☐	Meall Buidhe	2Tu	843ft	☐
Meall Buidhe Mor	0Tu	312ft	☐	Meall Buidhe SE Top	dMut	3009ft	☐
Meall Buidhe SE Top	MuT	3091ft	☐	Meall Buidhe West Top	S	2705ft	☐
Meall Bun na h-Aibhne	0Tu	233ft	☐	Meall Caca	S	2500ft	☐
Meall Cala	H	2211ft	☐	Meall Camas Phail	0Tu	213ft	☐
Meall Carr nan Ruadhag	3Tu	1194ft	☐	Meall Carr nan Ruadhag North Top	U	1142ft	☐
Meall Ceann Loch Strathy	3Tu	1129ft	☐	Meall Ceann Loch Strathy East Top	3Tu	1066ft	☐
Meall Ceann na Creige	2Tu	892ft	☐	Meall Chaorach	S	2674ft	☐
Meall Chnaimhean	S	2142ft	☐	Meall Chomraidh	M	1530ft	☐
Meall Chro Bheinn	1Tu	463ft	☐	Meall Chrombaig	S	2232ft	☐
Meall Chuaich	M	3120ft	☐	Meall Clach a' Cheannaich	4Tu	1503ft	☐
Meall Clach a' Chorrach	2Tu	807ft	☐	Meall Clach an Daraich	1Tu	433ft	☐
Meall Clach an Daraich NW Top	0Tu	302ft	☐	Meall Clach an Daraich West Top	0Tu	305ft	☐
Meall Clachach	Dot	2031ft	☐	Meall Clachach	S	1977ft	☐
Meall Clachach	2Tu	801ft	☐	Meall Clais Charnach	2Tu	656ft	☐
Meall Clais nan Each	3Tu	1004ft	☐	Meall Claisein	1Tu	430ft	☐
Meall Cluainidh	3Tu	1307ft	☐	Meall Coire a' Bhrollachain	2Tu	978ft	☐
Meall Coire Aghaisgeig	3Tu	1293ft	☐	Meall Coire an Lochain	M	1696ft	☐
Meall Coire an t-Searraich	S	2251ft	☐	Meall Coire Choille-rais	MuT	3373ft	☐
Meall Coire Lochain	S	2971ft	☐	Meall Coire na Gaoithe'n Ear	S	2629ft	☐
Meall Coire na Gaoithe'n Ear West	SuD	1939ft	☐	Meall Coire na h-Uidhe	2Tu	801ft	☐
Meall Coire na Saobhaidh	SuD	1814ft	☐	Meall Coire na Saobhaidhe	MuT	3192ft	☐
Meall Coire nam Bothan	3Tu	1020ft	☐	Meall Coire nan Capull	D	1729ft	☐
Meall Coire nan Capull East Top	D	1719ft	☐	Meall Coire nan Each	3Tu	1089ft	☐

Meall Coire nan Gamha	D	1762ft ☐	Meall Coire nan Gamha East Top	SuD	1699ft ☐
Meall Coire nan Laogh	SuS	2185ft ☐	Meall Coire nan Saobhaidh	H	2708ft ☐
Meall Coire Nochd Mor	Su4	1631ft ☐	Meall Copagach	S	2657ft ☐
Meall Copagach	S	2136ft ☐	Meall Corranaich	M	3507ft ☐
Meall Corranaich West Top	SuS	2190ft ☐	Meall Cos Charnan	S	2028ft ☐
Meall Cosach	3Tu	1291ft ☐	Meall Creag Airighe	4Tu	1591ft ☐
Meall Cruaidh	S	2942ft ☐	Meall Cruaidh	H	1650ft ☐
Meall Crubenmore	D	1690ft ☐	Meall Cruidh	MuT	3051ft ☐
Meall Cruinn	H	2722ft ☐	Meall Crumach	SuS	2232ft ☐
Meall Cuanail	MuT	3019ft ☐	Meall Cumhann	H	2285ft ☐
Meall Dail Min	H	1758ft ☐	Meall Dail-chealach	D	1703ft ☐
Meall Dail-chealach SE Top	SuD	1683ft ☐	Meall Daill	H	2870ft ☐
Meall Daimh	S	2274ft ☐	Meall Daimh	S	2244ft ☐
Meall Daimh	D	1749ft ☐	Meall Daimh	D	1886ft ☐
Meall Daimh	3Tu	1289ft ☐	Meall Daimheidh	SuD	1768ft ☐
Meall Damh	H	1112ft ☐	Meall Damh	4Tu	1617ft ☐
Meall Damh	4Tu	1526ft ☐	Meall Damh Ard	2Tu	935ft ☐
Meall Dearg	M	2265ft ☐	Meall Dearg	H	2113ft ☐
Meall Dearg	S	2155ft ☐	Meall Dearg	H	1900ft ☐
Meall Dearg	H	535ft ☐	Meall Dearg	D	1719ft ☐
Meall Dearg	2Tu	925ft ☐	Meall Dearg	4Tu	1480ft ☐
Meall Dearg	2Tu	883ft ☐	Meall Dearg	0Tu	190ft ☐
Meall Dearg	3Tu	1194ft ☐	Meall Dearg	MuT	3133ft ☐
Meall Dearg East Top	SuS	3028ft ☐	Meall Dearg Far South Top	D	1804ft ☐

Meall Dearg Far West Top	S	2090ft	☐	Meall Dearg South Top	SuS	2069ft	☐
Meall Dearg South Top	SuD	1802ft	☐	Meall Dearg West Top	SuS	2116ft	☐
Meall Deas	4Tu	1335ft	☐	Meall Deise	H	827ft	☐
Meall Deise NW Top	2Tu	791ft	☐	Meall Dhamh	S	2669ft	☐
Meall Dheirgidh	M	1660ft	☐	Meall Dhuin Croisg	S	2457ft	☐
Meall Dhuin Croisg East Top	SuS	2425ft	☐	Meall Doir' a' Chuilinn	4Tu	1470ft	☐
Meall Doir' an Daimh	SuD	1896ft	☐	Meall Doire	SuS	2408ft	☐
Meall Doire	2Tu	971ft	☐	Meall Doire an t-Sidhein	1Tu	594ft	☐
Meall Doire Bhrath	3Tu	1178ft	☐	Meall Doire Faid	M	2392ft	☐
Meall Doire Fheara	S	2199ft	☐	Meall Doire na Mnatha	S	2100ft	☐
Meall Doire nan Caorach	3Tu	1007ft	☐	Meall Doire nan Damh	2Tu	778ft	☐
Meall Doire South Top	SuS	2368ft	☐	Meall Dola	M	1060ft	☐
Meall Donn	Su4	1614ft	☐	Meall Donn	S	2143ft	☐
Meall Dubh	M	2589ft	☐	Meall Dubh	H	2746ft	☐
Meall Dubh	S	2290ft	☐	Meall Dubh	S	2456ft	☐
Meall Dubh	S	2119ft	☐	Meall Dubh	SuS	2526ft	☐
Meall Dubh	D	1745ft	☐	Meall Dubh	S	1994ft	☐
Meall Dubh	D	1867ft	☐	Meall Dubh	D	1788ft	☐
Meall Dubh	D	1847ft	☐	Meall Dubh	SuS	2372ft	☐
Meall Dubh	SuD	1919ft	☐	Meall Dubh	D	1923ft	☐
Meall Dubh	4Tu	1444ft	☐	Meall Dubh	4Tu	1499ft	☐
Meall Dubh	0Tu	312ft	☐	Meall Dubh	4Tu	1427ft	☐
Meall Dubh	2Tu	873ft	☐	Meall Dubh Ard	1Tu	479ft	☐
Meall Dubh Beag	SuD	1870ft	☐	Meall Dubh Mor	SuS	2654ft	☐

Meall Dubh Mor	SuD	1963ft	☐	Meall Dubh na Caoidhe	H	2260ft	☐
Meall Dubh na Drochaid	SuD	1906ft	☐	Meall Dubh West Top	SuD	1965ft	☐
Meall Dubhag	MuT	3272ft	☐	Meall Dubh-chlais	S	2324ft	☐
Meall Dubh-ghlas	4Tu	1545ft	☐	Meall Duibhinidh	D	1693ft	☐
Meall Dun Dhomhnuill	SuS	2040ft	☐	Meall Each	SuD	1722ft	☐
Meall Eachainn	H	1127ft	☐	Meall Ear	3Tu	1093ft	☐
Meall Eatharna	0Tu	157ft	☐	Meall Eigin-aig	0Tu	299ft	☐
Meall Eoghainn	SuS	2652ft	☐	Meall Eudainn	4Tu	1434ft	☐
Meall Feith Dhiongaig	D	1759ft	☐	Meall Feith Dhiongaig SE Top	SuD	1706ft	☐
Meall Feith Rabhain	0Tu	295ft	☐	Meall Fhuaran	D	1808ft	☐
Meall Fuaraidh	H	1211ft	☐	Meall Fuar-mhonaidh	M	2293ft	☐
Meall Gaineimh	S	2997ft	☐	Meall Gainmheich	M	1857ft	☐
Meall Gaothach	S	1988ft	☐	Meall Garbh	H	3176ft	☐
Meall Garbh	M	3685ft	☐	Meall Garbh	MuT	3368ft	☐
Meall Garbh	M	2298ft	☐	Meall Garbh	MuT	3202ft	☐
Meall Garbh	S	2782ft	☐	Meall Garbh	S	2638ft	☐
Meall Garbh	S	2786ft	☐	Meall Garbh	S	2684ft	☐
Meall Garbh	S	2306ft	☐	Meall Garbh	S	2475ft	☐
Meall Garbh	SuS	2516ft	☐	Meall Garbh	SuD	1967ft	☐
Meall Garbh	SuD	1699ft	☐	Meall Garbh	3Tu	1125ft	☐
Meall Garbh	1Tu	344ft	☐	Meall Garbh East Top	dMut	3162ft	☐
Meall Garbh nan Gobhar	4Tu	1562ft	☐	Meall Garbh nan Gobhar West Top	4Tu	1421ft	☐
Meall Garbh West Top	SuS	2077ft	☐	Meall Garbhaig	3Tu	1191ft	☐
Meall Garbhaig North Top	3Tu	1178ft	☐	Meall Ghaordaidh	M	3411ft	☐

Name	Class	Height		Name	Class	Height	
Meall Gharran	S	2492ft	☐	Meall Ghoirleig	D	1729ft	☐
Meall Giubhais	S	2173ft	☐	Meall Glac a' Bheithe	U	279ft	☐
Meall Glac Airigh an t-Saoir	3Tu	1283ft	☐	Meall Glac Airigh an t-Saoir North Top	3Tu	1171ft	☐
Meall Glac an Ruighe	H	2815ft	☐	Meall Glac na Daraich	1Tu	528ft	☐
Meall Glac Tigh-fail	M	1709ft	☐	Meall Glas	M	3147ft	☐
Meall Glas	4Tu	1414ft	☐	Meall Glas Choire	MuT	3031ft	☐
Meall Glas-uaine Mor	SuS	2303ft	☐	Meall Gleann Dubh Lochain	4Tu	1424ft	☐
Meall Gobhlach	D	1909ft	☐	Meall Gorm	H	3116ft	☐
Meall Gorm	S	2487ft	☐	Meall Gorm	S	2027ft	☐
Meall Gorm	H	2329ft	☐	Meall Gorm	S	2215ft	☐
Meall Gorm	H	1814ft	☐	Meall Gorm	D	1726ft	☐
Meall Gorm	SuS	2904ft	☐	Meall Gorm	4Tu	1362ft	☐
Meall Gorm	1Tu	541ft	☐	Meall Gorm North Top	4Tu	1342ft	☐
Meall Gorm SE Top	MuT	3026ft	☐	Meall Greigh	M	3284ft	☐
Meall Gruamach	D	1831ft	☐	Meall Gruamach South Top	SuD	1729ft	☐
Meall Horn	M	2549ft	☐	Meall Horn	4Tu	1437ft	☐
Meall Iain	H	1647ft	☐	Meall Innis an Loichel	M	1280ft	☐
Meall Innis na Sine	S	2438ft	☐	Meall Laire	4Tu	1318ft	☐
Meall Leac an Fhaobhair	0Tu	184ft	☐	Meall Leacachain	H	2037ft	☐
Meall Leathad na Craoibhe	3Tu	1017ft	☐	Meall Leathan Dhail	4Tu	1588ft	☐
Meall Leitir Meirleach	SuD	1729ft	☐	Meall Liath	MuT	3326ft	☐
Meall Liath	SuD	1859ft	☐	Meall Liath Choire	M	1801ft	☐
Meall Liath na Doire	D	1929ft	☐	Meall Liath na Doire Bhig	Su4	1631ft	☐
Meall Liath-chloich	4Tu	1634ft	☐	Meall Lighiche	M	2533ft	☐

Meall Loch a' Bhaid-luachraich	1Tu	459ft	☐	Meall Loch a' Bhealaich	D	1719ft ☐
Meall Loch a' Mhuilinn	1Tu	597ft	☐	Meall Loch Airigh Alasdair	3Tu	1155ft ☐
Meall Loch Airigh Alasdair West Top	3Tu	1102ft	☐	Meall Loch an Iasgair	2Tu	709ft ☐
Meall Loch Chriostina	1Tu	597ft	☐	Meall Loch Crocach	3Tu	1030ft ☐
Meall Loch Freumhach	2Tu	886ft	☐	Meall Loch Horn	3Tu	1289ft ☐
Meall Loch Laoigh	2Tu	922ft	☐	Meall Loch na Beinne Baine	SuD	1768ft ☐
Meall Loch na Feithe Mugaig	3Tu	1197ft	☐	Meall Loch na Seilge	SuD	1726ft ☐
Meall Loch Steallaig	4Tu	1467ft	☐	Meall Lochain Oisinneich	U	1536ft ☐
Meall Lochan a' Bhealaich	SuD	1909ft	☐	Meall Lochan a' Charbaid	2Tu	948ft ☐
Meall Lochan a' Chleirich	M	1322ft	☐	Meall Lochan Coire Chaolais Bhig	SuD	1716ft ☐
Meall Lochan Dubh	0Tu	308ft	☐	Meall Lochan Loin nan Donnlaich	4Tu	1335ft ☐
Meall Lochan Mam na Ceire	D	1716ft	☐	Meall Lochan Mam na Ceire South Top	SuD	1709ft ☐
Meall Lochan Mhic Gille Dhuibh	D	1919ft	☐	Meall Lochan na Geala	3Tu	1253ft ☐
Meall Lochan nan Dubh Lochan	D	1860ft	☐	Meall Lochan nan Lorg	D	1765ft ☐
Meall Lochanan Dubha	2Tu	810ft	☐	Meall Luaidhe	dMut	3022ft ☐
Meall Luaidhe	U	2546ft	☐	Meall Luidh Mor	M	1686ft ☐
Meall Meadhoin	3Tu	1273ft	☐	Meall Meadhon	4Tu	1611ft ☐
Meall Meadhonach	M	1388ft	☐	Meall Meadhonach	H	2374ft ☐
Meall Meadhonach	SuS	2398ft	☐	Meall Meadhonach	3Tu	1161ft ☐
Meall Meadhonach	2Tu	978ft	☐	Meall Meadhonach East Top	3Tu	1129ft ☐
Meall Meadhonach South Top	3Tu	1030ft	☐	Meall Meadhonach West Top	S	2270ft ☐
Meall Meantain	3Tu	1260ft	☐	Meall Mheinnidh	M	2369ft ☐
Meall Mhic Imhir	2Tu	876ft	☐	Meall Mhic Iomhair	S	1988ft ☐
Meall Monachyle	SuS	2126ft	☐	Meall Mor	M	2448ft ☐

Meall Mor	M	2218ft	☐	Meall Mor	M	1614ft	☐
Meall Mor	H	2365ft	☐	Meall Mor	M	1808ft	☐
Meall Mor	M	1614ft	☐	Meall Mor	MuT	3196ft	☐
Meall Mor	M	2421ft	☐	Meall Mor	H	2503ft	☐
Meall Mor	S	2310ft	☐	Meall Mor	S	2274ft	☐
Meall Mor	H	1529ft	☐	Meall Mor	H	1680ft	☐
Meall Mor	H	1335ft	☐	Meall Mor	H	541ft	☐
Meall Mor	H	407ft	☐	Meall Mor	H	1627ft	☐
Meall Mor	SuD	1793ft	☐	Meall Mor	D	1854ft	☐
Meall Mor	D	1732ft	☐	Meall Mor	4Tu	1631ft	☐
Meall Mor	0Tu	319ft	☐	Meall Mor	4Tu	1348ft	☐
Meall Mor	3Tu	1243ft	☐	Meall Mor	3Tu	1211ft	☐
Meall Mor	2Tu	669ft	☐	Meall Mor	2Tu	801ft	☐
Meall Mor	3Tu	1020ft	☐	Meall Mor	2Tu	971ft	☐
Meall Mor	0Tu	154ft	☐	Meall Mor	0Tu	151ft	☐
Meall Mor	4Tu	1588ft	☐	Meall Mor	0Tu	249ft	☐
Meall Mor	0Tu	246ft	☐	Meall Mor	0Tu	223ft	☐
Meall Mor	1Tu	485ft	☐	Meall Mor (Eilean Tigh)	H	364ft	☐
Meall Mor a' Bhealaich	0Tu	302ft	☐	Meall Mor an t-Stroim	0Tu	256ft	☐
Meall Mor East Top	S	2418ft	☐	Meall Mor Far East Top	SuS	2354ft	☐
Meall Mor Far West Top	SuS	2163ft	☐	Meall Mor nan Eag	SuS	2047ft	☐
Meall Mor Near West Top	SuS	2262ft	☐	Meall Mor West Top	SuS	2173ft	☐
Meall na Aighean	H	3219ft	☐	Meall na Aighean East Top	S	2966ft	☐
Meall na Aighean West Top	SuS	3196ft	☐	Meall na Beiste	1Tu	551ft	☐

Meall na Brachdlach	S	2631ft ☐	Meall na Braclaich	3Tu	1230ft ☐
Meall na Caillich	D	1959ft ☐	Meall na Caillich	4Tu	1489ft ☐
Meall na Caillich Buidhe	SuS	2123ft ☐	Meall na Caillich South Top	D	1827ft ☐
Meall na Caora	S	2510ft ☐	Meall na Caora East Top	S	2277ft ☐
Meall na Caorach	3Tu	1296ft ☐	Meall na Ceardaich	D	1755ft ☐
Meall na Ceardaich	SuS	2884ft ☐	Meall na Ceothach	SuS	2110ft ☐
Meall na Ceothach North Top	SuS	2105ft ☐	Meall na Cloiche	S	2179ft ☐
Meall na Cloiche North Top	SuS	2083ft ☐	Meall na Cnap Laraich	S	2776ft ☐
Meall na Coille	1Tu	535ft ☐	Meall na Coille Duibhe	3Tu	1115ft ☐
Meall na Coille Moire	U	1125ft ☐	Meall na Creige Moire	0Tu	187ft ☐
Meall na Cuartaige	D	1857ft ☐	Meall na Cuilce	1Tu	600ft ☐
Meall na Dige	MuT	3169ft ☐	Meall na Diollaid	3Tu	1033ft ☐
Meall na Doire	3Tu	1247ft ☐	Meall na Doire Duinne	0Tu	167ft ☐
Meall na Doire na Saobhaidhe	D	1857ft ☐	Meall na Drochaide	S	2310ft ☐
Meall na Dubh Chlaise	1Tu	545ft ☐	Meall na Duibhe	H	1875ft ☐
Meall na Eoin	0Tu	184ft ☐	Meall na Faiche	4Tu	1634ft ☐
Meall na Faochaig	M	2234ft ☐	Meall na Fearna	M	2657ft ☐
Meall na Fearna South Top	SuS	2253ft ☐	Meall na Fearna West Top	S	2353ft ☐
Meall na Feithe Faide	S	2717ft ☐	Meall na Fhuaid	H	1699ft ☐
Meall na Gaoithe	2Tu	981ft ☐	Meall na Graidhe	SuD	1650ft ☐
Meall na Greine	S	1990ft ☐	Meall na h-Airde	1Tu	607ft ☐
Meall na h-Airde	0Tu	269ft ☐	Meall na h-Airigh	4Tu	1453ft ☐
Meall na h-Airighe Riabhaich	1Tu	351ft ☐	Meall na h-Airighe Riabhaich	1Tu	351ft ☐
Meall na h-Airighe Sleibhe	1Tu	469ft ☐	Meall na h-Aisre	M	2828ft ☐

Meall na h-Amaite	2Tu	774ft	☐	Meall na h-Aodainn Moire	H	2077ft	☐
Meall na h-Araid	H	472ft	☐	Meall na h-Eilde	M	2747ft	☐
Meall na h-Eilde West Top	SuS	2233ft	☐	Meall na h-Eilrig	M	1526ft	☐
Meall na h-Eilrig	SuS	2319ft	☐	Meall na h-Imrich	4Tu	1378ft	☐
Meall na h-Iolaire	4Tu	1450ft	☐	Meall na h-Iolaire	0Tu	259ft	☐
Meall na h-Iolaire East Top	3Tu	1234ft	☐	Meall na h-Odhar-aghaidh	D	1762ft	☐
Meall na h-Oidhche	D	1808ft	☐	Meall na h-Uamh	2Tu	935ft	☐
Meall na h-Uamha	2Tu	951ft	☐	Meall na h-Uamhaidh	1Tu	351ft	☐
Meall na h-Uigeig	D	1690ft	☐	Meall na h-Uinneig	S	2444ft	☐
Meall na Leitreach	M	2550ft	☐	Meall na Leitreach	H	1857ft	☐
Meall na Lice	H	1916ft	☐	Meall na Maoile	SuD	1866ft	☐
Meall na Meine	4Tu	1378ft	☐	Meall na Meine	O	823ft	☐
Meall na Moch-eirigh	3Tu	1194ft	☐	Meall na Moine	S	2441ft	☐
Meall na Moine	4Tu	1611ft	☐	Meall na Moine	4Tu	1516ft	☐
Meall na Moine	3Tu	1037ft	☐	Meall na Moine	0Tu	210ft	☐
Meall na Moine	0Tu	207ft	☐	Meall na Monadh	0Tu	164ft	☐
Meall na Rainich	SuD	1795ft	☐	Meall na Samhna	S	2841ft	☐
Meall na Sidhinn	4Tu	1444ft	☐	Meall na Speireig	S	2218ft	☐
Meall na Speireig	S	2034ft	☐	Meall na Spianaig	S	2037ft	☐
Meall na Spionaig	H	2503ft	☐	Meall na Sroine	S	2211ft	☐
Meall na Sroine	4Tu	1348ft	☐	Meall na Suiramach	M	1781ft	☐
Meall na Sula Moire	3Tu	1004ft	☐	Meall na Targaid	3Tu	1017ft	☐
Meall na Teanga	M	3008ft	☐	Meall na Teanga	4Tu	1512ft	☐
Meall na Teanga	U	1194ft	☐	Meall nam Bo	D	1742ft	☐

Meall nam Bradhan	H	2228ft	☐	Meall nam Fairneag	4Tu	1509ft ☐
Meall nam Fiadh	S	2825ft	☐	Meall nam Fiadh	S	2035ft ☐
Meall nam Fiadh	1Tu	482ft	☐	Meall nam Fiadh East Top	S	2008ft ☐
Meall nam Fiadh Far East Top	S	2030ft	☐	Meall nam Fiadh South Top	SuD	1814ft ☐
Meall nam Fiannaidhean	3Tu	1027ft	☐	Meall nam Fuaran	H	2641ft ☐
Meall nam Fuaran	SuS	2206ft	☐	Meall nam Fuaran North Top	S	2615ft ☐
Meall nam Madadh	SuS	2064ft	☐	Meall nam Maigheach	M	2555ft ☐
Meall nam Maigheach	S	2428ft	☐	Meall nam Maigheach North Top	S	2135ft ☐
Meall nam Meallan	H	479ft	☐	Meall nam Peithirean	MuT	3197ft ☐
Meall nan Aidhean	2Tu	974ft	☐	Meall nan Aighean	S	2593ft ☐
Meall nan Aighean	H	2285ft	☐	Meall nan Aighean	D	1824ft ☐
Meall nan Aighean Beag	S	2301ft	☐	Meall nan Bradan Leathan	dMut	3018ft ☐
Meall nan Caorach	M	2046ft	☐	Meall nan Caorach	S	2315ft ☐
Meall nan Caorach	H	1398ft	☐	Meall nan Caorach	SuS	1982ft ☐
Meall nan Caorach	1Tu	469ft	☐	Meall nan Caorach SE Top	4Tu	1322ft ☐
Meall nan Capull	4Tu	1319ft	☐	Meall nan Ceapairean	S	2218ft ☐
Meall nan Ceapraichean	H	3205ft	☐	Meall nan Clach	SuD	1768ft ☐
Meall nan Clach	2Tu	951ft	☐	Meall nan Clach Eiteag	SuS	2356ft ☐
Meall nan Clach Ruadha	M	1102ft	☐	Meall nan Clach Ruadha North Top	2Tu	863ft ☐
Meall nan Cleireach	D	1755ft	☐	Meall nan Coireachan	2Tu	722ft ☐
Meall nan Con	M	1434ft	☐	Meall nan Cra	4Tu	1604ft ☐
Meall nan Creag Leac	S	2477ft	☐	Meall nan Damh	M	2373ft ☐
Meall nan Damh	M	1870ft	☐	Meall nan Damh	S	2199ft ☐
Meall nan Damh West Top	S	2372ft	☐	Meall nan Dearcag	S	2274ft ☐

Meall nan Dearcag	4Tu	1319ft ☐	Meall nan Doireachan	S	2339ft ☐
Meall nan Each	S	2967ft ☐	Meall nan Each	M	1608ft ☐
Meall nan Each	SuD	1932ft ☐	Meall nan Each	D	1939ft ☐
Meall nan Each North Top	SuS	2894ft ☐	Meall nan Eagan	M	2159ft ☐
Meall nan Eagan Far NW Top	4Tu	1450ft ☐	Meall nan Eagan NW Top	D	1916ft ☐
Meall nan Eagan SW Top	D	1929ft ☐	Meall nan Eanchainn	S	2810ft ☐
Meall nan Eileanan Bana	U	213ft ☐	Meall nan Eun	M	3045ft ☐
Meall nan Eun	M	2188ft ☐	Meall nan Eun	S	2876ft ☐
Meall nan Eun	SuS	2076ft ☐	Meall nan Eun	SuS	2791ft ☐
Meall nan Eun	3Tu	1274ft ☐	Meall nan Eun East Top	S	2100ft ☐
Meall nan Eun West Top	S	2185ft ☐	Meall nan Gabhar	M	2441ft ☐
Meall nan Gabhar	0Tu	167ft ☐	Meall nan Gabhar	2Tu	869ft ☐
Meall nan Gamhna (Staffa)	0Tu	138ft ☐	Meall nan Garbh Loch	1Tu	358ft ☐
Meall nan Gearran	4Tu	1371ft ☐	Meall nan Imrichean	2Tu	978ft ☐
Meall nan Laogh	SuS	2543ft ☐	Meall nan Leapaichean	3Tu	1109ft ☐
Meall nan Loth	4Tu	1463ft ☐	Meall nan Luath	4Tu	1483ft ☐
Meall nan Maigheach	D	1650ft ☐	Meall nan Oighreag	S	2733ft ☐
Meall nan Oighreag	D	1901ft ☐	Meall nan Oighreagan	S	2018ft ☐
Meall nan Oighreagan East Top	SuD	1781ft ☐	Meall nan Oighreagan SE Top	D	1929ft ☐
Meall nan Ruadhag	H	2122ft ☐	Meall nan Ruadhag	S	2302ft ☐
Meall nan Ruadhag	H	1463ft ☐	Meall nan Ruadhag	3Tu	1191ft ☐
Meall nan Ruadhag	2Tu	906ft ☐	Meall nan Ruadhlag	4Tu	1414ft ☐
Meall nan Ruag	S	2029ft ☐	Meall nan Ruaig	D	1900ft ☐
Meall nan Sac	S	2143ft ☐	Meall nan Sac	SuD	1693ft ☐

Meall nan Saighdearan	H	2234ft ☐	Meall nan Saighdearan East Top	SuS	2064ft ☐
Meall nan Samhna Far West Top	SuS	2801ft ☐	Meall nan Samhna West Top	SuS	2806ft ☐
Meall nan Sithean	H	581ft ☐	Meall nan Sleac	S	2625ft ☐
Meall nan Spardan	U	2136ft ☐	Meall nan Subh	M	2644ft ☐
Meall nan Subh South Top	SuS	2552ft ☐	Meall nan Suithean	0Tu	161ft ☐
Meall nan Tarmachan	M	3424ft ☐	Meall nan Tarmachan	S	2359ft ☐
Meall nan Tarmachan East Top	SuS	2839ft ☐	Meall nan Tarmachan NE Top	SuS	2650ft ☐
Meall nan Tarmachan South Top	MuT	3024ft ☐	Meall nan Tarmachan West Top	S	2265ft ☐
Meall nan Tighearn	S	2436ft ☐	Meall nan Tri Tighearnan	S	2926ft ☐
Meall nan Uan	4Tu	1398ft ☐	Meall nan Uan	3Tu	1289ft ☐
Meall nan Uan	0Tu	239ft ☐	Meall nan Uan	SuD	1788ft ☐
Meall Nathrach Mor	SuS	2740ft ☐	Meall Oban Seil	0Tu	282ft ☐
Meall Odhar	M	2155ft ☐	Meall Odhar	MuT	3025ft ☐
Meall Odhar	S	2920ft ☐	Meall Odhar	S	2058ft ☐
Meall Odhar	S	2037ft ☐	Meall Odhar	S	2119ft ☐
Meall Odhar	S	2251ft ☐	Meall Odhar	D	1864ft ☐
Meall Odhar	4Tu	1401ft ☐	Meall Odhar	4Tu	1516ft ☐
Meall Odhar	U	1332ft ☐	Meall Odhar	3Tu	1234ft ☐
Meall Odhar a' Chire	H	2736ft ☐	Meall Odhar Ailleag	S	2566ft ☐
Meall Odhar Loch Monaidh	S	2454ft ☐	Meall Odhar Loisgte	S	2837ft ☐
Meall Odhar Mor	S	2925ft ☐	Meall Odhar Mor	S	2736ft ☐
Meall Odhar Mor	S	2223ft ☐	Meall Onfhaidh	M	2234ft ☐
Meall Ptarmigan	SuS	2674ft ☐	Meall Reamhar	M	2027ft ☐
Meall Reamhar	S	2770ft ☐	Meall Reamhar	S	2195ft ☐

Meall Reamhar	S	2172ft	☐	Meall Reamhar	S	2219ft ☐
Meall Reamhar	S	2201ft	☐	Meall Reamhar	S	2121ft ☐
Meall Reamhar	SuD	1968ft	☐	Meall Reamhar	D	1661ft ☐
Meall Reamhar	SuD	1821ft	☐	Meall Reamhar	4Tu	1621ft ☐
Meall Reamhar	D	1854ft	☐	Meall Reamhar	D	1755ft ☐
Meall Reamhar	3Tu	1079ft	☐	Meall Reamhar	4Tu	1565ft ☐
Meall Reamhar	4Tu	1516ft	☐	Meall Reamhar	2Tu	755ft ☐
Meall Reamhar	2Tu	712ft	☐	Meall Reamhar	SuS	2024ft ☐
Meall Reamhar North Top	SuS	2629ft	☐	Meall Reamhar South Top	D	1660ft ☐
Meall Reamhar West Top	SuS	2159ft	☐	Meall Reinidh	4Tu	1493ft ☐
Meall Riabhach	4Tu	1522ft	☐	Meall Riabhach	3Tu	994ft ☐
Meall Riabhach	1Tu	489ft	☐	Meall Ruadh	H	1496ft ☐
Meall Ruigh a' Bhricleathaid	SuD	1673ft	☐	Meall Ruigh Mor Thearlaich	S	2674ft ☐
Meall Ruigh nam Biorag	D	1785ft	☐	Meall Ruigh nam Biorag East Top	SuD	1673ft ☐
Meall Sanna	1Tu	607ft	☐	Meall Sanna North Top	1Tu	604ft ☐
Meall Searraig	1Tu	443ft	☐	Meall Sgallachd	SuS	2320ft ☐
Meall Sguman	M	1785ft	☐	Meall Sligneach	3Tu	1060ft ☐
Meall Suil a' Chrotha	1Tu	594ft	☐	Meall Tairbh	M	2180ft ☐
Meall Tairbh	SuD	1654ft	☐	Meall Tairneachan	M	2582ft ☐
Meall Tairneachan West Top	SuS	2336ft	☐	Meall Tarsuinn	S	2877ft ☐
Meall Tarsuinn	S	2126ft	☐	Meall Tarsuinn	H	2161ft ☐
Meall Tarsuinn	3Tu	1296ft	☐	Meall Taurnie	S	2598ft ☐
Meall Thailm	0Tu	184ft	☐	Meall Tionail	S	2929ft ☐
Meall Tionail	S	2952ft	☐	Meall Tionail	S	2634ft ☐

Meall Tionail	S	2336ft	☐	Meall Tionail	SuS	2388ft ☐
Meall Tionail	SuD	1909ft	☐	Meall Tionail na Beinne Brice	S	2593ft ☐
Meall Tional	SuS	2621ft	☐	Meall Tom a' Ghanntair	3Tu	1207ft ☐
Meall Ton Eich	S	2674ft	☐	Meall Tuath	1Tu	381ft ☐
Meall Uaine	H	2605ft	☐	Meall Uaine	S	2054ft ☐
Meall Uaine	SuS	2959ft	☐	Meall Uaineil	3Tu	1122ft ☐
Meall Uamhaidh	SuD	1726ft	☐	Meall Ur a' Bhorraich	1Tu	568ft ☐
Meall Voirlich	D	1841ft	☐	Meallach Bheag	S	2280ft ☐
Meallach Chaitrine	D	1752ft	☐	Meallach Mhor	M	2523ft ☐
Meallan a' Bhuic	0Tu	157ft	☐	Meallan a' Chuail	M	2461ft ☐
Meallan a' Mhuthaidh Beag	4Tu	1424ft	☐	Meallan a' Mhuthaidh Mor	H	1683ft ☐
Meallan Aluinn	3Tu	984ft	☐	Meallan an Laoigh	S	2146ft ☐
Meallan an Leathaid Mhoir	D	1703ft	☐	Meallan an Lochan-ghiubhais	1Tu	653ft ☐
Meallan Buidhe	S	2884ft	☐	Meallan Buidhe	S	2508ft ☐
Meallan Buidhe	S	2077ft	☐	Meallan Buidhe	D	1821ft ☐
Meallan Buidhe	4Tu	1467ft	☐	Meallan Buidhe an Fheadain	D	1962ft ☐
Meallan Caoruinn	SuD	1640ft	☐	Meallan Dearg	3Tu	1076ft ☐
Meallan Diomhain	SuS	1998ft	☐	Meallan Donn	3Tu	1302ft ☐
Meallan Dubh	SuS	2612ft	☐	Meallan Gainmhich	3Tu	1198ft ☐
Meallan Ghobhar	4Tu	1535ft	☐	Meallan Gobhar	2Tu	974ft ☐
Meallan Liath	H	1968ft	☐	Meallan Liath Beag	SuD	1860ft ☐
Meallan Liath Beag	D	1650ft	☐	Meallan Liath Beag Far South Top	SuD	1690ft ☐
Meallan Liath Beag Near South Top	SuD	1729ft	☐	Meallan Liath Beag South Top	D	1693ft ☐
Meallan Liath Beg	4Tu	1572ft	☐	Meallan Liath Coire Mhic Dhughaill	M	2627ft ☐

Name	Class	Height		Name	Class	Height	
Meallan Liath Coire Mhic Dhughaill East	SuS	2427ft	☐	Meallan Liath Mor	S	2244ft	☐
Meallan Liath Mor	H	1519ft	☐	Meallan Liath Mor	D	1677ft	☐
Meallan Liath Mor	4Tu	1631ft	☐	Meallan Liath Mor NW Top	4Tu	1332ft	☐
Meallan Liath NE Top	D	1644ft	☐	Meallan Mhic Aonghais	3Tu	1204ft	☐
Meallan Mhic Iamhair	4Tu	1639ft	☐	Meallan Mhurchaidh	SuS	2051ft	☐
Meallan Mhurchaidh	SuD	1644ft	☐	Meallan na Ceardaich	D	1831ft	☐
Meallan na Ceardaich North Top	SuD	1847ft	☐	Meallan na Saobhaidhe	SuS	2250ft	☐
Meallan na Sealga	3Tu	1030ft	☐	Meallan nan Gobhar	D	1952ft	☐
Meallan nan Gobhar NW Top	SuD	1932ft	☐	Meallan nan Uan	M	2750ft	☐
Meallan nan Uan East Top	SuS	2439ft	☐	Meallan Odhar	S	2672ft	☐
Meallan Odhar	S	2304ft	☐	Meallan Odhar	H	2008ft	☐
Meallan Odhar	S	2277ft	☐	Meallan Odhar	H	1617ft	☐
Meallan Odhar	SuS	2018ft	☐	Meallan Odhar	SuS	2533ft	☐
Meallan Odhar	D	1759ft	☐	Meallan Odhar	4Tu	1635ft	☐
Meallan Odhar	SuD	1742ft	☐	Meallan Odhar	D	1867ft	☐
Meallan Odhar	4Tu	1375ft	☐	Meallan Odhar	4Tu	1430ft	☐
Meallan Odhar	3Tu	1217ft	☐	Meallan Odhar	SuS	1981ft	☐
Meallan Odhar Doire nan Gillean	M	1965ft	☐	Meallan Odhar Meadhon	SuS	2370ft	☐
Meallan Odhar na Gaibhre	2Tu	912ft	☐	Meallan Odhar nan Tri Chrioch	D	1877ft	☐
Meallan Udrigill	0Tu	305ft	☐	Meallanan Odhar	S	2482ft	☐
Meallanan Odhar	SuS	2457ft	☐	Meallard	0Tu	230ft	☐
Mealowther	4Tu	1457ft	☐	Meams Hill	2Tu	889ft	☐
Mean Chnoc	3Tu	1040ft	☐	Meannan Mor	0Tu	289ft	☐
Mearns Law	2Tu	784ft	☐	Meaul	S	2280ft	☐

Meaul	4Tu	1503ft	☐	Meaul	4Tu	1417ft	☐
Meg's Hill	4Tu	1437ft	☐	Meg's Hill	3Tu	1158ft	☐
Meigle Hill	M	1388ft	☐	Meikle Auchinstilloch	4Tu	1611ft	☐
Meikle Balloch	4Tu	1519ft	☐	Meikle Balloch Hill	M	1201ft	☐
Meikle Ben Shalag	4Tu	1352ft	☐	Meikle Bennan	3Tu	1128ft	☐
Meikle Bennan	3Tu	1102ft	☐	Meikle Bin	M	1870ft	☐
Meikle Black Law	H	804ft	☐	Meikle Cairn	3Tu	1102ft	☐
Meikle Caldon	1Tu	604ft	☐	Meikle Carewe Hill	2Tu	876ft	☐
Meikle Charsk Hill	SuD	1926ft	☐	Meikle Conval	M	1873ft	☐
Meikle Corr Riabhach	S	2556ft	☐	Meikle Culcaigrie Hill	2Tu	747ft	☐
Meikle Dornell	H	574ft	☐	Meikle Dumeath	0Tu	122ft	☐
Meikle Geal Charn	S	2631ft	☐	Meikle Hill	2Tu	945ft	☐
Meikle Hill	4Tu	1371ft	☐	Meikle Hill of the Shalloch	3Tu	1145ft	☐
Meikle Millyea	H	2456ft	☐	Meikle Millyea - Trig Point	dDot	2450ft	☐
Meikle Mulltaggart	S	2008ft	☐	Meikle Pap	MuT	3215ft	☐
Meikle Ross	0Tu	295ft	☐	Meikle Says Law	M	1755ft	☐
Meikle Says Law (boundary)	HCT	1745ft	☐	Meikle Shag	D	1644ft	☐
Meikle Snout	4Tu	1339ft	☐	Meikle Tap	3Tu	1178ft	☐
Meikle Tarrel Hill	0Tu	213ft	☐	Meikle Turf Hill	4Tu	1440ft	☐
Meikledodd Hill	S	2110ft	☐	Meilein	0Tu	253ft	☐
Meith Bheinn	M	2329ft	☐	Meith Bheinn East Top	SuS	2088ft	☐
Meith Bheinn West Top	S	2174ft	☐	Mellerstain Hill	2Tu	784ft	☐
Mellock Hill	4Tu	1572ft	☐	Meluncart	H	1722ft	☐
Menachban	4Tu	1470ft	☐	Mendick Hill	M	1480ft	☐

Name	Class	Height		Name	Class	Height	
Merkland Hill	3Tu	1211ft	☐	Merranblo	U	479ft	☐
Merrick	M	2766ft	☐	Merry Law	4Tu	1565ft	☐
Mid Cairn	D	1778ft	☐	Mid Craig	SuS	2392ft	☐
Mid Craig	0Tu	262ft	☐	Mid Field	3Tu	1273ft	☐
Mid Field	1Tu	545ft	☐	Mid Field	1Tu	420ft	☐
Mid Field	1Tu	384ft	☐	Mid Field	1Tu	351ft	☐
Mid Field	0Tu	203ft	☐	Mid Field	0Tu	180ft	☐
Mid Height	D	1821ft	☐	Mid Hill	M	902ft	☐
Mid Hill	S	2536ft	☐	Mid Hill	SuD	1699ft	☐
Mid Hill	SuD	1713ft	☐	Mid Hill	3Tu	1030ft	☐
Mid Hill	1Tu	633ft	☐	Mid Hill	3Tu	1132ft	☐
Mid Hill	1Tu	436ft	☐	Mid Hill	4Tu	1542ft	☐
Mid Hill	4Tu	1430ft	☐	Mid Hill	4Tu	1352ft	☐
Mid Hill	U	1207ft	☐	Mid Hill	3Tu	1073ft	☐
Mid Hill	M	2156ft	☐	Mid Hill of Glenhead	D	1742ft	☐
Mid Kame	1Tu	597ft	☐	Mid Moile	2Tu	846ft	☐
Mid Rig	S	2020ft	☐	Mid Rig	3Tu	1286ft	☐
Mid Ward	M	564ft	☐	Middle Clett	0Tu	118ft	☐
Middle Duncolm	3Tu	1289ft	☐	Middle Head	SuD	1703ft	☐
Middle Hill	S	2353ft	☐	Middle Hill	SuD	1824ft	☐
Middle Hill	SuS	1992ft	☐	Middle Moor	4Tu	1542ft	☐
Middle Shalaval	0Tu	285ft	☐	Middlebar Knowe	4Tu	1362ft	☐
Middlefield Law	M	1529ft	☐	Middlethird Hill	2Tu	755ft	☐
Midi Field	1Tu	645ft	☐	Migdale Rock	H	758ft	☐

Mile Hill	M	1345ft	☐	Mile Hill	3Tu	1053ft	☐
Milharay Hill	2Tu	982ft	☐	Mill Buie	H	1217ft	☐
Mill Hill	2Tu	937ft	☐	Mill Knock	2Tu	876ft	☐
Mill Maud	4Tu	1335ft	☐	Mill na Claise	1Tu	489ft	☐
Mill Rig	3Tu	1109ft	☐	Millaneoch Hill	SuS	1996ft	☐
Milldewan Hill	SuD	1650ft	☐	Milldoe - Mid Tooin	M	735ft	☐
Milldown	S	2421ft	☐	Millerton Hill	1Tu	433ft	☐
Millfire	Dot	2349ft	☐	Millfore	M	2156ft	☐
Millfore Hill	S	1975ft	☐	Millfore SW Top	dDot	2034ft	☐
Millhockie Hill	3Tu	1073ft	☐	Millhuie Hill	4Tu	1565ft	☐
Milljoan Hill	4Tu	1322ft	☐	Millstone Cairn	S	2438ft	☐
Millstone Edge	D	1860ft	☐	Millstone Hill	M	1342ft	☐
Millstone Hill	H	984ft	☐	Milquhanzie Hill	H	1153ft	☐
Milray Hill	D	1726ft	☐	Milton Fell	1Tu	417ft	☐
Milton Knowe	3Tu	1165ft	☐	Mina Stac	0Tu	200ft	☐
Minch Moor	M	1860ft	☐	Mine Hill	SuD	1673ft	☐
Mingay	0Tu	105ft	☐	Minishal	3Tu	1125ft	☐
Minnygap Height	3Tu	1310ft	☐	Minto Craigs	2Tu	735ft	☐
Minto Hills	H	906ft	☐	Minto Hills North Top	2Tu	830ft	☐
Mircill Mhor	0Tu	187ft	☐	Mirkslair Hill	3Tu	1270ft	☐
Misty Law	D	1673ft	☐	Mither Tap	D	1699ft	☐
Mo Bhiogadail	3Tu	1234ft	☐	Mo Bhiogadail East Top	3Tu	1122ft	☐
Mochrum Fell	M	1040ft	☐	Mochrum Fell	H	646ft	☐
Mochrum Hill	H	888ft	☐	Mocleitean	2Tu	869ft	☐

Mointeach nan Tarbh	1Tu	407ft	☐	Molls Cleuch Dod	S	2575ft	☐
Mona Gowan	M	2457ft	☐	Monadh an t-Sluichd Leith	S	2625ft	☐
Monadh Beag	D	1732ft	☐	Monadh Beag	2Tu	817ft	☐
Monadh Driseig	SuS	2121ft	☐	Monadh Dubh	2Tu	892ft	☐
Monadh Dubh Stack	0Tu	105ft	☐	Monadh Fergie	D	1890ft	☐
Monadh Gorm	4Tu	1568ft	☐	Monadh Leathann	D	1962ft	☐
Monadh Meadale	3Tu	1138ft	☐	Monadh Meadhoin	3Tu	1158ft	☐
Monadh Meadhonach	2Tu	981ft	☐	Monadh Mor	H	3652ft	☐
Monadh na Ceapaich	U	249ft	☐	Monadh na Sroine Dhuibhe	2Tu	761ft	☐
Monadh nam Mial	H	1981ft	☐	Monadh nan Eun	S	2415ft	☐
Monadh nan Lochan	3Tu	997ft	☐	Monadh Rahuaidh	3Tu	1020ft	☐
Monadh Seann-talaimh	2Tu	699ft	☐	Monamenach	M	2648ft	☐
Monawee	S	2283ft	☐	Moncreiffe Hill	M	732ft	☐
Moncreiffe Island	SIB	13ft	☐	Monega Hill	SuS	2979ft	☐
Mongour	3Tu	1234ft	☐	Monluth Hill	H	1237ft	☐
Monrae	SuD	1916ft	☐	Mons Hill	1Tu	390ft	☐
Montague Hill	2Tu	745ft	☐	Montalt Hill	3Tu	994ft	☐
Montcoffer Hill	1Tu	351ft	☐	Montquey Hill	1Tu	538ft	☐
Moo Stack	0Tu	118ft	☐	Mood Law	3Tu	1063ft	☐
Moonzie Hill	1Tu	453ft	☐	Moor Fea	3Tu	997ft	☐
Moorbrock Hill	H	2137ft	☐	Moorbrock Hill North Top	dDot	2103ft	☐
Mor Bheinn	M	2101ft	☐	Mor Bheinn North Top	SuD	1811ft	☐
Morar Hill	0Tu	276ft	☐	Morebattle Hill	2Tu	718ft	☐
Morins Hill	3Tu	988ft	☐	Morrone	M	2820ft	☐

Morrone South Top	SuS	2702ft	☐	Mortlich	3Tu	1250ft	☐
Morton Mains Hill	3Tu	1076ft	☐	Moruisg	M	3045ft	☐
Moruisg East Top	S	2861ft	☐	Moruisg Far East Top	S	2792ft	☐
Morven	M	2316ft	☐	Morven	M	2861ft	☐
Moss Castle	2Tu	719ft	☐	Moss Hill	S	2162ft	☐
Moss Houll	1Tu	384ft	☐	Moss Law	SuD	1873ft	☐
Mossbrae Height	4Tu	1534ft	☐	Mosscastle Hill	4Tu	1358ft	☐
Mosshope Bank	D	1709ft	☐	Mosshope Fell	4Tu	1572ft	☐
Mosshouses Moor	2Tu	981ft	☐	Mossy Rig	SuD	1808ft	☐
Moul of Eswick	0Tu	203ft	☐	Mound Rock	2Tu	682ft	☐
Mount Battock	M	2552ft	☐	Mount Blair	M	2442ft	☐
Mount Bouie	SuD	1919ft	☐	Mount Eagle	M	840ft	☐
Mount Hill	M	725ft	☐	Mount Keen	M	3081ft	☐
Mount Maw	D	1755ft	☐	Mount of Haddoch	D	1709ft	☐
Mount Pisga	1Tu	561ft	☐	Mount Pleasant	1Tu	571ft	☐
Mount Sallie	0Tu	220ft	☐	Mount Shade	H	1663ft	☐
Mount Skep	U	994ft	☐	Mount Stuart	4Tu	1565ft	☐
Mount Zion	1Tu	561ft	☐	Mountain End	U	965ft	☐
Mountbenger Law	H	1784ft	☐	Mountcommon Hill	4Tu	1516ft	☐
Mountherrick Hill	H	1401ft	☐	Mounthuillie	2Tu	758ft	☐
Mountlehoy Hill	1Tu	564ft	☐	Mousa Vords	1Tu	371ft	☐
Mow Law	2Tu	879ft	☐	Moyl	0Tu	203ft	☐
Moyle Hill	H	492ft	☐	Mozie Law	SuD	1811ft	☐
Muaitheabhal	M	1391ft	☐	Muckla Field	1Tu	466ft	☐

Muckle Billerin	0Tu	249ft	☐	Muckle Billia Fiold	1Tu	643ft	☐
Muckle Bleak Law	3Tu	1256ft	☐	Muckle Cairn	SuS	2710ft	☐
Muckle Eriff Hill	3Tu	1083ft	☐	Muckle Flugga	0Tu	148ft	☐
Muckle Fogla Stack	0Tu	101ft	☐	Muckle Green Holm	SIB	92ft	☐
Muckle Hallitie	0Tu	276ft	☐	Muckle Head (Balta)	0Tu	144ft	☐
Muckle Hoo Field	1Tu	354ft	☐	Muckle Houll	0Tu	299ft	☐
Muckle Knees	D	1929ft	☐	Muckle Knock	4Tu	1526ft	☐
Muckle Knowe	4Tu	1529ft	☐	Muckle Knowe	3Tu	1184ft	☐
Muckle Ossa	0Tu	184ft	☐	Muckle Skerry	SIB	75ft	☐
Muckle Ward	0Tu	295ft	☐	Muckle Ward	1Tu	335ft	☐
Muckle Ward	1Tu	328ft	☐	Muckle Ward	0Tu	125ft	☐
Muclich Hill	1Tu	640ft	☐	Mudlee Bracks	S	2257ft	☐
Mugdock Hill	1Tu	456ft	☐	Muil Hill	3Tu	1138ft	☐
Muir of Seggieden	2Tu	817ft	☐	Muirburn Fort	3Tu	1125ft	☐
Muirhouse Law	U	586ft	☐	Muirneag	M	814ft	☐
Mula	2Tu	889ft	☐	Mula na Caillich	3Tu	1188ft	☐
Muladal	4Tu	1489ft	☐	Mull of Cara	0Tu	184ft	☐
Mull of Galloway	0Tu	279ft	☐	Mull of Miljoan	3Tu	1168ft	☐
Mull of Oa	1Tu	433ft	☐	Mull of Ross	0Tu	246ft	☐
Mull of Sinniness	0Tu	249ft	☐	Mulla bho Dheas	H	2438ft	☐
Mulla bho Thuath	S	2362ft	☐	Mulla Craig	3Tu	1073ft	☐
Mullach	2Tu	803ft	☐	Mullach a' Bhrian Leitir	4Tu	1345ft	☐
Mullach a' Chadha Bhuidhe	H	1460ft	☐	Mullach a' Charnain (Gighay)	0Tu	312ft	☐
Mullach a' Ghlas-thuill	S	2598ft	☐	Mullach a' Ghlinn Mhoir	1Tu	597ft	☐

Mullach a' Ghlinne	H	1736ft	☐	Mullach a' Ruisg	4Tu	1552ft	☐
Mullach an Achaidh Mhoir	1Tu	331ft	☐	Mullach an Eilein	M	1261ft	☐
Mullach an Langa	S	2014ft	☐	Mullach an Rathain East Top	SuS	3196ft	☐
Mullach an Rathain Far East Top	SuS	2960ft	☐	Mullach an Roin	1Tu	545ft	☐
Mullach an Roin East Top	1Tu	446ft	☐	Mullach an t-Samhraidh	SuD	1900ft	☐
Mullach Ban	0Tu	194ft	☐	Mullach Beag	2Tu	807ft	☐
Mullach Bi	H	1175ft	☐	Mullach Bi North Top	U	910ft	☐
Mullach Breac Mhalasgair	H	566ft	☐	Mullach Buidhe	M	531ft	☐
Mullach Buidhe	S	2720ft	☐	Mullach Cadha Rainich	MuT	3266ft	☐
Mullach Chonachair	2Tu	673ft	☐	Mullach Clach a' Bhlair	H	3343ft	☐
Mullach Clach a' Bhlair North Top	SuS	3127ft	☐	Mullach Coire a' Chuir	H	2100ft	☐
Mullach Coire a' Chuir NW Top	SuD	1929ft	☐	Mullach Coire Ardachaidh	D	1768ft	☐
Mullach Coire Mhic Fhearchair	M	3331ft	☐	Mullach Coire Mhic Fhearchair East Top	MuT	3208ft	☐
Mullach Coire Mhic Fhearchair West Top	SuS	2218ft	☐	Mullach Coire na Gaoitheag	S	2070ft	☐
Mullach Coire nan Dearcag	U	2848ft	☐	Mullach Coire nan Geur-oirean	M	2385ft	☐
Mullach Coire nan Geur-oirean West Top	S	2201ft	☐	Mullach Coire nan Nead	MuT	3025ft	☐
Mullach Coire Preas nan Seana-char	S	2129ft	☐	Mullach Doir-ath	4Tu	1618ft	☐
Mullach Dubh	1Tu	502ft	☐	Mullach Fraoch-choire	M	3615ft	☐
Mullach Fraoch-choire NE Top	SuS	3435ft	☐	Mullach Li	S	2192ft	☐
Mullach Lochan nan Gabhar	SuS	3688ft	☐	Mullach Mor	M	997ft	☐
Mullach Mor	M	1030ft	☐	Mullach Mor	3Tu	1184ft	☐
Mullach Mor (Boreray)	0Tu	184ft	☐	Mullach na Beinne	0Tu	217ft	☐
Mullach na Carn	M	1299ft	☐	Mullach na Creige Deirge	1Tu	505ft	☐
Mullach na Dheiragain	H	3222ft	☐	Mullach na Glaic Bhaine	2Tu	932ft	☐

Mullach na h-Airde Bige	H	597ft	☐	Mullach na Maoile	SuS	2497ft ☐
Mullach na Reidheachd	2Tu	968ft	☐	Mullach nam Maol	D	1762ft ☐
Mullach nam Maol North Top	SuD	1759ft	☐	Mullach nan Cadhaichean	H	961ft ☐
Mullach nan Coirean	Mu	3082ft	☐	Mullach nan Coirean East Top	S	3007ft ☐
Mullach nan Coirean SE Top	MuT	3010ft	☐	Mullach nan Ron	1Tu	646ft ☐
Mullach Neacail (Fuidheigh)	0Tu	292ft	☐	Mullach Sithidh	MuT	3196ft ☐
Mullach Tarsuinn	S	2438ft	☐	Mullachdubh	S	2234ft ☐
Mulldonoch	D	1839ft	☐	Mulloch	2Tu	922ft ☐
Mulloch Hill	2Tu	830ft	☐	Mulloch Hill	1Tu	561ft ☐
Mullwhanny	D	1755ft	☐	Mullwharchar	M	2270ft ☐
Munches Hill	1Tu	574ft	☐	Mundernal	3Tu	1063ft ☐
Munshiel Hill	4Tu	1322ft	☐	Munwhul	4Tu	1345ft ☐
Murdochcairnie Hill	1Tu	515ft	☐	Murie Hill	0Tu	170ft ☐
Murill Hill	2Tu	709ft	☐	Murligan Hill	3Tu	1270ft ☐
Murrayshall Hill	H	919ft	☐	Muskna Field	H	860ft ☐
Myot Hill	2Tu	696ft	☐	Myrecairnie Hill	1Tu	568ft ☐
Myreton Hill	3Tu	1270ft	☐	Na Binneinean	3Tu	1079ft ☐
Na Ciochan	SuS	2474ft	☐	Na Ciochan East Top	SuS	2287ft ☐
Na Ciochan Far East Top	SuS	2241ft	☐	Na Craigean	4Tu	1605ft ☐
Na Creagan	1Tu	348ft	☐	Na Cruachan	H	1913ft ☐
Na Dromannain Dubha	2Tu	945ft	☐	Na Dunain	3Tu	1010ft ☐
Na Gilleachan Ruadh	0Tu	157ft	☐	Na Gruagaichean	Mu	3459ft ☐
Na Gruagaichean NW Top	MuT	3408ft	☐	Na h-Uamhachan	H	2267ft ☐
Na h-Ursainnan	1Tu	581ft	☐	Na h-Ursainnan East Top	1Tu	531ft ☐

Name	Class	Height		Name	Class	Height	
Na Maoilean	M	1157ft	☐	Na Rathanan	H	2835ft	☐
Na Rathanan East Top	SuS	2815ft	☐	Na Rathanan Far East Top	SuS	2674ft	☐
Na Stacain	0Tu	200ft	☐	Na Tuadhan	S	2826ft	☐
Nabhar	0Tu	325ft	☐	Naideabhal a-Muigh	4Tu	1483ft	☐
Nap Hill	4Tu	1434ft	☐	Narachan Hill	2Tu	935ft	☐
Nathro Hill	3Tu	1257ft	☐	Naver Rock	1Tu	554ft	☐
Navvins	0Tu	157ft	☐	Naze Hill	3Tu	1086ft	☐
Nead an Fhior-eoin	H	1096ft	☐	Neap	1Tu	581ft	☐
Neapabhal	0Tu	295ft	☐	Neapabhal	0Tu	269ft	☐
Neapna Stack	0Tu	125ft	☐	Neave Island	0Tu	230ft	☐
Needle Rock	D	1657ft	☐	Needs Law	4Tu	1457ft	☐
Neilston Pad	2Tu	856ft	☐	Neishnaval	0Tu	305ft	☐
Nemphlar Moor	2Tu	669ft	☐	Ness	0Tu	157ft	☐
Ness of Bixter	0Tu	190ft	☐	Ness of Copister	0Tu	164ft	☐
Ness of Culsetter	0Tu	315ft	☐	Ness of Houll	0Tu	269ft	☐
Ness of Olnesfirth	1Tu	407ft	☐	Ness of Sound	0Tu	105ft	☐
Ness of West Sandwick	0Tu	144ft	☐	Ness Vird	1Tu	400ft	☐
Nether Coomb Craig	Dot	2376ft	☐	Nether Craig	SuD	1752ft	☐
Nether Dod	3Tu	1152ft	☐	Nether Hill	4Tu	1401ft	☐
Nether Oliver Dod	H	1677ft	☐	New England	0Tu	223ft	☐
Newbigging Hill	2Tu	771ft	☐	Newburgh Wood	2Tu	702ft	☐
Newby Kipps	D	1650ft	☐	Newfield Hill	U	774ft	☐
Newhall Hill	2Tu	892ft	☐	Newlaw Hill	1Tu	600ft	☐
Newmains Hill	1Tu	633ft	☐	Newmill Hill	1Tu	335ft	☐

Newton Hill	4Tu	1384ft	☐	Newton Hill	1Tu	472ft	☐
Newtyle Hill	M	1040ft	☐	Newtyle Hill	2Tu	728ft	☐
Nickies Knowe	Dot	2496ft	☐	Nicolson's Leap	0Tu	108ft	☐
Nighean a' Mhill	SuD	1781ft	☐	Niosa Mhor	H	446ft	☐
Nisreabhal	1Tu	341ft	☐	Niviston Hill	4Tu	1509ft	☐
Norman's Law	M	935ft	☐	Norry Hill	3Tu	1119ft	☐
North Berwick Law	M	614ft	☐	North Birkhill	U	279ft	☐
North Burnt Hill	4Tu	1414ft	☐	North Egilsay	0Tu	102ft	☐
North Gaulton Castle	0Tu	115ft	☐	North Goatfell	S	2684ft	☐
North Havra	0Tu	125ft	☐	North Hill	0Tu	141ft	☐
North Hill	1Tu	341ft	☐	North Hill	1Tu	404ft	☐
North Hill	H	794ft	☐	North Hill (Papa Westray)	0Tu	157ft	☐
North Isle of Gletness	0Tu	108ft	☐	North Lee of Setter	1Tu	328ft	☐
North Mid Field	1Tu	479ft	☐	North Muir Hill	3Tu	1178ft	☐
North Scoo	0Tu	243ft	☐	North Stack of Duncansby	0Tu	171ft	☐
North Ward	0Tu	269ft	☐	Northballo Hill	3Tu	1047ft	☐
Northfield Law	U	394ft	☐	Northtown Hill	0Tu	125ft	☐
Noss Head	M	594ft	☐	Noss Hill	1Tu	367ft	☐
Notman Law	Dot	2408ft	☐	Noup Head	0Tu	253ft	☐
Noup o' Noss	0Tu	285ft	☐	Nowtrig Head	S	1994ft	☐
Nunland Hill	1Tu	479ft	☐	Nutberry Hill	M	1713ft	☐
Nutholm Hill	1Tu	394ft	☐	Oa Stack	0Tu	115ft	☐
Oakrigg	1Tu	472ft	☐	Ob Greim	0Tu	180ft	☐
Oe Field (Isle of Nibon)	0Tu	112ft	☐	Oidreabhal	1Tu	351ft	☐

Oileasail	H	676ft	☐	Oirchleit	1Tu	623ft	☐
Oireabhal	4Tu	1486ft	☐	Oireabhal	M	2172ft	☐
Oisebhal	H	961ft	☐	Old Fir Hill	2Tu	899ft	☐
Old Graden Hill	2Tu	751ft	☐	Old Hill	3Tu	1152ft	☐
Old Man	1Tu	610ft	☐	Old Man of Hoy	H	449ft	☐
Old Man of Stoer	0Tu	197ft	☐	Old Man of Stoer South Stack	0Tu	118ft	☐
Old Man of Storr	D	1755ft	☐	Oldman Hill	1Tu	358ft	☐
Onweather Hill	4Tu	1558ft	☐	Orasaigh	0Tu	125ft	☐
Orasaigh	0Tu	105ft	☐	Orasaigh	SIB	82ft	☐
Ord Ban	M	1404ft	☐	Ord Fundlie	2Tu	876ft	☐
Ord Hill	H	627ft	☐	Ord Hill	1Tu	489ft	☐
Ord Hill	0Tu	312ft	☐	Ord Hill	2Tu	876ft	☐
Ord Hill	2Tu	735ft	☐	Ord More	2Tu	810ft	☐
Ord na h-Eaglaise	0Tu	177ft	☐	Ord of Tillyfumerie	2Tu	715ft	☐
Ordan Shios	3Tu	1161ft	☐	Ordie Caber	3Tu	1089ft	☐
Ordiesnaught	2Tu	925ft	☐	Ordiquhill	2Tu	818ft	☐
Oris Field	0Tu	256ft	☐	Ormiston Hill	H	774ft	☐
Ornais	0Tu	217ft	☐	Ornais North Top	0Tu	197ft	☐
Ornsay	0Tu	151ft	☐	Oronsay	0Tu	243ft	☐
Orrock Hill	2Tu	673ft	☐	Orval	M	1873ft	☐
Orwick Hill	0Tu	256ft	☐	Outer Brough	0Tu	121ft	☐
Outer Law	3Tu	1188ft	☐	Outer Stack	0Tu	131ft	☐
Outh Hill	3Tu	1063ft	☐	Outnabreck Hill	1Tu	453ft	☐
Over Craig	SuD	1803ft	☐	Over Hill	1Tu	456ft	☐

Owsen Hill	SuD	1654ft	☐	Ox Hill	D	1657ft	☐
Oxcleugh Rig	D	1699ft	☐	Pabaigh Beag	0Tu	135ft	☐
Pabay	SIB	92ft	☐	Paddock Slack	4Tu	1604ft	☐
Paddockhole Hill	2Tu	751ft	☐	Pairc a' Chladaich	0Tu	164ft	☐
Pairc Gharbh	1Tu	341ft	☐	Pal a' Chaitainich	0Tu	121ft	☐
Palmer Hill	2Tu	833ft	☐	Pannanich Hill	S	1973ft	☐
Pans Hill	1Tu	344ft	☐	Pap of Glencoe	M	2436ft	☐
Papa	0Tu	105ft	☐	Papa Stronsay	SIB	43ft	☐
Paper Hill	D	1893ft	☐	Parishholm Hill	4Tu	1401ft	☐
Park Hill	3Tu	1112ft	☐	Park Hill	1Tu	338ft	☐
Parkhead Hill	3Tu	1243ft	☐	Parkhead Hill	2Tu	771ft	☐
Parkley Hill	U	470ft	☐	Parlan Hill	H	2185ft	☐
Patie's Hill	4Tu	1568ft	☐	Patna Hill	2Tu	853ft	☐
Paul Matthew Hill	1Tu	564ft	☐	Peal Hill	2Tu	763ft	☐
Pearsby Hill	2Tu	948ft	☐	Pease Dean Hill	U	707ft	☐
Peat Hill	4Tu	1578ft	☐	Peat Hill	4Tu	1542ft	☐
Peat Hill	4Tu	1529ft	☐	Peat Hill	4Tu	1512ft	☐
Peat Law	4Tu	1398ft	☐	Peat Law	O	1211ft	☐
Peat Rigg	3Tu	1266ft	☐	Peathill	1Tu	338ft	☐
Peatshank Head	4Tu	1578ft	☐	Peaty Hill	1Tu	597ft	☐
Peden Head	dDot	2267ft	☐	Peelton Hill	2Tu	945ft	☐
Pegal Hill	1Tu	397ft	☐	Pein a' Chleibh	2Tu	961ft	☐
Pein Borve	3Tu	1296ft	☐	Penbane	D	1686ft	☐
Penbreck	SuS	1998ft	☐	Penchrise Pen	H	1440ft	☐

Pencraig Hill	1Tu	358ft	☐	Penderry Hill	3Tu	1020ft	☐
Peniel Heugh	H	778ft	☐	Peniestone Knowe	D	1808ft	☐
Pennyvenie Colliery	2Tu	810ft	☐	Penshiel Hill	4Tu	1401ft	☐
Penvalla	M	1762ft	☐	Penveny	U	1432ft	☐
Pepper Knowe	2Tu	696ft	☐	Peter Hill	H	2024ft	☐
Peter's Hill	D	1864ft	☐	Peter's Hill West Top	SuD	1690ft	☐
Phawhope Hill	SuD	1650ft	☐	Phawhope Kips	SuD	1936ft	☐
Pheelie	3Tu	1089ft	☐	Philhope Fell	4Tu	1322ft	☐
Philip Law	4Tu	1358ft	☐	Phillip Shank	4Tu	1572ft	☐
Philpstoun Bing North	1Tu	378ft	☐	Philpstoun Bing South	U	371ft	☐
Pibble Hill	M	1257ft	☐	Pike Fell	H	1637ft	☐
Pike Fell	H	1312ft	☐	Pike Hill	4Tu	1375ft	☐
Pikestone Hill	2Tu	948ft	☐	Pikethaw Hill	M	1850ft	☐
Pikey Hill	3Tu	1165ft	☐	Pilkham Hills	1Tu	636ft	☐
Pillmore Hill	3Tu	1070ft	☐	Pilmuir Knock	1Tu	328ft	☐
Pin Stane	D	1703ft	☐	Pin Stane	3Tu	1257ft	☐
Pinbain Hill	2Tu	736ft	☐	Pinbreck Hill	D	1801ft	☐
Pinbreck Hill	4Tu	1637ft	☐	Pinderachy	H	1686ft	☐
Pinderachy South Top	3Tu	1299ft	☐	Pinnacle	D	1703ft	☐
Pinnacle Hill	2Tu	689ft	☐	Pinnel Hill	0Tu	269ft	☐
Pisgah Hill	U	1069ft	☐	Pisgah Hill	2Tu	922ft	☐
Pitfichie Hill	3Tu	1250ft	☐	Pitlour Hill	2Tu	902ft	☐
Pitscurry Hill	1Tu	436ft	☐	Pittenderich	SuD	1667ft	☐
Piuthar na Creige Duibhe	1Tu	591ft	☐	Place Hill	3Tu	1155ft	☐

Name	Class	Height		Name	Class	Height	
Plea Knowe	3Tu	988ft	☐	Plea Shank	3Tu	1096ft	☐
Plewlands Hill	0Tu	239ft	☐	Ploc an Rubha	0Tu	279ft	☐
Plock of Kyle	0Tu	174ft	☐	Plora Rig	4Tu	1568ft	☐
Plucach	SuD	1706ft	☐	Plunton Hill	0Tu	326ft	☐
Point of Ardnamurchan	0Tu	154ft	☐	Point of Knap	0Tu	295ft	☐
Point of Sleat	0Tu	243ft	☐	Pole Hill	H	945ft	☐
Pole Hill	H	965ft	☐	Pole Hill East Top	2Tu	791ft	☐
Polholm Rig	Su4	1608ft	☐	Pollan Dhughaill	3Tu	1010ft	☐
Poll-gormack Hill	S	2642ft	☐	Poll-gormack Hill East Top	SuS	2551ft	☐
Pollie Hill	2Tu	692ft	☐	Pondery Hill	U	391ft	☐
Portuairk Hill	0Tu	299ft	☐	Pot Hill	4Tu	1637ft	☐
Pot Law	D	1864ft	☐	Potholm Hill	H	1017ft	☐
Potterland Hill	1Tu	558ft	☐	Pottie Hill	2Tu	781ft	☐
Poultrybuie Hill	3Tu	1163ft	☐	Poundland Hill	2Tu	673ft	☐
Preshal Beg	3Tu	1132ft	☐	Preshal Beg SE Top	3Tu	1106ft	☐
Preshal More	3Tu	1063ft	☐	Pressendye	M	2031ft	☐
Pressmennan Hill	1Tu	549ft	☐	Prickeny Hill	D	1680ft	☐
Priestgill Head	U	1650ft	☐	Priesthill Height	Su4	1617ft	☐
Priesthope Hill	D	1801ft	☐	Prince Edward's Rock	0Tu	131ft	☐
Prospect Hill	1Tu	617ft	☐	Ptarmigan	S	2552ft	☐
Pudding Law	4Tu	1404ft	☐	Puist Coire Ardair	MuT	3513ft	☐
Pullar Cuy	SuS	2087ft	☐	Pumro Fell	3Tu	1289ft	☐
Punch Well Brae	O	2169ft	☐	Pykestone Brae	Su4	1614ft	☐
Pykestone Hill	H	2418ft	☐	Quarrel Hill	2Tu	774ft	☐

Quarry Hill	4Tu	1447ft ☐	Quarry Hill	3Tu	1057ft ☐
Quarry Hill	3Tu	1280ft ☐	Quarrywood Hill	1Tu	417ft ☐
Queen's Cairn	S	2110ft ☐	Queen's Park	0Tu	210ft ☐
Queensberry	M	2287ft ☐	Quhytewoollen Hill	2Tu	732ft ☐
Quickningair Hill	H	1601ft ☐	Quien Hill	1Tu	358ft ☐
Quinag - Sail Gharbh	M	2654ft ☐	Quinag - Sail Ghorm	M	2546ft ☐
Quinag - Spidean Coinich	M	2507ft ☐	Quinloch Muir Hill	2Tu	725ft ☐
Quiraing Centre Peak	4Tu	1529ft ☐	Quiraing Centre Peak South	4Tu	1434ft ☐
Quiraing East Peak	3Tu	1122ft ☐	Quiraing North Peak	4Tu	1614ft ☐
Quothquan Law	3Tu	1099ft ☐	Rabbit Island East	0Tu	144ft ☐
Rabbit Island West	0Tu	148ft ☐	Rachan Hill	3Tu	1043ft ☐
Rackwick Fiold	0Tu	121ft ☐	Raeburn's Buttress	S	2964ft ☐
Raga Wick Far North Stack	0Tu	118ft ☐	Raga Wick North	0Tu	112ft ☐
Rainberg Mor	H	1506ft ☐	Rainberg Mor East Top	4Tu	1503ft ☐
Rainberg Mor West Top	4Tu	1489ft ☐	Raith Hill	1Tu	345ft ☐
Rake Law	4Tu	1621ft ☐	Ramasaig Cliff	2Tu	814ft ☐
Ramna Hill	0Tu	203ft ☐	Ramscraig Stack	0Tu	115ft ☐
Ramshaw Fort	U	502ft ☐	Ranachan Hill	2Tu	705ft ☐
Rangecastle Hill	2Tu	961ft ☐	Rangely Kip	4Tu	1312ft ☐
Rapaire	H	1486ft ☐	Ratho Hill	1Tu	384ft ☐
Ravelrig Hill	2Tu	714ft ☐	Raven Craig	2Tu	951ft ☐
Raven Hill	4Tu	1381ft ☐	Raven Rock	H	879ft ☐
Rawburn Head	SuD	1778ft ☐	Red Codlin Ru	0Tu	164ft ☐
Red Head	0Tu	230ft ☐	Red Hill	D	1726ft ☐

Red Hill	4Tu	1601ft	☐	Red Hill	U	1247ft	☐
Red Noup	1Tu	367ft	☐	Redbank Hill	2Tu	896ft	☐
Redland Hill	0Tu	239ft	☐	Redpath Hill	U	854ft	☐
Redstone Rig	4Tu	1447ft	☐	Redwells Hill	1Tu	630ft	☐
Reeva Head	0Tu	220ft	☐	Reidh Chreagan	4Tu	1322ft	☐
Reieval	2Tu	981ft	☐	Reineabhal	0Tu	229ft	☐
Rekna Houll	0Tu	197ft	☐	Remuil Hill	3Tu	991ft	☐
Repentance Hill	1Tu	371ft	☐	Resipole Hill	1Tu	472ft	☐
Restocknach	3Tu	1197ft	☐	Rhindbuckie	2Tu	840ft	☐
Riccarton Hills	2Tu	833ft	☐	Riding Hill	H	1576ft	☐
Riemore Hill	4Tu	1373ft	☐	Riemore Hill Far North Top	4Tu	1366ft	☐
Riemore Hill North Top	4Tu	1370ft	☐	Rig Hill	3Tu	1138ft	☐
Rig of Burnfoot	1Tu	597ft	☐	Rig of Drumbuie	2Tu	873ft	☐
Rig of the Cairn	1Tu	417ft	☐	Rigg of Breibister	1Tu	354ft	☐
Rigging Hill	3Tu	1283ft	☐	Righead Hill	0Tu	312ft	☐
Rimsdale Hill	2Tu	823ft	☐	Ring Hill	4Tu	1325ft	☐
Ripe Hill	D	1703ft	☐	Risga	0Tu	141ft	☐
Riska Island	0Tu	157ft	☐	Risp Hill	2Tu	906ft	☐
Riven Hill	1Tu	417ft	☐	Rivox Fell	4Tu	1598ft	☐
Rivox Moor	3Tu	1048ft	☐	Roaiream	0Tu	171ft	☐
Roan Fell	M	1864ft	☐	Roar Hill	SuD	1772ft	☐
Robert Law	4Tu	1332ft	☐	Robert Tait's Hill	0Tu	266ft	☐
Roberton Law	3Tu	1240ft	☐	Robolls Hill	1Tu	427ft	☐
Rocks of Clais nam Bo	SuD	1732ft	☐	Rockville Heughs	0Tu	262ft	☐

Rodger Law	S	2257ft	☐	Rodger Law	D	1775ft	☐
Roe Brecks	1Tu	354ft	☐	Roeglen Hill	2Tu	796ft	☐
Roeroon	0Tu	302ft	☐	Roineabhal	M	1509ft	☐
Roineabhal	M	922ft	☐	Roineabhal	M	659ft	☐
Roineval	M	1440ft	☐	Roinn na Beinne	4Tu	1447ft	☐
Roiraval	0Tu	141ft	☐	Rois-Bheinn	M	2895ft	☐
Rois-Bheinn West Top	S	2877ft	☐	Roiseal Mor	1Tu	572ft	☐
Roisinis	0Tu	141ft	☐	Romach Hill	3Tu	1027ft	☐
Roman Hill	D	1696ft	☐	Roman Hill	0Tu	308ft	☐
Rome Hill	D	1854ft	☐	Rona Lodge Hill	0Tu	217ft	☐
Ronaigh Beag	0Tu	246ft	☐	Ronald's Hill	1Tu	548ft	☐
Ronas Hill	M	1476ft	☐	Rooi Stack	0Tu	115ft	☐
Roonions	0Tu	210ft	☐	Rorie Hill	1Tu	551ft	☐
Ros a' Mheallain	1Tu	564ft	☐	Rosaigh	0Tu	135ft	☐
Rosehill	2Tu	718ft	☐	Ross of Mull	0Tu	285ft	☐
Ross Point	0Tu	144ft	☐	Ross Wood	1Tu	364ft	☐
Rossdhu Hill	U	354ft	☐	Rossie Hill	1Tu	568ft	☐
Rossie Law	3Tu	1063ft	☐	Rotchell Hill	0Tu	285ft	☐
Rotmell Hill	3Tu	1037ft	☐	Rotmell Hill NE Top	3Tu	1007ft	☐
Rough Bank	4Tu	1516ft	☐	Rough Fell	1Tu	417ft	☐
Rough Knowe	4Tu	1578ft	☐	Rough Naze	SuD	1736ft	☐
Rough Side	H	1319ft	☐	Roughbank Height	4Tu	1470ft	☐
Round Fell	4Tu	1319ft	☐	Round Hill	S	2178ft	☐
Round Hill	S	2192ft	☐	Round Hill	SuD	1873ft	☐

Round Hill	2Tu	846ft	☐	Round Hill	1Tu	449ft	☐
Round Hill	1Tu	348ft	☐	Round Hill	U	580ft	☐
Round Stack	0Tu	149ft	☐	Rowantree Craig	U	1556ft	☐
Rowantree Hill	3Tu	1220ft	☐	Royl Field	M	961ft	☐
Roy's Hill	D	1693ft	☐	Ruabhal	0Tu	285ft	☐
Ruabhal	1Tu	427ft	☐	Ruabhal	H	407ft	☐
Ruadh Chleit	3Tu	1089ft	☐	Ruadh Mheall	H	2238ft	☐
Ruadh Mheall East Top	SuS	2037ft	☐	Ruadh Stac	M	1617ft	☐
Ruadh Stac Beag	S	2333ft	☐	Ruadh Stac Beag South Top	S	2313ft	☐
Ruadh Stac Mor	M	3014ft	☐	Ruadh-stac Beag	M	2940ft	☐
Rubers Law	M	1391ft	☐	Rubh' a' Chairn Leith	0Tu	246ft	☐
Rubh' a' Mhucard	0Tu	184ft	☐	Rubh Aird a' Mhadaidh	0Tu	308ft	☐
Rubh' Eilean na Saille	0Tu	249ft	☐	Rubha a' Bhrocaire	0Tu	157ft	☐
Rubha a' Mhill Bhain	0Tu	197ft	☐	Rubha Bheag	0Tu	161ft	☐
Rubha Breac	0Tu	118ft	☐	Rubha Calachain	0Tu	184ft	☐
Rubha Chaolais	0Tu	167ft	☐	Rubha Cladh Eoin	0Tu	154ft	☐
Rubha Dubh Chamais	0Tu	213ft	☐	Rubha Dubh East	0Tu	112ft	☐
Rubha Fiola	0Tu	112ft	☐	Rubha Mealabhaig	1Tu	482ft	☐
Rubha Mhic Gille-mhicheil	0Tu	157ft	☐	Rubha Mhor	0Tu	223ft	☐
Rubha Mhor South Top	0Tu	197ft	☐	Rubha Mor	1Tu	629ft	☐
Rubha Mor	1Tu	531ft	☐	Rubha na Breige	0Tu	315ft	☐
Rubha na Cloiche Lomaidh	0Tu	144ft	☐	Rubha na Faraid	0Tu	151ft	☐
Rubha na h-Airde Bige	0Tu	203ft	☐	Rubha na h-Earba	0Tu	226ft	☐
Rubha na Spreidhe	dMut	3468ft	☐	Rubha na Stiure	0Tu	246ft	☐

Rubha nan Sruthan	U	135ft	☐	Rubha nan Uan	0Tu	299ft ☐
Rubha Phollaidh	1Tu	371ft	☐	Rubha Port Sgaile	0Tu	177ft ☐
Rubha Raonuill	1Tu	341ft	☐	Rubha Reinis	0Tu	164ft ☐
Rubha Ruadh	0Tu	141ft	☐	Rubha Sgeir a' Bhathaidh	0Tu	171ft ☐
Ruchill	0Tu	272ft	☐	Ruegill Hill	Su4	1627ft ☐
Ruemach Hill	1Tu	341ft	☐	Ruigh a' Chnoic Mhoir	D	1886ft ☐
Ruigh Caochan Dubh	D	1818ft	☐	Ruigh Dubh Cloinne Chatnach	SuS	2005ft ☐
Ruigh Mheallain	D	1949ft	☐	Ruigh na Cuile	SuS	2096ft ☐
Ruighe Chnoc	3Tu	1211ft	☐	Ruighe Chnoc South Top	3Tu	1181ft ☐
Ruighe na Beinne	SuS	2116ft	☐	Ruinsival	D	1732ft ☐
Rulkies Hill	1Tu	377ft	☐	Rumbleton Law	2Tu	784ft ☐
Rumblings	0Tu	144ft	☐	Ruragh	S	2412ft ☐
Ruska Kame	1Tu	354ft	☐	Russaness Hill	2Tu	656ft ☐
Rysa Little	SIB	72ft	☐	'S Airde Beinn	M	968ft ☐
Sabhal Beag	M	2402ft	☐	Sabhal Mor	SuS	2306ft ☐
Saddle Hill	3Tu	1234ft	☐	Saddle Yoke	S	2413ft ☐
Sae Breck	0Tu	203ft	☐	Saefti Hill	1Tu	492ft ☐
Sail an Ruathair	4Tu	1342ft	☐	Sail an Ruathair Far South Top	4Tu	1339ft ☐
Sail an Ruathair South Top	3Tu	1260ft	☐	Sail Chalmadale	M	1574ft ☐
Sail Chaorainn	Mu	3278ft	☐	Sail Gharbh Far West Top	S	2254ft ☐
Sail Gharbh West Top	S	2444ft	☐	Sail Liath	MuT	3125ft ☐
Sail Liath West Top	SuS	3014ft	☐	Sail Mhor	H	3215ft ☐
Sail Mhor	M	2516ft	☐	Sail Mhor	S	2559ft ☐
Sail na Slataich	SuS	2140ft	☐	Sail Rac	S	2496ft ☐

Sail Romascaig	S	2359ft	☐	Saileag	Mu	3136ft	☐
Sailfoot Law	SuD	1686ft	☐	Saline Hill	H	1178ft	☐
Salisbury Crags	1Tu	571ft	☐	Sallochan Hill	1Tu	351ft	☐
Salter Grain Hill	3Tu	1197ft	☐	Sal-vaich	H	1352ft	☐
Samphrey	0Tu	98ft	☐	Sand Field	H	446ft	☐
Sand Hill	SuD	1834ft	☐	Sanda Island	H	404ft	☐
Sandaig Hill	1Tu	436ft	☐	Sandness Hill	M	817ft	☐
Sandtrae Knowe	4Tu	1608ft	☐	Sandvoe Field	0Tu	259ft	☐
Sandwater Hill	O	374ft	☐	Sandwick Field	0Tu	184ft	☐
Sandy Hill	D	1942ft	☐	Sandy Hill	3Tu	1142ft	☐
Sandy Hillock	S	2520ft	☐	Satter Hill	3Tu	1191ft	☐
Sauchie Law	4Tu	1450ft	☐	Saudi Field	0Tu	246ft	☐
Saugh Hill	HTT	970ft	☐	Saughtree Fell	4Tu	1506ft	☐
Sawmill Hill	1Tu	377ft	☐	Saxa Vord	M	932ft	☐
Scabbet Hill	2Tu	922ft	☐	Scabcleugh Hill	4Tu	1427ft	☐
Scald Law	M	1900ft	☐	Scalla Field	M	922ft	☐
Scar Hill	H	981ft	☐	Scar Hill	SuD	1680ft	☐
Scar Hill	2Tu	817ft	☐	Scar Hill	1Tu	561ft	☐
Scara Ruadh	1Tu	341ft	☐	Scaraben	M	2054ft	☐
Scarce Rig	3Tu	988ft	☐	Scare Hill	2Tu	919ft	☐
Scars of Milldown	S	1978ft	☐	Scarsoch Bheag	S	2539ft	☐
Scatwell Hill	0Tu	272ft	☐	Scaur Hill	3Tu	1014ft	☐
Scaut Hill	S	1991ft	☐	Scaut Hill	SuD	1923ft	☐
Scawd Bank	D	1795ft	☐	Scaw'd Fell	M	1801ft	☐

Scawd Law	D	1781ft	☐	Scawd Law	SuD	1657ft ☐
Scaw'd Law	S	2175ft	☐	Scaw'd Law	SuD	1650ft ☐
Scawdmans Hill	D	1880ft	☐	Schiehallion	M	3553ft ☐
Scolty	2Tu	981ft	☐	Scoop Hill	3Tu	1178ft ☐
Scoot More	3Tu	1007ft	☐	Scordar	0Tu	144ft ☐
Score Hill	0Tu	220ft	☐	Scotnish Hill	0Tu	299ft ☐
Scotston Hill	2Tu	696ft	☐	Scotts Dod	U	1781ft ☐
Scout Hill	3Tu	1194ft	☐	Scrae Field	M	709ft ☐
Scraulac	SuS	2431ft	☐	Screel Hill	3Tu	1129ft ☐
Scrinadle	M	1667ft	☐	Scrinadle North Top	4Tu	1585ft ☐
Scrivan	3Tu	1119ft	☐	Scroggy Bank	2Tu	909ft ☐
Scrogs of Drumruck	U	610ft	☐	Scroo	2Tu	814ft ☐
Scroof Hill	Su4	1631ft	☐	Scurr Hill	1Tu	341ft ☐
Seabhal	1Tu	449ft	☐	Seafield Hill	0Tu	249ft ☐
Seafield Hill	0Tu	312ft	☐	Seafield Law	1Tu	651ft ☐
Sean Airigh	2Tu	758ft	☐	Sean Mheall	S	2913ft ☐
Seana Bhraigh	M	3038ft	☐	Seana Bhraigh South Top	S	2969ft ☐
Seana Mheallan	M	1434ft	☐	Seana Mheallan East Top	4Tu	1404ft ☐
Seann Chruach	D	1709ft	☐	Seanna Chnoc	0Tu	308ft ☐
Seathope Law	D	1778ft	☐	Seavillas	0Tu	163ft ☐
See Morris Hill	M	788ft	☐	Seenes Law	D	1683ft ☐
Seilebhig Hill	0Tu	128ft	☐	Sell Moor Hill	M	1390ft ☐
Selms Tops	2Tu	728ft	☐	Setter Hill	1Tu	381ft ☐
Sgailler Mor	1Tu	390ft	☐	Sgairneach Mhor	M	3251ft ☐

Name	Class	Height		Name	Class	Height	
Sgairneach Mhor East Top	SuS	2487ft	☐	Sgairt Lair	3Tu	1181ft	☐
Sgalabhal	H	853ft	☐	Sgalabhal Beag	1Tu	449ft	☐
Sgalabhal Mheadhonach	2Tu	827ft	☐	Sgaorishal	H	919ft	☐
Sgaoth Aird	M	1834ft	☐	Sgaoth Iosal	D	1742ft	☐
Sgaraman nam Fiadh	SuS	2816ft	☐	Sgaraman nam Fiadh North Top	S	2728ft	☐
Sgarbh Breac	M	1194ft	☐	Sgarbh Dubh	H	965ft	☐
Sgath a' Bhannaich	1Tu	361ft	☐	Sgath a' Bhannaich South Top	U	351ft	☐
Sgealtrabhal	1Tu	331ft	☐	Sgeir a' Chadh	1Tu	371ft	☐
Sgeir an Oir	0Tu	141ft	☐	Sgeir Cul an Rubha	0Tu	101ft	☐
Sgeir Dhubh	0Tu	105ft	☐	Sgeir Righinn	0Tu	112ft	☐
Sgeir Toman	0Tu	141ft	☐	Sgeir Toman West	0Tu	118ft	☐
Sgeotasaigh	0Tu	194ft	☐	Sgeun	2Tu	869ft	☐
Sgian Dubh	4Tu	1480ft	☐	Sgianait	4Tu	1394ft	☐
Sgiath a' Chaise	M	2114ft	☐	Sgiath a' Chaise North Top	U	2109ft	☐
Sgiath an Iubhair	2Tu	869ft	☐	Sgiath Chrom	SuS	2794ft	☐
Sgiath Chuil	M	3019ft	☐	Sgiath Chuil East Top	H	2898ft	☐
Sgiath Ghorm	4Tu	1581ft	☐	Sgiath Mhor	SuD	1654ft	☐
Sgiath nan Mucan Dubha	1Tu	650ft	☐	Sgiath-bheinn an Uird	2Tu	965ft	☐
Sgiath-bheinn an Uird SW Top	2Tu	761ft	☐	Sgiath-bheinn Chrosabhaig	2Tu	843ft	☐
Sgiath-bheinn Togabhaig	U	709ft	☐	Sgonnan	1Tu	486ft	☐
Sgor a' Chaorainn	S	2113ft	☐	Sgor a' Chaorainn Far West Top	S	2051ft	☐
Sgor a' Chaorainn West Top	SuS	2106ft	☐	Sgor a' Chleirich	S	2173ft	☐
Sgor an h-Iolaire	H	1785ft	☐	Sgor an Lochain Uaine	H	4127ft	☐
Sgor Chaonasaid	S	2336ft	☐	Sgor Choinnich	H	3048ft	☐

Sgor Dearg	S	2628ft	☐	Sgor Dubh	S	2431ft ☐
Sgor Eilde Beag	MuT	3135ft	☐	Sgor Fhionnaich	H	1865ft ☐
Sgor Gaibhre	M	3133ft	☐	Sgor Gaoith	M	3668ft ☐
Sgor Gaoithe	SuS	2058ft	☐	Sgor Iutharn	MuT	3373ft ☐
Sgor Mor	H	2910ft	☐	Sgor Mor	M	2667ft ☐
Sgor Mor North Top	S	2598ft	☐	Sgorach Breac	M	981ft ☐
Sgorach Mor	M	1976ft	☐	Sgoran Dubh Mor	MuT	3645ft ☐
Sgoran Dubh Mor North Top	SuS	2635ft	☐	Sgornach Ruadh	3Tu	1240ft ☐
Sgorr a' Choise	M	2175ft	☐	Sgorr an Fharaidh	M	1115ft ☐
Sgorr an Tarmachain	H	2480ft	☐	Sgorr Bhan	MuT	3107ft ☐
Sgorr Bhogachain	H	1227ft	☐	Sgorr Craobh a' Chaorainn	M	2543ft ☐
Sgorr Deas	SuS	1982ft	☐	Sgorr Dhonuill Far West Top	S	2409ft ☐
Sgorr Dhonuill West Top	S	2703ft	☐	Sgorr Gorm	D	1650ft ☐
Sgorr Mhic Eacharna	M	2134ft	☐	Sgorr Mhor	3Tu	1076ft ☐
Sgorr Mhor	2Tu	948ft	☐	Sgorr na Diollaid	M	2683ft ☐
Sgorr na Diollaid Far West Top	S	2335ft	☐	Sgorr na Diollaid West Top	S	2546ft ☐
Sgorr na Ruadhraich	S	2146ft	☐	Sgorr na Ruadhraich South Top	S	2093ft ☐
Sgorr nam Faoileann	M	1407ft	☐	Sgorr nan Cearc	S	2192ft ☐
Sgorr nan Lochan Uaine	M	2858ft	☐	Sgorr Racaineach	4Tu	1325ft ☐
Sgorr Ruadh	M	3152ft	☐	Sgorr Tuath	H	1927ft ☐
Sgreadan Hill	M	1302ft	☐	Sgreadan Hill NE Top	3Tu	1148ft ☐
Sgribhis-bheinn	M	1217ft	☐	Sgrithir	1Tu	358ft ☐
Sgulan Beag	D	1765ft	☐	Sgulan Mor	D	1785ft ☐
Sguman Coinntich	M	2884ft	☐	Sguman Coinntich North Top	S	2589ft ☐

Sguman Mor	S	2041ft ☐	Sgurr a' Bhac Chaolais	H	2904ft ☐
Sgurr a' Bhac Chaolais East Top	SuS	2631ft ☐	Sgurr a' Bhasteir	S	2953ft ☐
Sgurr a' Bhealaich Dheirg	M	3399ft ☐	Sgurr a' Bhealaich Dheirg West Top	SuS	2989ft ☐
Sgurr a' Bhraonain	H	1647ft ☐	Sgurr a' Bhraonain North Top	4Tu	1516ft ☐
Sgurr a' Bhuic	MuT	3159ft ☐	Sgurr a' Bhuic	D	1932ft ☐
Sgurr a' Bhuic NE Top	SuD	1867ft ☐	Sgurr a' Bhuic West Top	SuD	1850ft ☐
Sgurr a' Chadha Dheirg	S	2848ft ☐	Sgurr a' Chaise	2Tu	686ft ☐
Sgurr a' Chaorachain	M	3455ft ☐	Sgurr a' Chaorachain	M	2598ft ☐
Sgurr a' Chaorachain Far North Top	S	2140ft ☐	Sgurr a' Chaorachain North Top	S	2536ft ☐
Sgurr a' Chaorainn	M	2495ft ☐	Sgurr a' Chlaidheimh	H	2758ft ☐
Sgurr a' Chlaidheimh West Top	S	2748ft ☐	Sgurr a' Choinnich	H	2169ft ☐
Sgurr a' Choire Bhig	S	2877ft ☐	Sgurr a' Choire Ghairbh	SuS	2835ft ☐
Sgurr a' Choire Ghlais	M	3553ft ☐	Sgurr a' Choire Ghuirm	SuS	2579ft ☐
Sgurr a' Choire Riabhaich	S	2795ft ☐	Sgurr a' Choire-bheithe	M	2996ft ☐
Sgurr a' Choire-bheithe East Top	S	2875ft ☐	Sgurr a' Choire-bheithe Far East Top	SuS	2815ft ☐
Sgurr a' Choire-rainich	H	2779ft ☐	Sgurr a' Chuilinn	S	2474ft ☐
Sgurr a' Dubh Doire	MuT	3156ft ☐	Sgurr a' Fionn Choire	MuT	3071ft ☐
Sgurr a' Gharaidh	M	2402ft ☐	Sgurr a' Gharg Gharaidh	S	2261ft ☐
Sgurr a' Gharg Gharaidh Far North	S	2231ft ☐	Sgurr a' Gharg Gharaidh Far South	S	2236ft ☐
Sgurr a' Gharg Gharaidh North Top	S	2243ft ☐	Sgurr a' Gharg Gharaidh South Top	S	2230ft ☐
Sgurr a' Ghlaisein	S	2392ft ☐	Sgurr a' Ghlas Leathaid	S	2767ft ☐
Sgurr a' Ghreadaidh	H	3189ft ☐	Sgurr a' Ghreadaidh South Top	MuT	3182ft ☐
Sgurr a' Mhadaidh	Mu	3012ft ☐	Sgurr a' Mhadaidh East Top	SuS	2932ft ☐
Sgurr a' Mhadaidh Far East Top	S	2939ft ☐	Sgurr a' Mhadaidh Ruaidh	D	1946ft ☐

Sgurr a' Mhaim	M	3606ft ☐	Sgurr a' Mhaoraich	M	3369ft ☐
Sgurr a' Mhaoraich Beag	MuT	3110ft ☐	Sgurr a' Mheadhain	S	1993ft ☐
Sgurr a' Mhuidhe	H	1844ft ☐	Sgurr a' Mhuilinn	M	2883ft ☐
Sgurr a' Phollain	S	2805ft ☐	Sgurr a' Phollain South Top	SuS	2740ft ☐
Sgurr Airigh na Bheinne	S	2548ft ☐	Sgurr Airigh na Bheinne East Top	SuS	2263ft ☐
Sgurr Alasdair	M	3255ft ☐	Sgurr an Airgid	M	2760ft ☐
Sgurr an Albannaich	3Tu	1293ft ☐	Sgurr an Doire Leathain	M	3314ft ☐
Sgurr an Duin	1Tu	367ft ☐	Sgurr an Easain Dhuibh	1Tu	591ft ☐
Sgurr an Eilein Ghiubhais	D	1713ft ☐	Sgurr an Eilein Ghiubhais South Top	SuD	1706ft ☐
Sgurr an Fheadain	S	2261ft ☐	Sgurr an Fhidhleir	M	2313ft ☐
Sgurr an Fhithich	SuS	2216ft ☐	Sgurr an Fhuarail	MuT	3238ft ☐
Sgurr an Fhuarail South Top	S	2802ft ☐	Sgurr an Fhuarain	M	2956ft ☐
Sgurr an Fhuarain Duibh	S	2457ft ☐	Sgurr an Iubhair	S	2369ft ☐
Sgurr an Iubhair	MuT	3280ft ☐	Sgurr an Lochain	H	3294ft ☐
Sgurr an Lochan Uaine	MuT	3225ft ☐	Sgurr an Teintein	1Tu	577ft ☐
Sgurr an t-Sagairt	SuS	2631ft ☐	Sgurr an t-Searraich	H	1890ft ☐
Sgurr an Tuill Bhain	MuT	3064ft ☐	Sgurr an Uillt Tharsuinn	D	1896ft ☐
Sgurr an Ursainn	S	2681ft ☐	Sgurr an Ursainn Far West Top	SuS	2044ft ☐
Sgurr an Ursainn Near West Top	SuS	2593ft ☐	Sgurr an Ursainn West Top	SuS	2446ft ☐
Sgurr an Utha	M	2612ft ☐	Sgurr Aoide	4Tu	1348ft ☐
Sgurr Ban	MuT	3182ft ☐	Sgurr Ban	M	3245ft ☐
Sgurr Beag	H	2920ft ☐	Sgurr Beag	S	2940ft ☐
Sgurr Beag	S	2507ft ☐	Sgurr Bhuidhe	M	1444ft ☐
Sgurr Breac	M	3280ft ☐	Sgurr Breac	S	2391ft ☐

Sgurr Breac	2Tu	820ft	☐	Sgurr Breac East Top	SuS	2338ft ☐
Sgurr Breac Far East Top	SuS	2298ft	☐	Sgurr Cadha na Beucaich	SuS	2667ft ☐
Sgurr Choinnich	H	3279ft	☐	Sgurr Choinnich	M	2457ft ☐
Sgurr Choinnich Beag	MuT	3159ft	☐	Sgurr Choinnich Mor	M	3589ft ☐
Sgurr Coire Choinnichean	M	2612ft	☐	Sgurr Coire Choinnichean West	SuS	2556ft ☐
Sgurr Coire na Feinne	S	2958ft	☐	Sgurr Coire nan Eiricheallach	S	2923ft ☐
Sgurr Coire nan Eiricheallach North Top	SuS	2890ft	☐	Sgurr Coire nan Eun	S	2589ft ☐
Sgurr Coire nan Gobhar	S	2582ft	☐	Sgurr Coire nan Gobhar North Top	SuS	2251ft ☐
Sgurr Cos na Breachd-laoidh	M	2740ft	☐	Sgurr Creag an Eich	MuT	3335ft ☐
Sgurr Creag an Eich West Top	S	2601ft	☐	Sgurr Dearg	M	2431ft ☐
Sgurr Dearg - Cairn	dMut	3209ft	☐	Sgurr Dearg - Inaccessible Pinnacle	M	3234ft ☐
Sgurr Dhomhnuill	M	2915ft	☐	Sgurr Dhomhuill Beag	SuS	2222ft ☐
Sgurr Dhomhuill Mor	H	2342ft	☐	Sgurr Dubh	M	2566ft ☐
Sgurr Dubh	MuT	3003ft	☐	Sgurr Dubh	S	2651ft ☐
Sgurr Dubh	S	2425ft	☐	Sgurr Dubh	S	2421ft ☐
Sgurr Dubh an Da Bheinn	MuT	3077ft	☐	Sgurr Dubh Beag	S	2405ft ☐
Sgurr Dubh East Top	S	2582ft	☐	Sgurr Dubh Mor	Mu	3097ft ☐
Sgurr Dubh North Top	SuS	2425ft	☐	Sgurr Dubh South Top	S	2172ft ☐
Sgurr Dubh South Top	SuS	2418ft	☐	Sgurr Eilde Mor	M	3314ft ☐
Sgurr Fhuaran	M	3507ft	☐	Sgurr Fhuaran East Top	SuS	2982ft ☐
Sgurr Fhuar-thuill	H	3442ft	☐	Sgurr Finniosgaig	S	2174ft ☐
Sgurr Gaorsaic	M	2753ft	☐	Sgurr Ghiubhsachain	M	2785ft ☐
Sgurr Hain	4Tu	1378ft	☐	Sgurr Innse	M	2654ft ☐
Sgurr Leac nan Each	MuT	3015ft	☐	Sgurr Leac nan Each North Top	SuS	2762ft ☐

Sgurr Lochan na Ba Glaise	4Tu	1512ft	☐	Sgurr Marcasaidh	M	1903ft	☐
Sgurr Marcasaidh East Top	SuD	1706ft	☐	Sgurr Mhic Bharraich	M	2556ft	☐
Sgurr Mhic Choinnich	Mu	3111ft	☐	Sgurr Mhurlagain	M	2887ft	☐
Sgurr Mor	M	3291ft	☐	Sgurr Mor	M	3638ft	☐
Sgurr Mor	S	2056ft	☐	Sgurr Mor	S	2010ft	☐
Sgurr Mor	3Tu	1129ft	☐	Sgurr Mor	Su4	1621ft	☐
Sgurr Mor East Top	SuD	1958ft	☐	Sgurr Mor Far West Top	D	1961ft	☐
Sgurr Mor Near West Top	S	2015ft	☐	Sgurr Mor West Top	S	2014ft	☐
Sgurr Mor West Top	SuS	2818ft	☐	Sgurr na Ba Glaise	M	2868ft	☐
Sgurr na Banachdich	H	3166ft	☐	Sgurr na Banachdich Central Top	MuT	3091ft	☐
Sgurr na Bana-Mhoraire	H	2253ft	☐	Sgurr na Cairbe	S	2253ft	☐
Sgurr na Carnach	H	3287ft	☐	Sgurr na Ciche	M	3413ft	☐
Sgurr na Ciste Duibhe	M	3369ft	☐	Sgurr na Cloiche	S	2467ft	☐
Sgurr na Coinnich	M	2425ft	☐	Sgurr na Conbhaire	S	2959ft	☐
Sgurr na Creige	dMut	3041ft	☐	Sgurr na Creige	4Tu	1368ft	☐
Sgurr na Dubh-chreige	M	646ft	☐	Sgurr na Fearstaig	MuT	3330ft	☐
Sgurr na Feartaig	M	2831ft	☐	Sgurr na Feartaig Far West Top	S	2641ft	☐
Sgurr na Feartaig North Top	S	2687ft	☐	Sgurr na Feartaig West Top	S	2615ft	☐
Sgurr na Forcan	MuT	3165ft	☐	Sgurr na Greine	4Tu	1509ft	☐
Sgurr na h-Aide	S	2821ft	☐	Sgurr na h-Aide	3Tu	1119ft	☐
Sgurr na h-Eanchainne	S	2398ft	☐	Sgurr na h-Eige	S	2156ft	☐
Sgurr na h-Ighinn	S	2513ft	☐	Sgurr na h-Iolaire	M	958ft	☐
Sgurr na h-Uamha	S	2415ft	☐	Sgurr na h-Ulaidh	M	3261ft	☐
Sgurr na Laire	S	2047ft	☐	Sgurr na Laire Brice	H	2327ft	☐

Sgurr na Laire Brice North Top	SuS	2175ft	☐	Sgurr na Laocainn	S	2365ft	☐
Sgurr na Lapaich	H	3403ft	☐	Sgurr na Lapaich	M	3776ft	☐
Sgurr na Moraich	H	2873ft	☐	Sgurr na Muice	H	2920ft	☐
Sgurr na Paite	3Tu	1060ft	☐	Sgurr na Plaide	4Tu	1489ft	☐
Sgurr na Ruaidhe	M	3258ft	☐	Sgurr na Seamraig	U	2703ft	☐
Sgurr na Sgine	M	3104ft	☐	Sgurr na Sgine NW Top	MuT	3091ft	☐
Sgurr na Stri	M	1624ft	☐	Sgurr na Stri North Top	3Tu	1224ft	☐
Sgurr nam Feadan	SuD	1968ft	☐	Sgurr nam Meann	1Tu	427ft	☐
Sgurr nam Meirleach	S	2447ft	☐	Sgurr nam Meirleach South Top	SuS	2381ft	☐
Sgurr nan Caorach	M	923ft	☐	Sgurr nan Ceannaichean	M	2997ft	☐
Sgurr nan Ceathramhnan	M	3776ft	☐	Sgurr nan Ceathreamhnan East	dMut	3179ft	☐
Sgurr nan Ceathreamhnan West	MuT	3750ft	☐	Sgurr nan Clach Geala	M	3586ft	☐
Sgurr nan Clachan Geala	MuT	3586ft	☐	Sgurr nan Cnamh	M	2302ft	☐
Sgurr nan Coireachan	M	3129ft	☐	Sgurr nan Coireachan	M	3137ft	☐
Sgurr nan Coireachan South Top	SuS	3041ft	☐	Sgurr nan Conbhairean	M	3638ft	☐
Sgurr nan Conobhan	SuD	1726ft	☐	Sgurr nan Each	H	3028ft	☐
Sgurr nan Each	S	2364ft	☐	Sgurr nan Each East Top	SuS	2046ft	☐
Sgurr nan Each West Top	SuS	2332ft	☐	Sgurr nan Eag	H	3039ft	☐
Sgurr nan Eugallt	M	2945ft	☐	Sgurr nan Eugallt East Top	SuS	2936ft	☐
Sgurr nan Fhir Duibhe	H	3159ft	☐	Sgurr nan Fhir Duibhe North Top	U	3048ft	☐
Sgurr nan Gabhar	1Tu	433ft	☐	Sgurr nan Gillean	M	3170ft	☐
Sgurr nan Gillean	S	2507ft	☐	Sgurr nan Gillean Third Pinnacle	SuS	2902ft	☐
Sgurr nan Saighead	H	3048ft	☐	Sgurr nan Spainteach	MuT	3248ft	☐
Sgurr nan Uan (Horse Island)	0Tu	197ft	☐	Sgurr Nighean Mhic Choinich	D	1654ft	☐

Sgurr Nighean Mhic Choinich NE Top	4Tu	1617ft	☐	Sgurr Ruadh	S	2497ft ☐
Sgurr Ruarach	U	2287ft	☐	Sgurr Sgeithe	S	2602ft ☐
Sgurr Sgiath Airigh	U	2890ft	☐	Sgurr Sgumain	MuT	3110ft ☐
Sgurr Shalachain	D	1765ft	☐	Sgurr Thearlaich	MuT	3206ft ☐
Sgurr Thionail	H	2972ft	☐	Sgurr Thormaid	MuT	3038ft ☐
Sgurr Thuilm	M	3159ft	☐	Sgurr Thuilm	H	2890ft ☐
Sgurr Thuilm West Top	SuS	2815ft	☐	Sgurrachd Ire	D	1877ft ☐
Sgurran Dearg	SuD	1722ft	☐	Sgurran Ruadha	1Tu	433ft ☐
Sgurran Seilich	1Tu	469ft	☐	Shalloch	SuD	1788ft ☐
Shalloch Hill	0Tu	233ft	☐	Shalloch on Minnoch	M	2540ft ☐
Shambleton Hill	1Tu	440ft	☐	Shancastle Doon	2Tu	817ft ☐
Shank of Drumfollow	SuS	2765ft	☐	Shank of Mondair	4Tu	1634ft ☐
Shankend Hill	4Tu	1348ft	☐	Shannabank Hill	2Tu	804ft ☐
Shannoch Hill	U	236ft	☐	Shaw Craigs	3Tu	984ft ☐
Shaw Fell	2Tu	738ft	☐	Shaw Hill	H	1257ft ☐
Shaw Hill	1Tu	531ft	☐	Shaw Hill	3Tu	1122ft ☐
Shaw's Hill	H	1293ft	☐	Sheabhal North Top	3Tu	1181ft ☐
Shear Hill	2Tu	938ft	☐	Sheaval Fiundan	0Tu	325ft ☐
Shee of Ardtalnaig	M	2488ft	☐	Sheens of Breitoe	2Tu	735ft ☐
Sheep Island	0Tu	135ft	☐	Sheep Rock	H	433ft ☐
Shepherdscleuch Rig	D	1798ft	☐	Shereburgh	2Tu	915ft ☐
Shibden Hill	3Tu	1007ft	☐	Shiel Dod	SuS	2192ft ☐
Shiel Hill	D	1667ft	☐	Shiel Hill	4Tu	1594ft ☐
Shiel Hill	4Tu	1568ft	☐	Shiel Hill	1Tu	656ft ☐

Name	Class	Height		Name	Class	Height	
Shield Hill	1Tu	554ft	☐	Shieldaig Island	0Tu	108ft	☐
Shieldgreen Kipps	D	1926ft	☐	Shielhope Head	dDot	2011ft	☐
Shielhope Hill	SuD	1768ft	☐	Shierdrim Hill	1Tu	610ft	☐
Shillingland Hill	3Tu	1025ft	☐	Shillochan Hill	U	1024ft	☐
Shillofad	3Tu	1217ft	☐	Shinmount	3Tu	1250ft	☐
Shona Beag	1Tu	335ft	☐	Shoostran	0Tu	282ft	☐
Sideabhal	0Tu	276ft	☐	Sidh Mor	4Tu	1339ft	☐
Sidh Mor East Top	3Tu	1230ft	☐	Sidh Mor South Top	3Tu	1227ft	☐
Sidhean a' Choin Bhain	SuS	2260ft	☐	Sidhean Achadh nan Eun	3Tu	1053ft	☐
Sidhean Airigh na h-Uidhe	0Tu	269ft	☐	Sidhean Airigh Shader	0Tu	233ft	☐
Sidhean an Airgid	3Tu	1270ft	☐	Sidhean an Aonaich Mhoir	2Tu	974ft	☐
Sidhean an Loch-chlair	0Tu	318ft	☐	Sidhean an Radhairc	3Tu	1299ft	☐
Sidhean an Toa	0Tu	118ft	☐	Sidhean Bealach a' Bhraghad	1Tu	371ft	☐
Sidhean Buidhe	1Tu	463ft	☐	Sidhean Coire an Dubh-chadha	D	1860ft	☐
Sidhean Dubh	SuD	1798ft	☐	Sidhean Dubh na Cloiche Baine	S	2484ft	☐
Sidhean Dubha	0Tu	325ft	☐	Sidhean Gleann Stigeachain	1Tu	430ft	☐
Sidhean Loch an Learga	1Tu	344ft	☐	Sidhean Loch nan Lub	0Tu	312ft	☐
Sidhean Mor	H	528ft	☐	Sidhean Mor	2Tu	738ft	☐
Sidhean Mor	1Tu	456ft	☐	Sidhean Mor	2Tu	823ft	☐
Sidhean Mor	2Tu	820ft	☐	Sidhean Mor	2Tu	794ft	☐
Sidhean Mor	1Tu	341ft	☐	Sidhean Mor	2Tu	899ft	☐
Sidhean Mor	2Tu	846ft	☐	Sidhean Mor	0Tu	292ft	☐
Sidhean Mor nan Caorach	U	308ft	☐	Sidhean Mor SE Top	1Tu	423ft	☐
Sidhean na Raplaich	M	1808ft	☐	Sidhean nan Caorach	2Tu	663ft	☐

Name	Class	Height		Name	Class	Height	
Sidhean nan Caorach	0Tu	299ft	☐	Sidhean nan Ealachan	H	341ft	☐
Sidhean Reidh	1Tu	499ft	☐	Sidhean Riabhach	0Tu	246ft	☐
Sidhean Ruigh na Beinn	2Tu	774ft	☐	Sidhean Shanndabhat	0Tu	266ft	☐
Sidhean Sluaigh	4Tu	1430ft	☐	Sidhean Uan	0Tu	128ft	☐
Sidheanan Gorm	0Tu	305ft	☐	Sight Hill	1Tu	587ft	☐
Sillyearn Hill	2Tu	810ft	☐	Silver Craigs	0Tu	194ft	☐
Silver Rock	2Tu	869ft	☐	Simli Field	1Tu	436ft	☐
Sim's Hill	4Tu	1585ft	☐	Singlie Hill	U	1128ft	☐
Siolaigh	0Tu	259ft	☐	Siolaigh Beag	0Tu	112ft	☐
Siolaigh Bheag	0Tu	98ft	☐	Siolaigh Mor	0Tu	105ft	☐
Sith Mor	S	2133ft	☐	Sithean a' Chleirich	2Tu	883ft	☐
Sithean a' Mhill	2Tu	728ft	☐	Sithean Bhealaich Chumhaing	M	1289ft	☐
Sithean Biorach	4Tu	1476ft	☐	Sithean Dubh	S	2260ft	☐
Sithean Liath	4Tu	1424ft	☐	Sithean Mor	H	404ft	☐
Sithean Mor	3Tu	1024ft	☐	Sithean Mor	0Tu	249ft	☐
Sithean Mor	1Tu	456ft	☐	Sithean Mor	0Tu	315ft	☐
Sithean Mor	M	1973ft	☐	Sithean Mor	M	1257ft	☐
Sithean Mor Beinn a' Chuailein	1Tu	504ft	☐	Sithean Mor East Top	1Tu	354ft	☐
Sithean na Cuaiche	1Tu	499ft	☐	Sithean na h-Iolaireich	2Tu	755ft	☐
Sithean nan Gearrsaich	2Tu	696ft	☐	Sithean Raireag	D	1785ft	☐
Sithean Uaine	2Tu	866ft	☐	Sitheanan Duabha	0Tu	223ft	☐
Sithein	3Tu	1225ft	☐	Skea Craig	2Tu	846ft	☐
Skelfhill Craig	3Tu	1123ft	☐	Skelfhill Fell	SuD	1750ft	☐
Skelfhill Pen	H	1745ft	☐	Skelly	0Tu	119ft	☐

Skeroblin Cruach	1Tu	643ft	☐	Skeroblin Hill	2Tu	666ft	☐
Skerry Fell	2Tu	768ft	☐	Skerry Fell Fad	2Tu	787ft	☐
Skerry of Eshaness	0Tu	128ft	☐	Skid Hill	1Tu	610ft	☐
Skiords	0Tu	249ft	☐	Skipta Field	1Tu	348ft	☐
Skird Hill	1Tu	561ft	☐	Skirling Craigs	3Tu	1037ft	☐
Skriaig	3Tu	1289ft	☐	Skroo	0Tu	302ft	☐
Sky Fea	2Tu	909ft	☐	Skye of Curr	2Tu	925ft	☐
Skythorn Hill	U	1972ft	☐	Slackdhu	Su4	1627ft	☐
Slai na Gour	4Tu	1594ft	☐	Slat Bheinn	M	2299ft	☐
Slat Bheinn	S	2047ft	☐	Slatehouse Hill	2Tu	886ft	☐
Sleiteabhal	2Tu	735ft	☐	Slender Drong	0Tu	108ft	☐
Sleteachal Mhor	M	809ft	☐	Sletill Hill	2Tu	919ft	☐
Sliabh Meadhonach	H	489ft	☐	Sliabh Mor	0Tu	322ft	☐
Sligrachan Hill	D	1804ft	☐	Sligrachan Hill East Top	SuD	1791ft	☐
Slioch	M	3219ft	☐	Slioch - Trig Point	dMut	3215ft	☐
Slioch Far South Top	S	2425ft	☐	Slioch South Top	SuS	3058ft	☐
Slios Dubh	1Tu	417ft	☐	Slogarie Hill	2Tu	839ft	☐
Slough Hill	4Tu	1421ft	☐	Slugan Liath	SuS	2392ft	☐
Sluie Hill	1Tu	627ft	☐	Small Mount	H	1755ft	☐
Smallburn Hill	1Tu	469ft	☐	Smean	M	1677ft	☐
Smidhope Hill	S	2113ft	☐	Smirisary Hill	1Tu	607ft	☐
Smirisary Hill West Top	1Tu	554ft	☐	Smirl Hamar	0Tu	272ft	☐
Smirla Runnie	1Tu	367ft	☐	Smithton Hill	3Tu	1063ft	☐
Smuaisebhal	0Tu	305ft	☐	Smyrton Hill	3Tu	1224ft	☐

Snalda	0Tu	131ft	☐	Snarhead Hill	D	1677ft	☐
Sneachdach Slinnean	dMut	3015ft	☐	Sneathabhal Mor	H	574ft	☐
Snehaval Beg	1Tu	459ft	☐	Snelda Hill	1Tu	587ft	☐
Sneuga	1Tu	430ft	☐	Sneugans	0Tu	285ft	☐
Sneugie	2Tu	718ft	☐	Snougie of Long Hill	0Tu	246ft	☐
Soa Island	0Tu	118ft	☐	Soa Island NE Top	U	98ft	☐
Sobhal	1Tu	423ft	☐	Sobhal Mor	0Tu	269ft	☐
Sodhaigh Beag	0Tu	121ft	☐	Sodhaigh Mor	0Tu	115ft	☐
Solon Mor	0Tu	151ft	☐	Soolmis Vird	1Tu	436ft	☐
Soraigh	0Tu	135ft	☐	Sornhill	1Tu	581ft	☐
Soroba Hill	H	551ft	☐	Sotan	O	633ft	☐
Sothers Field	2Tu	781ft	☐	Soundly Hill	0Tu	285ft	☐
Souterrain	0Tu	226ft	☐	South Ascrib	0Tu	135ft	☐
South Black Hill	SuD	1847ft	☐	South Cathkin Hill	2Tu	745ft	☐
South Gavel	0Tu	157ft	☐	South Grain Pike	4Tu	1378ft	☐
South Havra	0Tu	138ft	☐	South Head Hill	3Tu	1240ft	☐
South Headland Preshal Beg	0Tu	220ft	☐	South Hill	1Tu	512ft	☐
South Hill	1Tu	374ft	☐	South Hill of Lunna	0Tu	282ft	☐
South Isle of Gletness	0Tu	98ft	☐	South Stack	0Tu	144ft	☐
South Stack of Duncansby	0Tu	180ft	☐	South Staney Hill	1Tu	420ft	☐
South Ward	0Tu	276ft	☐	South Ward	0Tu	269ft	☐
South Ward of Reafirth	1Tu	610ft	☐	Southballo Hill	3Tu	994ft	☐
Southdean Fort	3Tu	991ft	☐	Southdean Rig	3Tu	1161ft	☐
Souther Hill	2Tu	804ft	☐	Soutra Hill	3Tu	1237ft	☐

Name	Class	Height		Name	Class	Height	
Soval	0Tu	230ft	☐	Sowen Dod	D	1791ft	☐
Sowen Hill	SuD	1804ft	☐	Soyea Island	0Tu	131ft	☐
Spango Hill	H	1398ft	☐	Spartleton	M	1535ft	☐
Spealdroll	0Tu	262ft	☐	Speicein Coinnich	S	2352ft	☐
Speicein nan Garbh-choireachan	S	2421ft	☐	Speinne Mor	M	1463ft	☐
Speirean Ruadh	H	1614ft	☐	Spidean Coinich East Top	SuS	2037ft	☐
Spidean Dhomhuill Bhric	MuT	3085ft	☐	Spidean Mialach	M	3268ft	☐
Spidean Mialach West Top	SuS	3205ft	☐	Spidean nan Clach	S	2313ft	☐
Spidean Toll nam Biast	SuS	2747ft	☐	Spindle	0Tu	138ft	☐
Spirebush Hill	4Tu	1549ft	☐	Spital of Boleskine	2Tu	781ft	☐
Spittal Hill	D	1726ft	☐	Spittal Hill	1Tu	577ft	☐
Spittal Hill	2Tu	791ft	☐	Spots Law	4Tu	1440ft	☐
Springburn Park	1Tu	364ft	☐	Springhall Hill	2Tu	923ft	☐
Spurn Hill	4Tu	1577ft	☐	Sranndabhal	H	692ft	☐
Sreang Glas a' Chuill	SuS	2681ft	☐	Srianach	1Tu	354ft	☐
Sromaigh	SIB	56ft	☐	Sron a' Bhuic	3Tu	1220ft	☐
Sron a' Bhuirich	SuS	2805ft	☐	Sron a' Cha-no	dMut	3373ft	☐
Sron a' Chaoineidh	S	2855ft	☐	Sron a' Chlaonaidh	S	2060ft	☐
Sron a' Chleirich	S	2678ft	☐	Sron a' Choire	MuT	3287ft	☐
Sron a' Choire Chnapanaich	M	2740ft	☐	Sron a' Choire Ghairbh	M	3074ft	☐
Sron a' Choire Ghairbh East Top	SuS	2979ft	☐	Sron a' Choit	2Tu	978ft	☐
Sron a' Chomair	2Tu	761ft	☐	Sron a' Ghairbh Choire Mhoir	S	2700ft	☐
Sron a' Ghearrain	MuT	3248ft	☐	Sron a' Ghrobhain	2Tu	833ft	☐
Sron Ach' a' Bhacaidh	2Tu	928ft	☐	Sron Achcheargary	2Tu	696ft	☐

Sron Albannach	2Tu	774ft	☐	Sron an Duin	M	640ft	☐
Sron an h-Innearach	SuS	2093ft	☐	Sron an Isean	MuT	3171ft	☐
Sron an t-Saighdeir	SuD	1716ft	☐	Sron Aonghais	SuD	1963ft	☐
Sron Armailte	3Tu	1204ft	☐	Sron Bealach Beithe	SuS	3622ft	☐
Sron Beinn an t-Seilich	SuS	2343ft	☐	Sron Bheag	D	1693ft	☐
Sron Bhreac-liath	4Tu	1549ft	☐	Sron Bod a' Mhadail	S	2487ft	☐
Sron Carsacleit	3Tu	1112ft	☐	Sron Chon	H	1857ft	☐
Sron Chona Choirein	MuT	3041ft	☐	Sron Coire a' Chriochairein	MuT	3258ft	☐
Sron Coire an Fhamhair	S	2776ft	☐	Sron Coire an Fhamhair West Top	SuS	2762ft	☐
Sron Coire na h-Iolaire	MuT	3136ft	☐	Sron Dha Mhurchaidh	dMut	3068ft	☐
Sron Direachain	S	2334ft	☐	Sron Doire	3Tu	1047ft	☐
Sron Eanchainne	S	2336ft	☐	Sron Garbh	SuS	3356ft	☐
Sron Garbh	MuT	3711ft	☐	Sron Gharbh	S	2795ft	☐
Sron Gharbh	SuS	2332ft	☐	Sron Gharbh	S	1998ft	☐
Sron Gharbh	2Tu	745ft	☐	Sron Gharbh	S	2871ft	☐
Sron Lag nam Gamhna	SuS	2625ft	☐	Sron Leathad Chleansaid	3Tu	1286ft	☐
Sron Liath	S	2362ft	☐	Sron Liath	S	2497ft	☐
Sron Mallanach	2Tu	879ft	☐	Sron Mhadadh	0Tu	217ft	☐
Sron Mhor	S	2127ft	☐	Sron Mhor	D	1652ft	☐
Sron Mhor	2Tu	669ft	☐	Sron Mhor	1Tu	564ft	☐
Sron na Ban-righ	H	2406ft	☐	Sron na Beinne Creagaich	3Tu	1027ft	☐
Sron na Faiceachan	S	2595ft	☐	Sron na Gaoithe	S	2375ft	☐
Sron na Gaoithe	H	1709ft	☐	Sron na Gaoithe	SuS	2671ft	☐
Sron na Gaoithe	1Tu	568ft	☐	Sron na Gaoithe East Top	1Tu	545ft	☐

Sron na h-Eiteich	SuS	2467ft	☐	Sron na h-Iolaire	S	2425ft	☐
Sron na h-Iolaire	D	1693ft	☐	Sron na Lairige	MuT	3885ft	☐
Sron na Maoile	S	2027ft	☐	Sron na Muic	4Tu	1604ft	☐
Sron na Muic West Top	4Tu	1558ft	☐	Sron na Saobhaidhe	SuS	2795ft	☐
Sron na Saobhaidhe	D	1781ft	☐	Sron na Saobhaidhe	3Tu	1037ft	☐
Sron na Saobhaidhe East Top	D	1713ft	☐	Sron na Saobhaidhe NW Top	SuD	1673ft	☐
Sron na Sean-mhathaire	2Tu	955ft	☐	Sron nam Broighleag	SuS	2228ft	☐
Sron nam Feudail	Su4	1614ft	☐	Sron nan Calamag	3Tu	1199ft	☐
Sron nan Colan	D	1936ft	☐	Sron nan Eun	SuS	2758ft	☐
Sron nan Giubhas	dMut	3202ft	☐	Sron nan Iarnachan	3Tu	1227ft	☐
Sron nan Saobhaidh	4Tu	1457ft	☐	Sron nan Searrach	SuD	1873ft	☐
Sron nan Tarmachan	S	2762ft	☐	Sron Odhar	S	2602ft	☐
Sron Port na Moralachd	0Tu	217ft	☐	Sron Reithe	3Tu	1266ft	☐
Sron ri Gaoith	H	830ft	☐	Sron Riach	MuT	3652ft	☐
Sron Romul	M	1010ft	☐	Sron Ruail	1Tu	427ft	☐
Sron Ruighe Clomhaiche	3Tu	1309ft	☐	Sron Scourst	4Tu	1611ft	☐
Sron Sitheag	SuS	2416ft	☐	Sron Slugain Uaine	0Tu	187ft	☐
Sron Smeur	M	1683ft	☐	Sron Vourlinn	3Tu	1247ft	☐
St Abb's Head	0Tu	311ft	☐	St Arnold's Seat	D	1663ft	☐
St Fillan's Hill	1Tu	574ft	☐	St Fort Hill	1Tu	404ft	☐
St John's Knap	1Tu	486ft	☐	St Ninians East	1Tu	594ft	☐
St Ninians West	1Tu	558ft	☐	St Serf's Island	SIB	374ft	☐
Stab Hill	2Tu	725ft	☐	Stac a' Bhagh	0Tu	141ft	☐
Stac a' Bhrisidh	0Tu	131ft	☐	Stac a' Chuirn	S	2797ft	☐

Stac a' Chuirn East Top	SuS	2757ft	☐	Stac a' Filiscleitir	OTu	102ft	☐
Stac a' Mhill Dheirg	OTu	233ft	☐	Stac a' Phris	OTu	102ft	☐
Stac an Armin	M	647ft	☐	Stac an Dunain	OTu	164ft	☐
Stac an t-Seabhaig	1Tu	584ft	☐	Stac an Tuill	OTu	141ft	☐
Stac Biorach	OTu	240ft	☐	Stac Buidhe	OTu	105ft	☐
Stac Buidhe Deas	OTu	121ft	☐	Stac Dearg	SuS	2660ft	☐
Stac Eilean Trodday	OTu	98ft	☐	Stac Geodh' Mhanaich	OTu	157ft	☐
Stac Geodha a' Bhathaich	OTu	105ft	☐	Stac Geodha Cul an Fhraochaidh	OTu	187ft	☐
Stac Gorm	M	1411ft	☐	Stac Lee	M	565ft	☐
Stac Mhic Mhurchaidh	OTu	112ft	☐	Stac Mor	OTu	148ft	☐
Stac na Cathaig	M	1463ft	☐	Stac na Faoileige	OTu	98ft	☐
Stac na h-Iolaire	S	2438ft	☐	Stac nam Balg	OTu	154ft	☐
Stac nam Bodach	S	2205ft	☐	Stac Neuk Mhor	OTu	112ft	☐
Stac Pollaidh	M	2009ft	☐	Stac Shoaigh	OTu	174ft	☐
Stac Uamh na Luinge	OTu	108ft	☐	Stacain Bealach nan Cabrach	D	1680ft	☐
Stacain Bealach nan Cabrach West Top	4Tu	1572ft	☐	Stacaiseal	2Tu	709ft	☐
Stacan Bana North	OTu	180ft	☐	Stacan Bana South	OTu	115ft	☐
Stacan Bana West	OTu	180ft	☐	Stacan Dubha	MuT	3327ft	☐
Stacan Dubha	2Tu	807ft	☐	Stacannan Neideaclibh	OTu	115ft	☐
Stack Clo Kervaig	OTu	121ft	☐	Stack Houlls	OTu	223ft	☐
Stack o' Brough	OTu	115ft	☐	Stack o' da Noup	OTu	263ft	☐
Stack of Baronsgeo	OTu	104ft	☐	Stack of Glencoul	H	1621ft	☐
Stack of Junamarka	OTu	164ft	☐	Stack of Lambi Geo	OTu	98ft	☐
Stack of Mid Clyth	OTu	115ft	☐	Stack of Old Wick	OTu	98ft	☐

Stack of Sanda Cailla	0Tu	154ft	☐	Stack of Sandy Geo	0Tu	105ft	☐
Stack of the Horse	0Tu	135ft	☐	Stack of Ulbster	0Tu	108ft	☐
Stack of Whalegeo	0Tu	116ft	☐	Stackingro	0Tu	102ft	☐
Stacks of Skroo North	0Tu	171ft	☐	Stacks of Skroo South	0Tu	131ft	☐
Staerough Hill	3Tu	1087ft	☐	Stake Hill	SuD	1785ft	☐
Stake Law	dDot	2234ft	☐	Stallachan Dubha	3Tu	1020ft	☐
Standard	0Tu	177ft	☐	Standing Stones Hill	0Tu	141ft	☐
Stane Timna	0Tu	282ft	☐	Staney Hill	3Tu	1099ft	☐
Stanhope Law	4Tu	1476ft	☐	Stannery Knowe	3Tu	1191ft	☐
Stany Hill	1Tu	440ft	☐	Staon Bheinn	1Tu	574ft	☐
Staon Bheinn NW Top	1Tu	525ft	☐	Starpet Rig	4Tu	1480ft	☐
Starr Law	1Tu	538ft	☐	Startup Hill	H	1440ft	☐
Steele's Knowe	M	1593ft	☐	Steilston Hill	2Tu	761ft	☐
Steineval	1Tu	617ft	☐	Steinman Hill	1Tu	587ft	☐
Steiseal	1Tu	381ft	☐	Stell Hill	3Tu	1263ft	☐
Stell Knowe	2Tu	928ft	☐	Stemster Hill	2Tu	814ft	☐
Stenhouse Hill	3Tu	1028ft	☐	Stennie Hill	0Tu	217ft	☐
Steygail	H	1880ft	☐	Stiaraval	0Tu	184ft	☐
Stibbiegill Head	4Tu	1503ft	☐	Stiogha Chnap	0Tu	236ft	☐
Stiolamair	0Tu	125ft	☐	Stirk Hill	0Tu	200ft	☐
Stirling Castle	1Tu	344ft	☐	Stob a' Bhlair Bhain	2Tu	781ft	☐
Stob a' Bhruaich Leith	MuT	3089ft	☐	Stob a' Chearcaill	S	2756ft	☐
Stob a' Choin	M	2851ft	☐	Stob a' Choin Dhuibh	SuS	2117ft	☐
Stob a' Choin Duibh	SuD	1781ft	☐	Stob a' Choire Bhig	SuS	3163ft	☐

Stob a' Choire Dhomhain	MuT	3761ft	☐	Stob a' Choire Leith	MuT	3625ft	☐
Stob a' Choire Liath Mhor	MuT	3227ft	☐	Stob a' Choire Mheadhoin	H	3625ft	☐
Stob a' Choire Odhair	M	3100ft	☐	Stob a' Choire Odhair	MuT	3150ft	☐
Stob a' Chuir	S	2352ft	☐	Stob a' Ghlais Choire	MuT	3266ft	☐
Stob an Aonaich Mhoir	M	2805ft	☐	Stob an Chul-Choire	MuT	3511ft	☐
Stob an Duibhe	S	2381ft	☐	Stob an Duine Ruaidh	MuT	3012ft	☐
Stob an Duine Ruaidh West Top	SuS	2697ft	☐	Stob an Eas	M	2402ft	☐
Stob an Eas North Top	SuS	2375ft	☐	Stob an Fhainne	S	2147ft	☐
Stob an Fhir-Bhogha	dMut	3376ft	☐	Stob an Fhithich	4Tu	1375ft	☐
Stob an Fhuarain	H	3176ft	☐	Stob an Lochain	SuD	1821ft	☐
Stob an Lochain	H	2244ft	☐	Stob an t-Sluichd	MuT	3632ft	☐
Stob an t-Suidhe	D	1847ft	☐	Stob an Uillt-fhearna	S	2169ft	☐
Stob Bac an Fhurain	dMut	3530ft	☐	Stob Ban	M	3280ft	☐
Stob Ban	M	3205ft	☐	Stob Bealach a' Chuirn	D	1650ft	☐
Stob Bealach a' Chuirn East Top	Su4	1637ft	☐	Stob Bealach Gaoithe	SuD	1883ft	☐
Stob Bealach na Frithe	SuS	2756ft	☐	Stob Bealach nan Corp	SuD	1814ft	☐
Stob Binnein	M	3822ft	☐	Stob Breac	M	2252ft	☐
Stob Breac Far South Top	SuS	2124ft	☐	Stob Breac South Top	SuS	2231ft	☐
Stob Cadha Gobhlach	H	3145ft	☐	Stob Cadha na Beucaich	H	2641ft	☐
Stob Caol	S	2414ft	☐	Stob Chalum Mhic Griogair	S	2440ft	☐
Stob Chalum Mhic Griogair South Top	S	2303ft	☐	Stob Choire a' Mhail	MuT	3248ft	☐
Stob Choire Claurigh	M	3862ft	☐	Stob Choire Claurigh North Top	dMut	3678ft	☐
Stob Coir' a' Ghrunnda	SuS	2362ft	☐	Stob Coir' an Albannaich	M	3425ft	☐
Stob Coire a' Chairn	H	3219ft	☐	Stob Coire a' Chairn South Top	S	2981ft	☐

Stob Coire a' Chearcaill	M	2530ft	☐	Stob Coire Altruim	MuT	3080ft	☐
Stob Coire an Fhir Dhuibh	dMut	3235ft	☐	Stob Coire an Laoigh	Mu	3661ft	☐
Stob Coire an Lochain	MuT	3504ft	☐	Stob Coire an Lochain	dMut	4052ft	☐
Stob Coire an t-Saighdeir	MuT	3980ft	☐	Stob Coire an t-Sneachda	MuT	3858ft	☐
Stob Coire Bhealaich	MuT	3612ft	☐	Stob Coire Bhuidhe	S	2811ft	☐
Stob Coire Cath na Sine	MuT	3551ft	☐	Stob Coire Chaluim	SuD	1926ft	☐
Stob Coire Chaorach	SuD	1942ft	☐	Stob Coire Coulavie	dMut	3504ft	☐
Stob Coire Creagach	M	2683ft	☐	Stob Coire Creagach East Top	SuS	2456ft	☐
Stob Coire Dheirg	MuT	3372ft	☐	Stob Coire Dheirg (1984-1990 position)	dMut	3504ft	☐
Stob Coire Dhomhnuill	MuT	3737ft	☐	Stob Coire Dubh	MuT	3005ft	☐
Stob Coire Dubh North Top	SuS	2700ft	☐	Stob Coire Easain	M	3658ft	☐
Stob Coire Easain	MuT	3543ft	☐	Stob Coire Easain West Top	S	2172ft	☐
Stob Coire Etchachan	MuT	3550ft	☐	Stob Coire Gaibhre	MuT	3143ft	☐
Stob Coire Leith	MuT	3082ft	☐	Stob Coire Loch Blair	4Tu	1627ft	☐
Stob Coire Lochan	MuT	3008ft	☐	Stob Coire na Ceannain	MuT	3684ft	☐
Stob Coire na Cloiche	S	2994ft	☐	Stob Coire na Craileig	MuT	3307ft	☐
Stob Coire na Tulaich	SuS	2962ft	☐	Stob Coire nam Beith	MuT	3632ft	☐
Stob Coire nan Cearc	S	2910ft	☐	Stob Coire nan Dearcag	SuS	3081ft	☐
Stob Coire nan Easain	S	2552ft	☐	Stob Coire nan Lochan	H	3660ft	☐
Stob Coire Sgreamhach	H	3517ft	☐	Stob Coire Sgriodain	Mu	3212ft	☐
Stob Coire Sgriodain South Top	MuT	3143ft	☐	Stob Coire Sputan Dearg	dMut	4098ft	☐
Stob Creag an Fhithich	S	2345ft	☐	Stob Creagach	S	2972ft	☐
Stob Daimh	H	3278ft	☐	Stob Dearg	MuT	3619ft	☐
Stob Dubh	M	2897ft	☐	Stob Dubh	SuS	2843ft	☐

Stob Dubh an Eas Bhig	dMut	3481ft	☐	Stob Dubh North Top	SuS	2959ft ☐
Stob Gaibhre	S	2264ft	☐	Stob Garbh	H	3142ft ☐
Stob Garbh	MuT	3221ft	☐	Stob Garbh Bhealach	SuS	2108ft ☐
Stob Garbh SE Top	dMut	3030ft	☐	Stob Ghabhar	M	3573ft ☐
Stob Ghabhar North Top	SuS	2935ft	☐	Stob Glas	S	2725ft ☐
Stob Glas	S	2331ft	☐	Stob Hill	3Tu	1099ft ☐
Stob Law	S	2218ft	☐	Stob Leathad a' Mhadaidh	SuS	2342ft ☐
Stob Liath	D	1650ft	☐	Stob Loch a' Bhealaich	4Tu	1572ft ☐
Stob Loch a' Mhuillin	3Tu	1017ft	☐	Stob Loch Allt Eigin	4Tu	1322ft ☐
Stob Loch an Eich Dhuibh	H	1094ft	☐	Stob Loch an Eich Dhuibh East Top	3Tu	1053ft ☐
Stob Loch an Eich Dhuibh Far West Top	2Tu	935ft	☐	Stob Loch an Eich Dhuibh West Top	3Tu	1004ft ☐
Stob Loch an Iasaich	3Tu	1089ft	☐	Stob Loch Doire na h-Airighe	3Tu	1093ft ☐
Stob Loch Fearna	D	1926ft	☐	Stob Loch Monaidh	SuS	2438ft ☐
Stob Loch na Claise	3Tu	991ft	☐	Stob Loch na Doire Moire	4Tu	1322ft ☐
Stob Loch nam Breac	4Tu	1516ft	☐	Stob Loch nam Forca	3Tu	1106ft ☐
Stob Loch Skiach	4Tu	1556ft	☐	Stob Lochan Lourie	3Tu	1030ft ☐
Stob Mam Attadail	3Tu	1089ft	☐	Stob Mhic Bheathain	M	2365ft ☐
Stob Mhic Bheathain West Top	S	2316ft	☐	Stob Mhic Mhartuin	S	2320ft ☐
Stob na Boine Druim-fhinn	H	2160ft	☐	Stob na Cruaiche	M	2428ft ☐
Stob na Doire	H	3315ft	☐	Stob na Muicraidh	SuS	2100ft ☐
Stob nan Clach	MuT	3138ft	☐	Stob nan Coinnich Bhacain	S	2123ft ☐
Stob nan Eighrach	S	2008ft	☐	Stob Odhar	M	1844ft ☐
Stob Phollain Riabhaich	3Tu	984ft	☐	Stob Poite Coire Ardair	H	3458ft ☐
Stob Poite Coire Ardair East Top	dMut	3445ft	☐	Stoban Dubha	SuD	1955ft ☐

Stobie Hillock	4Tu	1591ft	☐	Stock Hill	4Tu	1565ft ☐
Stockan	0Tu	177ft	☐	Stockval	H	1367ft ☐
Stoicleit an Ear	H	627ft	☐	Stoicleit an Ear SE Top	1Tu	489ft ☐
Stoicleit an Iar	H	722ft	☐	Stone Cross Hill	0Tu	272ft ☐
Stone Hill	2Tu	899ft	☐	Stone Hill	3Tu	1030ft ☐
Stonefield Hill	S	2525ft	☐	Stonehill Bank	3Tu	1124ft ☐
Stoneshiel Hill	1Tu	432ft	☐	Stoneyhall Hill	1Tu	636ft ☐
Stony Hill	H	1841ft	☐	Stony Knowe	D	1657ft ☐
Stot Hill	2Tu	922ft	☐	Stoura Clett	0Tu	131ft ☐
Stourbrough Hill	1Tu	568ft	☐	Stova	0Tu	285ft ☐
Straitinnan Moor	3Tu	1132ft	☐	Straloch Hill	3Tu	1093ft ☐
Strandlud Hill	H	1742ft	☐	Strath of Arisaig	0Tu	167ft ☐
Strathabhal	3Tu	1276ft	☐	Strathfinella Hill	M	1358ft ☐
Strathgyle	2Tu	974ft	☐	Streap	M	2982ft ☐
Streap Comhlaidh	S	2946ft	☐	Strife Hill	2Tu	876ft ☐
Stroan Hill	3Tu	1129ft	☐	Stroc-bheinn	H	1312ft ☐
Stromacleit	1Tu	430ft	☐	Stron Lochie	4Tu	1637ft ☐
Stronchullin Hill	D	1798ft	☐	Strone Hill	2Tu	961ft ☐
Strone Nea	H	1588ft	☐	Stronend	M	1677ft ☐
Stroness Hill	3Tu	1153ft	☐	Stroness Hill North Top	3Tu	1152ft ☐
Strowan Hill	0Tu	325ft	☐	Struie	M	1224ft ☐
Struie Hill	3Tu	1086ft	☐	Struther's Brae	D	1772ft ☐
Stuc a' Choire Dhuibh Bhig	MuT	3003ft	☐	Stuc a' Choire Ghrannda	SuS	2574ft ☐
Stuc a' Chroin	M	3192ft	☐	Stuc a' Chroin North Top	U	3115ft ☐

Stuc a' Chroin West Top	S	2411ft	☐	Stuc an Lochain	M	3150ft	☐
Stuc Bheag	MuT	3527ft	☐	Stuc Fraoch Choire	MuT	3012ft	☐
Stuc Gharbh	S	2089ft	☐	Stuc Gharbh Mhor	SuS	3672ft	☐
Stuc Gille Chonnuill	3Tu	1286ft	☐	Stuc Loch na Cabhaig	S	2914ft	☐
Stuc Mor	MuT	3415ft	☐	Stuc Odhar	H	2093ft	☐
Stuc Odhar NE Top	SuD	1903ft	☐	Stuc Odhar South Top	S	1978ft	☐
Stuc Scardan	4Tu	1598ft	☐	Stucan Dughaill	H	1119ft	☐
Stucan Dughaill SE Top	3Tu	1083ft	☐	Stuchdan Capuill	4Tu	1634ft	☐
Studdel Hills	2Tu	720ft	☐	Stulabhal	M	1900ft	☐
Stulabhal	M	1227ft	☐	Stulaigh	0Tu	131ft	☐
Sturdy Hill	D	1786ft	☐	Suaineabhal	M	1404ft	☐
Sui Fea	3Tu	1240ft	☐	Suidh' a' Mhinn	H	1171ft	☐
Suidh' an Fhir-bhig	4Tu	1542ft	☐	Suidhe Bhlain	1Tu	404ft	☐
Suidhe Chatain	H	515ft	☐	Suidhe Fhearghas	S	2165ft	☐
Suidhe Ghuirmain	SuD	1896ft	☐	Suidheachan Fhinn	SuS	2845ft	☐
Suie Dhu	S	2014ft	☐	Suie Hill	2Tu	883ft	☐
Suie Hill	2Tu	790ft	☐	Suil Bhiorach	0Tu	226ft	☐
Suil na h-Airigh	1Tu	489ft	☐	Suilven	M	2400ft	☐
Suisinish Hill	1Tu	463ft	☐	Sula Sgeir	0Tu	230ft	☐
Sula Stack	0Tu	102ft	☐	Sule Stack	0Tu	121ft	☐
Sullanan Ard	1Tu	381ft	☐	Sumburgh Head	0Tu	285ft	☐
Sunderland Hill	1Tu	427ft	☐	Sundhope Height	D	1680ft	☐
Sunnyside Hill	3Tu	1073ft	☐	Swaabi Cole	0Tu	115ft	☐
Swabi Head	0Tu	177ft	☐	Swabi Stack	0Tu	151ft	☐

Swanstead Hill	3Tu	1093ft	☐	Swarbacks Head	0Tu	197ft ☐
Swatte Fell	S	2395ft	☐	Sweethope Hill	2Tu	732ft ☐
Sweinn Geo North Stack	U	131ft	☐	Swinsy Hill	1Tu	372ft ☐
Swirlhead Hill	2Tu	843ft	☐	Switha	SIB	95ft ☐
Swordale Hill	3Tu	1043ft	☐	Syart Law	D	1696ft ☐
Syke Hill	3Tu	1148ft	☐	Symbister Ness	0Tu	135ft ☐
Taberon Law	Dot	2089ft	☐	Tabhaigh Mor	0Tu	135ft ☐
Taftin Hill	0Tu	282ft	☐	Taghaigh	0Tu	213ft ☐
Taindore Hill	1Tu	495ft	☐	Taireabhal	1Tu	610ft ☐
Taireabhal	0Tu	322ft	☐	Tairlaw Hill	3Tu	1276ft ☐
Tairlaw Hill South Top	3Tu	1270ft	☐	Talla Cleuch Head	S	2267ft ☐
Tallabric	0Tu	194ft	☐	Tame Holm	U	79ft ☐
Tamhilt	D	1762ft	☐	Tamnasbhal	H	1532ft ☐
Tamond Heights	4Tu	1493ft	☐	Tampie	S	2372ft ☐
Tan Hill	2Tu	669ft	☐	Tannara Beag	0Tu	272ft ☐
Tannaraidh	0Tu	135ft	☐	Tansie Knowes	U	340ft ☐
Tansy Hill	3Tu	1076ft	☐	Taobh Dubh	3Tu	1158ft ☐
Taobh na Coille	S	2346ft	☐	Taobh na Coille South Top	SuS	2270ft ☐
Tap o' Noth	M	1847ft	☐	Tappoch	0Tu	285ft ☐
Tappoch	1Tu	394ft	☐	Tarain Mor	H	1348ft ☐
Taran Beag	2Tu	717ft	☐	Taran Mor	H	995ft ☐
Tarapetmile	D	1696ft	☐	Tarbeg Hill	U	558ft ☐
Tarbert Hill	1Tu	453ft	☐	Tarbrax Bing	3Tu	1073ft ☐
Tarcreish	3Tu	1194ft	☐	Tarfessock	S	2285ft ☐

Tarfessock South Top	Dot	2034ft	☐	Target Wood	1Tu	361ft	☐
Tarmangie Hill	S	2116ft	☐	Tarner Island	0Tu	226ft	☐
Tarnis Head	4Tu	1345ft	☐	Tarrasfoot Hill	1Tu	522ft	☐
Tatha nam Beann	S	2353ft	☐	Tathabhal	M	1690ft	☐
Tathas Mheadhonach	2Tu	948ft	☐	Tathas Mhor	3Tu	1001ft	☐
Tay Mount	1Tu	620ft	☐	Taymount	1Tu	505ft	☐
Teac a' Mhinisteir	0Tu	305ft	☐	Teanga Chorrach	S	2300ft	☐
Teangadh Bhuidhe Mhor	1Tu	568ft	☐	Teileasbhal	H	2287ft	☐
Teindside Hill	2Tu	860ft	☐	Teinis	0Tu	115ft	☐
Teinneasabhal	H	1628ft	☐	Temple Hill	2Tu	928ft	☐
Temple Hill	H	1273ft	☐	Temple Hill SE Top	3Tu	1014ft	☐
Templehall Hill	1Tu	548ft	☐	Temptin'	0Tu	102ft	☐
Ten Rood Hill	3Tu	988ft	☐	Tererran Hill	3Tu	1106ft	☐
Tewsgill Hill	H	1867ft	☐	Thamarasaigh	0Tu	115ft	☐
The Achin	2Tu	840ft	☐	The Bak	U	89ft	☐
The Bank	4Tu	1434ft	☐	The Barr	0Tu	318ft	☐
The Barr	0Tu	213ft	☐	The Bastard	1Tu	617ft	☐
The Bastion	SuS	2168ft	☐	The Berry	H	653ft	☐
The Bin	H	1024ft	☐	The Black Mares Rock	3Tu	1161ft	☐
The Bochel	M	1612ft	☐	The Brack	M	2584ft	☐
The Brack SW Top	SuD	1896ft	☐	The Broback	2Tu	833ft	☐
The Brough	U	105ft	☐	The Bruach	S	2346ft	☐
The Buchat	3Tu	1276ft	☐	The Buck	M	2365ft	☐
The Burrier	0Tu	112ft	☐	The Ca	S	2228ft	☐

The Cairnwell	H	3061ft	☐	The Cairnwell North Top	SuS	2858ft ☐
The Cathedral	4Tu	1634ft	☐	The Cleap	1Tu	358ft ☐
The Cleiver	0Tu	203ft	☐	The Clett	0Tu	148ft ☐
The Clifts	1Tu	381ft	☐	The Cobbler	M	2900ft ☐
The Cobbler North Peak	S	2854ft	☐	The Cobbler South Peak	SuS	2816ft ☐
The Compass	1Tu	335ft	☐	The Coyles of Muick	M	1966ft ☐
The Craggan	4Tu	1581ft	☐	The Cramlets	U	1243ft ☐
The Crannel	2Tu	955ft	☐	The Crooans	0Tu	266ft ☐
The Cruach	1Tu	643ft	☐	The Curr	D	1850ft ☐
The Devil's Point	S	3303ft	☐	The Drum	1Tu	410ft ☐
The Dudd	0Tu	295ft	☐	The Fara	M	2990ft ☐
The Fara South Top	S	2966ft	☐	The Fell	1Tu	571ft ☐
The Foot	0Tu	98ft	☐	The Fruin	M	1184ft ☐
The Girron	D	1732ft	☐	The Girron East Top	Su4	1619ft ☐
The Goal	4Tu	1506ft	☐	The Greing	0Tu	174ft ☐
The Haa	0Tu	121ft	☐	The Hamars	0Tu	135ft ☐
The Head	0Tu	184ft	☐	The Heag	0Tu	98ft ☐
The Heddles	3Tu	997ft	☐	The Heog	0Tu	272ft ☐
The High Tree	SuS	2001ft	☐	The Hillar	4Tu	1440ft ☐
The Hoe	H	758ft	☐	The Ingatus	0Tu	135ft ☐
The Inneans	3Tu	1102ft	☐	The Kame	0Tu	190ft ☐
The Keen	0Tu	223ft	☐	The Kip	2Tu	751ft ☐
The Knap	0Tu	141ft	☐	The Knee	0Tu	115ft ☐
The Knock	3Tu	1165ft	☐	The Knock	2Tu	712ft ☐

The Knock	2Tu	938ft	☐	The Knock	2Tu	938ft ☐
The Ladions	0Tu	164ft	☐	The Law	Dot	2094ft ☐
The Law	4Tu	1325ft	☐	The Law	3Tu	1122ft ☐
The Law	2Tu	942ft	☐	The Maim	U	1971ft ☐
The Mexican's Hat	2Tu	811ft	☐	The Moorans	0Tu	289ft ☐
The Mount	H	1388ft	☐	The Mount	D	1765ft ☐
The Mull	3Tu	1071ft	☐	The Neapack	0Tu	194ft ☐
The Nebit	4Tu	1473ft	☐	The Needle	4Tu	1460ft ☐
The Needle	0Tu	180ft	☐	The Noup	0Tu	289ft ☐
The Noup	0Tu	236ft	☐	The Ord	1Tu	525ft ☐
The Pilot	3Tu	1266ft	☐	The Point	0Tu	167ft ☐
The Prison	3Tu	1198ft	☐	The Prow	SuS	2432ft ☐
The Quilse	0Tu	187ft	☐	The Rig	2Tu	761ft ☐
The Rig	4Tu	1388ft	☐	The Roo	0Tu	126ft ☐
The Roodrans North	0Tu	105ft	☐	The Roodrans South	0Tu	105ft ☐
The Roonies	0Tu	236ft	☐	The Runk	0Tu	148ft ☐
The Saddle	M	3319ft	☐	The Saddle	D	1708ft ☐
The Saddle - Trig Point	dMut	3318ft	☐	The Saddle East Top	SuS	3146ft ☐
The Saddle North Top	U	3113ft	☐	The Saddle West Top	SuS	3201ft ☐
The Scalp	4Tu	1598ft	☐	The Scrape	S	2359ft ☐
The Scurran	H	2031ft	☐	The Seat	SuD	1844ft ☐
The Skiurds	1Tu	466ft	☐	The Slacks	3Tu	1197ft ☐
The Slate	M	1260ft	☐	The Snub	S	2741ft ☐
The Socach	S	2357ft	☐	The Socach	D	1660ft ☐

The Socach	SuD	1893ft	☐	The Sow of Atholl	M	2621ft	☐
The Spindle	0Tu	108ft	☐	The Spinner	1Tu	433ft	☐
The Stacks	0Tu	102ft	☐	The Steeple	3Tu	1240ft	☐
The Steeple East Top	3Tu	1253ft	☐	The Stob	M	2472ft	☐
The Storr	M	2358ft	☐	The Storr East Top	S	2344ft	☐
The Storr South Top	4Tu	1611ft	☐	The Strone	3Tu	1211ft	☐
The Struther	4Tu	1437ft	☐	The Tom	1Tu	476ft	☐
The Torr	0Tu	246ft	☐	The Vine	SuD	1663ft	☐
The Ward	0Tu	190ft	☐	The Ward	0Tu	164ft	☐
The Ward	0Tu	171ft	☐	The Ward	0Tu	285ft	☐
The Wart	0Tu	217ft	☐	The Whip	D	1857ft	☐
The Wiss	M	1932ft	☐	The Witter	1Tu	397ft	☐
The Witter	0Tu	177ft	☐	Thief's Hill	2Tu	820ft	☐
Thirlestane Hill	2Tu	778ft	☐	Thistlemark Hill	3Tu	1099ft	☐
Thomson's Hill (Fara)	0Tu	138ft	☐	Thorney Hill	1Tu	358ft	☐
Thornliemuir	2Tu	778ft	☐	Thornyhill	1Tu	429ft	☐
Thowliestane Hill	3Tu	1027ft	☐	Three Mullach Hill	3Tu	1302ft	☐
Threehope Height	SuD	1808ft	☐	Threepland Hill	3Tu	1224ft	☐
Thunderslap Hill	SuD	1713ft	☐	Tigh Mor na Seilge	MuT	3043ft	☐
Tighvein	M	1503ft	☐	Tilly Tenant	0Tu	112ft	☐
Tillybirloch Hill	2Tu	771ft	☐	Tinkletop Hill	1Tu	604ft	☐
Tinlaw	1Tu	614ft	☐	Tinnis Hill	4Tu	1325ft	☐
Tinnis Top	2Tu	945ft	☐	Tinny Bank	4Tu	1371ft	☐
Tinto	M	2335ft	☐	Tiorga Beag	D	1936ft	☐

Tiorga Mor	M	2228ft ☐	Tipperweir	4Tu	1437ft ☐
Tippet Knowe	O	943ft ☐	Tips of Clunymore	H	1296ft ☐
Tips of Corsemaul	4Tu	1345ft ☐	Tir Chille	0Tu	276ft ☐
Tir Eilde	H	2068ft ☐	Tobha Beag	0Tu	203ft ☐
Tobha Mor	0Tu	292ft ☐	Tobha Ronaigh	H	354ft ☐
Tobha Ronaigh West Top	0Tu	322ft ☐	Tobhain Tuildich	0Tu	230ft ☐
Tobhca nan Druidhead	1Tu	545ft ☐	Tod Fell	H	614ft ☐
Tod Law	3Tu	1257ft ☐	Tod Rig	3Tu	1184ft ☐
Todholes Hill	U	1579ft ☐	Tods Knowe	dDot	2267ft ☐
Todshaw Hill	2Tu	915ft ☐	Todun	M	1732ft ☐
Toiraval	0Tu	220ft ☐	Toll a' Ghobhain	S	2717ft ☐
Toll Creagach	M	3458ft ☐	Toll Creagach West Top	MuT	3120ft ☐
Tollie Hill	1Tu	522ft ☐	Tolm Buirich	S	2274ft ☐
Tolmount	Mu	3143ft ☐	Tom a' Bhiorain	4Tu	1562ft ☐
Tom a' Chait	D	1654ft ☐	Tom a' Chapuill	2Tu	774ft ☐
Tom a' Chasteil	1Tu	436ft ☐	Tom a' Chlaven	3Tu	1273ft ☐
Tom a' Chliabhain	3Tu	994ft ☐	Tom a' Chliabhain	1Tu	351ft ☐
Tom a' Choinich	H	3648ft ☐	Tom a' Choinich Beag	MuT	3386ft ☐
Tom a' Choinnich	MuT	3130ft ☐	Tom a' Chrochaidh	1Tu	358ft ☐
Tom a' Churaidh	2Tu	755ft ☐	Tom a' Gharraidh	D	1667ft ☐
Tom a' Ghealagaidh	4Tu	1539ft ☐	Tom a' Mhein	1Tu	584ft ☐
Tom a' Mhoid	2Tu	817ft ☐	Tom a' Mhoraire	SuD	1811ft ☐
Tom a' Mhullaich	3Tu	1142ft ☐	Tom a' Reithean	1Tu	492ft ☐
Tom a' Thomaidh Mor	3Tu	1283ft ☐	Tom a Voan	4Tu	1473ft ☐

Name	Class	Height		Name	Class	Height	
Tom an Fhuarain	S	2062ft	☐	Tom an Neoil	SuS	2093ft	☐
Tom an Stoil	Su4	1617ft	☐	Tom an Teine	1Tu	614ft	☐
Tom an t-Saighdeir	M	994ft	☐	Tom an t-Seallaid	4Tu	1598ft	☐
Tom an t-Seallaidh (Shuna)	0Tu	236ft	☐	Tom an t-Struthain	2Tu	663ft	☐
Tom an t-Suidhe Mhoir	D	1749ft	☐	Tom an Uile	2Tu	738ft	☐
Tom an Uird	H	1366ft	☐	Tom an Urie	U	505ft	☐
Tom Anthon	S	2083ft	☐	Tom Apigill	1Tu	531ft	☐
Tom Ard	2Tu	912ft	☐	Tom Ard	1Tu	408ft	☐
Tom Bailgeann	M	1522ft	☐	Tom Bailgeann West Top	4Tu	1388ft	☐
Tom Ban	4Tu	1486ft	☐	Tom Ban Mor	S	2434ft	☐
Tom Beag	4Tu	1575ft	☐	Tom Beith	4Tu	1348ft	☐
Tom Bharra	3Tu	1184ft	☐	Tom Breac	S	2283ft	☐
Tom Breac	3Tu	1309ft	☐	Tom Buidhe	Mu	3140ft	☐
Tom Cuaiche	2Tu	735ft	☐	Tom Donn	2Tu	718ft	☐
Tom Dubh	MuT	3012ft	☐	Tom Dubh	3Tu	1096ft	☐
Tom Dubh	3Tu	1178ft	☐	Tom Dubh Mor	3Tu	1073ft	☐
Tom Dubh nan Caorach	2Tu	850ft	☐	Tom Dunan	D	1778ft	☐
Tom Earraich	2Tu	741ft	☐	Tom Gaineamhach	3Tu	1276ft	☐
Tom Garbh-bheinne	SuD	1929ft	☐	Tom Giubhais	4Tu	1368ft	☐
Tom Iain	4Tu	1358ft	☐	Tom Liath	S	2269ft	☐
Tom Liath	S	2093ft	☐	Tom Liath	0Tu	157ft	☐
Tom Liath	3Tu	1175ft	☐	Tom Meadhoin	M	2037ft	☐
Tom Molach	3Tu	1214ft	☐	Tom Mor	2Tu	922ft	☐
Tom Mor	4Tu	1588ft	☐	Tom Mor	2Tu	935ft	☐

Tom Mor	3Tu	1234ft	☐	Tom Mor	4Tu	1358ft ☐
Tom na Bat	D	1726ft	☐	Tom na Beidig Mhoir	1Tu	594ft ☐
Tom na Caillich	S	2313ft	☐	Tom na Corr Laraich	1Tu	354ft ☐
Tom na Dubh Ghlaic	1Tu	358ft	☐	Tom na Gabhar	D	1663ft ☐
Tom na h-Eilde	1Tu	636ft	☐	Tom na h-Eilde	1Tu	528ft ☐
Tom na h-Eilde	0Tu	223ft	☐	Tom na h-Iolaire	1Tu	381ft ☐
Tom na h-Uraich	1Tu	335ft	☐	Tom na Laimh	2Tu	951ft ☐
Tom na Nigheanan	0Tu	279ft	☐	Tom na Nigheanan North Top	0Tu	220ft ☐
Tom na Sealga	2Tu	892ft	☐	Tom na Slaite	H	1398ft ☐
Tom na Sroine	MuT	3014ft	☐	Tom na Vowin	3Tu	1188ft ☐
Tom nam Fitheach	M	904ft	☐	Tom nam Peathraichean	2Tu	741ft ☐
Tom nan Aighean	1Tu	472ft	☐	Tom nan Clag	0Tu	282ft ☐
Tom nan Eildean	1Tu	531ft	☐	Tom nan Eildean West Top	1Tu	499ft ☐
Tom nan Gabhar	SuD	1880ft	☐	Tom nan Gaothairean	U	502ft ☐
Tom Odhar	SuD	1913ft	☐	Tom Odhar	0Tu	325ft ☐
Tom Odhar	U	597ft	☐	Tom Port Phadruig	0Tu	135ft ☐
Tom Rathail	3Tu	1007ft	☐	Tom Ruigh na Beiste	3Tu	1060ft ☐
Tom Soilleir	3Tu	1204ft	☐	Tom Trumper	SuD	1909ft ☐
Tom Uaine	3Tu	1178ft	☐	Tom Uaine Mor	1Tu	512ft ☐
Tomachallich	2Tu	807ft	☐	Toman Coinich	S	2828ft ☐
Toman Coinnich	MuT	3073ft	☐	Tombreck Hill	3Tu	1043ft ☐
Tomfarclas Hill	3Tu	1053ft	☐	Tomich	2Tu	722ft ☐
Tomnabhal	D	1811ft	☐	Tomnahurich	0Tu	230ft ☐
Tomont Hill	D	1654ft	☐	Tom's Cairn	3Tu	1017ft ☐

Tomtain	4Tu	1486ft	☐	Tomvaich Hill	2Tu	912ft	☐
Tonga	1Tu	492ft	☐	Tonga Stack	0Tu	108ft	☐
Tooa Stack	0Tu	121ft	☐	Top of Hellia	2Tu	951ft	☐
Top of the Battery	S	2572ft	☐	Top of the Fell	1Tu	606ft	☐
Tops of Craigeazle	4Tu	1598ft	☐	Tops of Fichell	D	1896ft	☐
Tor Hill	2Tu	713ft	☐	Tor of Craigoch	1Tu	410ft	☐
Tor of Suie	SuD	1706ft	☐	Toraraidh Beag	3Tu	1089ft	☐
Torbay Hill	1Tu	370ft	☐	Torbraehead	4Tu	1312ft	☐
Torchuaig Hill	3Tu	1047ft	☐	Tore Hill	3Tu	1109ft	☐
Torfichen Hill	4Tu	1535ft	☐	Torglass Hill	1Tu	544ft	☐
Torgur	0Tu	164ft	☐	Torkatrine Hill	1Tu	331ft	☐
Torlum	M	1292ft	☐	Tormain	1Tu	482ft	☐
Tormollan Hill	2Tu	860ft	☐	Tor-na-Uinnseann	0Tu	167ft	☐
Torphins Hill	U	615ft	☐	Torr a' Bhealaich	3Tu	1217ft	☐
Torr a' Bhealaidh	2Tu	725ft	☐	Torr a' Bheannain	2Tu	850ft	☐
Torr a' Bheithe	0Tu	302ft	☐	Torr a' Bhlarain	0Tu	279ft	☐
Torr a' Bhradain	U	213ft	☐	Torr a' Bhuill Leith	1Tu	387ft	☐
Torr a' Chail	1Tu	476ft	☐	Torr a' Challtuinn	4Tu	1473ft	☐
Torr a' Char	3Tu	1211ft	☐	Torr a' Charsair	2Tu	673ft	☐
Torr a' Chleibh	U	879ft	☐	Torr a' Choilich	0Tu	118ft	☐
Torr a' Choiltreich	1Tu	384ft	☐	Torr a' Choit	2Tu	791ft	☐
Torr a' Choit	0Tu	322ft	☐	Torr a' Chronain	2Tu	758ft	☐
Torr a' Ghamhna	1Tu	390ft	☐	Torr a' Gheoidh	1Tu	446ft	☐
Torr a' Ghoai	4Tu	1424ft	☐	Torr a' Mhealain	0Tu	151ft	☐

Torr a' Mhuillir	0Tu	282ft	☐	Torr a' Phloda	0Tu	318ft	☐
Torr Achilty	M	827ft	☐	Torr Alvie	H	1175ft	☐
Torr an Daimh	2Tu	896ft	☐	Torr an Daimh	1Tu	397ft	☐
Torr an Dubh Uidh	1Tu	381ft	☐	Torr an Eas	1Tu	636ft	☐
Torr an Eas Mor	2Tu	669ft	☐	Torr an Eilein	1Tu	351ft	☐
Torr an Fhamhair	H	627ft	☐	Torr an Fhiuch	1Tu	430ft	☐
Torr an Lair	0Tu	223ft	☐	Torr an Lochain	1Tu	394ft	☐
Torr an t-Sagairt	2Tu	823ft	☐	Torr an t-Sagairt	0Tu	276ft	☐
Torr an Tuirc	1Tu	548ft	☐	Torr an Tuirc	1Tu	502ft	☐
Torr Appin	0Tu	223ft	☐	Torr Beag	2Tu	712ft	☐
Torr Breabaig	1Tu	331ft	☐	Torr Breac	3Tu	1181ft	☐
Torr Chonneil	3Tu	1070ft	☐	Torr Chruidh	4Tu	1614ft	☐
Torr Dhamh	2Tu	961ft	☐	Torr Dubh Mor	1Tu	646ft	☐
Torr Eanachair	2Tu	945ft	☐	Torr Fada	0Tu	285ft	☐
Torr Garbh	1Tu	335ft	☐	Torr Ghabhsgabhaig	0Tu	302ft	☐
Torr Hill	0Tu	171ft	☐	Torr Leathann	S	2090ft	☐
Torr Liath	1Tu	492ft	☐	Torr Lochan a' Chleirich	0Tu	203ft	☐
Torr Luinngeanach	0Tu	253ft	☐	Torr Meadhonach	3Tu	1089ft	☐
Torr Mhor	4Tu	1358ft	☐	Torr Mor	H	449ft	☐
Torr Mor	D	1647ft	☐	Torr Mor	2Tu	948ft	☐
Torr Mor	0Tu	266ft	☐	Torr Mor	3Tu	1007ft	☐
Torr Mor	1Tu	512ft	☐	Torr Mor	1Tu	377ft	☐
Torr Mor	1Tu	467ft	☐	Torr Mor	0Tu	312ft	☐
Torr Mor	0Tu	285ft	☐	Torr Mor	0Tu	210ft	☐

Torr Mor	0Tu	266ft	☐	Torr Mor	0Tu	259ft	☐
Torr Mor	0Tu	236ft	☐	Torr Mor	0Tu	230ft	☐
Torr Mor	0Tu	190ft	☐	Torr Mor	0Tu	295ft	☐
Torr Mor	1Tu	489ft	☐	Torr Mor	1Tu	449ft	☐
Torr Mor	0Tu	305ft	☐	Torr Mor	3Tu	1098ft	☐
Torr Mor (Little Colonsay)	0Tu	203ft	☐	Torr Mor Ghaoideil	1Tu	509ft	☐
Torr Mor NE Top	0Tu	243ft	☐	Torr na Ba	0Tu	239ft	☐
Torr na Carraidh	1Tu	404ft	☐	Torr na Coille	0Tu	177ft	☐
Torr na Cuinneige	0Tu	177ft	☐	Torr na Garbole	4Tu	1539ft	☐
Torr na h-Agha	0Tu	230ft	☐	Torr na h-Annaid	0Tu	279ft	☐
Torr na h-Insse	0Tu	210ft	☐	Torr na h-Iolaire	D	1752ft	☐
Torr na h-Iolaire	1Tu	545ft	☐	Torr na h-Iolaire Far South Top	SuD	1731ft	☐
Torr na h-Iolaire NW Top	1Tu	518ft	☐	Torr na h-Iolaire South Top	SuD	1736ft	☐
Torr na h-Iolaire West Top	D	1722ft	☐	Torr na h-Uamha	4Tu	1368ft	☐
Torr na Leig	1Tu	404ft	☐	Torr na Maille	1Tu	653ft	☐
Torr na Sealga	0Tu	285ft	☐	Torr na Truime	3Tu	1122ft	☐
Torr nan Con	1Tu	364ft	☐	Torr nan Damh	4Tu	1357ft	☐
Torr nan Damhan	1Tu	371ft	☐	Torr nan Earban	2Tu	909ft	☐
Torr nan Gabhar	2Tu	787ft	☐	Torr nan Gamhainn	0Tu	200ft	☐
Torr Nead an Eoin	3Tu	1066ft	☐	Torr Neasan-tulaich	3Tu	1243ft	☐
Torr Paiteag	3Tu	1004ft	☐	Torr Port a' Bhata	1Tu	358ft	☐
Torr Righ Mor	H	449ft	☐	Torr Shamadalain	0Tu	217ft	☐
Torr Shelly	3Tu	1007ft	☐	Torr Wood	1Tu	342ft	☐
Torran Beithe	3Tu	1001ft	☐	Torran na Mointich	1Tu	341ft	☐

Torran nam Mial	1Tu	548ft	☐	Torran nan Clach Boga	1Tu	427ft ☐
Torran Ruadh	SuD	1690ft	☐	Torran Turach	2Tu	745ft ☐
Torran Turach	1Tu	417ft	☐	Torrnarock	3Tu	990ft ☐
Torrs	4Tu	1391ft	☐	Torrs Hill	0Tu	299ft ☐
Torry	0Tu	167ft	☐	Torsa	0Tu	203ft ☐
Torsacleit	2Tu	669ft	☐	Torwhinnoch Hill	1Tu	446ft ☐
Tosgaram	2Tu	860ft	☐	Touchadam Craig	1Tu	558ft ☐
Tourie Hill	0Tu	325ft	☐	Touting Birks Hill	2Tu	781ft ☐
Toward Hill	3Tu	1043ft	☐	Tower Hill	1Tu	528ft ☐
Tower Hill	0Tu	318ft	☐	Toxsidehill	U	984ft ☐
Trahenna Hill	M	1801ft	☐	Trancie Hill	3Tu	1083ft ☐
Traprain Law	H	725ft	☐	Trealabhal	1Tu	397ft ☐
Trilleachan Slabs	S	2516ft	☐	Trinneabhal	1Tu	650ft ☐
Tripslaw Hill	2Tu	702ft	☐	Triuirebheinn	M	1171ft ☐
Troisgeach	S	2405ft	☐	Trolamul	H	1099ft ☐
Trollabhal	M	2303ft	☐	Trondra	0Tu	200ft ☐
Troney Hill	2Tu	758ft	☐	Tronshaw Hill	3Tu	1152ft ☐
Trosgiche	D	1716ft	☐	Trostan Hill	dDot	2024ft ☐
Trostan Hill	3Tu	1099ft	☐	Troston Hill	2Tu	696ft ☐
Troston Hill	3Tu	1293ft	☐	Troweir Hill	H	970ft ☐
Trowgrain Middle	Dot	2060ft	☐	Truagh Mheall	4Tu	1352ft ☐
Tudhope Hill	D	1965ft	☐	Tulach Hill	H	1542ft ☐
Tullich Hill	M	2073ft	☐	Tullich Hill	S	2238ft ☐
Tullich Hill	0Tu	177ft	☐	Tullo Hill	H	1037ft ☐

Tulm Island	0Tu	108ft	☐	Tumblin Hill	0Tu	302ft	☐
Tup Knowe	3Tu	1007ft	☐	Tur Mor	1Tu	358ft	☐
Turaraich	0Tu	312ft	☐	Turgeny	3Tu	1168ft	☐
Turin Hill	M	827ft	☐	Turkey Hill	4Tu	1604ft	☐
Turla	0Tu	112ft	☐	Turn Hill	SuD	1736ft	☐
Turnaichaidh	H	558ft	☐	Turnal Rock	1Tu	436ft	☐
Turner Cleuch Law	M	1808ft	☐	Turnhouse Hill	D	1660ft	☐
Tushielaw	4Tu	1427ft	☐	Twarri Field	2Tu	749ft	☐
Twatt Hill	0Tu	302ft	☐	Tweedhopefoot Rig	4Tu	1348ft	☐
Twelve Hours Tower	2Tu	689ft	☐	Twenty Shilling Hill	1Tu	479ft	☐
Twistin Hill	SuS	2376ft	☐	Tynron Doon	2Tu	951ft	☐
Tyrebagger Hill	H	820ft	☐	Uabhal Mor	3Tu	1175ft	☐
Uamascleit	2Tu	922ft	☐	Uamh Bheag	M	2184ft	☐
Uamh Bheag East Top	U	2177ft	☐	Uamh Dhonn Stack	0Tu	115ft	☐
Uamh Mhor	1Tu	453ft	☐	Uchd a' Chlarsair	S	2593ft	☐
Uchd Mhurcadh	1Tu	436ft	☐	Uchd Mor	1Tu	643ft	☐
Uidh Bhatarsaigh	0Tu	157ft	☐	Uineabhal	H	459ft	☐
Uisgneabhal Beag	SuD	1716ft	☐	Uisgneabhal Mor	M	2392ft	☐
Uisinis	M	1227ft	☐	Uisinis North Top	3Tu	1217ft	☐
Ulabhal	S	2162ft	☐	Ullioch Hill	1Tu	487ft	☐
Under Saddle Yoke	H	2444ft	☐	Upper Coire Faoin Stack	SuD	1693ft	☐
Upper Hill	D	1772ft	☐	Upper Oliver Dod	4Tu	1608ft	☐
Upper Tarnberry	SuD	1811ft	☐	Urda Stack	0Tu	115ft	☐
Urit Hill	4Tu	1480ft	☐	Urrall Fell	1Tu	604ft	☐

Uyea	0Tu	230ft	☐	Uynarey	0Tu	118ft	☐
Vaasetter	1Tu	361ft	☐	Vaharal Mor	0Tu	230ft	☐
Valla Field	M	709ft	☐	Vats Houllands	0Tu	217ft	☐
Ven Law	U	1070ft	☐	Venchen Hill	H	883ft	☐
Vertish Hill	2Tu	856ft	☐	Vesta Skerry	0Tu	157ft	☐
Vestra Fiold	H	423ft	☐	Vinquin Hill	1Tu	328ft	☐
Vinquoy Hill	0Tu	249ft	☐	Virda	0Tu	184ft	☐
Virda Field	0Tu	285ft	☐	Virda Stane Hill	0Tu	256ft	☐
Virdi Field	1Tu	469ft	☐	Virdick	1Tu	331ft	☐
Virdins	0Tu	240ft	☐	Vishall Hill	0Tu	299ft	☐
Vord Hill	M	522ft	☐	Vord Hill	1Tu	394ft	☐
Wag Hill	2Tu	840ft	☐	Waggle Hill	O	584ft	☐
Walkerhill	1Tu	440ft	☐	Wall Hill	1Tu	351ft	☐
Wallace's Hill	4Tu	1509ft	☐	Wallace's Rig	2Tu	881ft	☐
Walton Hill	1Tu	617ft	☐	Wanders Knowe	4Tu	1614ft	☐
Wanlock Dod	D	1811ft	☐	Warb Law	H	922ft	☐
Warbister Hill	0Tu	135ft	☐	Ward Hill	M	722ft	☐
Ward Hill	M	1578ft	☐	Ward Hill	2Tu	883ft	☐
Ward Hill	1Tu	650ft	☐	Ward Hill	3Tu	1270ft	☐
Ward Hill (Eday)	H	335ft	☐	Ward Hill (S. Ronaldsay)	H	390ft	☐
Ward Hill (Shapinsay)	0Tu	210ft	☐	Ward Law	M	1949ft	☐
Ward Law	4Tu	1381ft	☐	Ward Law	0Tu	315ft	☐
Ward Law	4Tu	1581ft	☐	Ward of Breiwick	0Tu	272ft	☐
Ward of Bressay	M	741ft	☐	Ward of Browland	1Tu	328ft	☐

Ward of Burraland	0Tu	236ft	☐	Ward of Clett	H	400ft	☐
Ward of Colsay	0Tu	144ft	☐	Ward of Culswick	1Tu	390ft	☐
Ward of Dragon-ness	0Tu	312ft	☐	Ward of Gairsay	H	335ft	☐
Ward of Greenmow	0Tu	148ft	☐	Ward of Hostigates	0Tu	220ft	☐
Ward of Laxfirth	0Tu	318ft	☐	Ward of Loomishun	0Tu	249ft	☐
Ward of Millderness	0Tu	187ft	☐	Ward of Mioness	0Tu	157ft	☐
Ward of Outrabister	0Tu	295ft	☐	Ward of Reawick	1Tu	377ft	☐
Ward of Redland	2Tu	686ft	☐	Ward of Scollan	1Tu	348ft	☐
Ward of Scousburgh	M	863ft	☐	Ward of Setter	0Tu	217ft	☐
Ward of Silwick	0Tu	305ft	☐	Ward of Symbister	0Tu	203ft	☐
Ward of Virdaskule	0Tu	308ft	☐	Wardlaw Hill	4Tu	1631ft	☐
Wardlaw Hill	1Tu	481ft	☐	Wardmoor Hill	3Tu	1197ft	☐
Wards of Mucklure	0Tu	203ft	☐	Warklaw Hill	2Tu	912ft	☐
Warlaw Hill	3Tu	1110ft	☐	Warth Hill	1Tu	407ft	☐
Warthill	0Tu	289ft	☐	Watch Craig	4Tu	1624ft	☐
Watch Craig	0Tu	200ft	☐	Watch Craig	3Tu	1122ft	☐
Watch Knowe	S	1985ft	☐	Watch Law	SuD	1709ft	☐
Watch Law	3Tu	1168ft	☐	Waterhead	H	1552ft	☐
Waterside Hill	1Tu	564ft	☐	Waterside Hill	1Tu	367ft	☐
Waterstein Head	2Tu	971ft	☐	Watherston Hill	4Tu	1358ft	☐
Waughton Hill	M	768ft	☐	Wauk Hill	M	1171ft	☐
Waukmill Hill	2Tu	748ft	☐	Wedder Dod	4Tu	1509ft	☐
Wedder Dod	4Tu	1460ft	☐	Wedder Dodd SE Top	4Tu	1398ft	☐
Wedder Hill	SuD	1959ft	☐	Wedder Hill	H	1422ft	☐

Wedder Lairs	4Tu	1542ft	☐	Wedder Law	H	2205ft ☐
Wedder Law	4Tu	1460ft	☐	Wee Hill of Craigmulloch	4Tu	1401ft ☐
Wee Hill of Glenmount	3Tu	1076ft	☐	Wee Queensberry	D	1680ft ☐
Weem Hill	D	1644ft	☐	Weisdale Hill	H	853ft ☐
Weisdale Hill North Top	2Tu	801ft	☐	Well Hill	M	1988ft ☐
Well Hill	SuD	1801ft	☐	Wellgrain Dod	H	1815ft ☐
Wellshot Hill	4Tu	1398ft	☐	Welshie Law	D	1654ft ☐
West Cairn Hill	H	1844ft	☐	West Corrie Top	SuS	2685ft ☐
West Dron Hill	2Tu	961ft	☐	West Foredibban	4Tu	1489ft ☐
West Girt Hill	SuD	1693ft	☐	West Hill	0Tu	194ft ☐
West Hill	1Tu	433ft	☐	West Hill	4Tu	1489ft ☐
West Hill	2Tu	791ft	☐	West Hill (Auskerry)	SIB	59ft ☐
West Hill (Graemsay)	0Tu	203ft	☐	West Hill of Ham	0Tu	322ft ☐
West Hills	1Tu	650ft	☐	West Hurker	U	98ft ☐
West Kip	D	1808ft	☐	West Knock	S	2263ft ☐
West Knowe	S	2201ft	☐	West Linga	0Tu	171ft ☐
West Lomond	M	1713ft	☐	West Mains Hill	2Tu	951ft ☐
West Meur Gorm Craig	MuT	3357ft	☐	West Schurroch	2Tu	801ft ☐
West Stack of Sandwick	0Tu	108ft	☐	West Wirren	SuS	2060ft ☐
Wester Balloch	S	2644ft	☐	Wester Clett	0Tu	167ft ☐
Wester Craiglockhart Hill	1Tu	577ft	☐	Wester Dod	H	1365ft ☐
Wester Hill	S	2096ft	☐	Wester Hill	2Tu	835ft ☐
Wester Leochel Hill	3Tu	1178ft	☐	Wester Quarff Field	1Tu	469ft ☐
Wester Top	D	1938ft	☐	Wester Watery Knowe	S	2495ft ☐

Name	Class	Height		Name	Class	Height	
Westhill	2Tu	699ft	☐	Wether Hill	M	1749ft	☐
Wether Hill	H	892ft	☐	Wether Hill	H	1650ft	☐
Wether Hill	3Tu	1099ft	☐	Wether Law	M	1572ft	☐
Wether Law	D	1703ft	☐	Wether Law	D	1670ft	☐
Wetherhorn Hill	D	1713ft	☐	Whaup Knowe	SuD	1722ft	☐
Whin Hill	1Tu	399ft	☐	Whinney Hill	1Tu	538ft	☐
Whirl Rig	3Tu	1119ft	☐	Whirly Kips	1Tu	548ft	☐
Whita Hill	3Tu	1165ft	☐	Whitchesters Hill	2Tu	850ft	☐
White Caterthun	H	984ft	☐	White Cleuch Hill	dDot	2005ft	☐
White Coomb	M	2694ft	☐	White Fell	2Tu	938ft	☐
White Grunafirth	M	568ft	☐	White Hill	S	2548ft	☐
White Hill	H	469ft	☐	White Hill	H	1309ft	☐
White Hill	SuS	1986ft	☐	White Hill	U	496ft	☐
White Hill	4Tu	1532ft	☐	White Hill	2Tu	856ft	☐
White Hill	1Tu	591ft	☐	White Hill	2Tu	741ft	☐
White Hill	4Tu	1575ft	☐	White Hill	4Tu	1440ft	☐
White Hill	M	819ft	☐	White Hill	4Tu	1444ft	☐
White Hill	4Tu	1352ft	☐	White Hill	3Tu	1240ft	☐
White Hill	3Tu	1020ft	☐	White Hill	3Tu	991ft	☐
White Hill	2Tu	982ft	☐	White Hill	2Tu	948ft	☐
White Hill	2Tu	860ft	☐	White Hill	2Tu	712ft	☐
White Hill of Terregles	U	694ft	☐	White Law	4Tu	1375ft	☐
White Law	4Tu	1368ft	☐	White Law	3Tu	1060ft	☐
White Meldon	M	1401ft	☐	White Shank	Dot	2039ft	☐

White Top	2Tu	896ft	☐	White Top of Culreoch	M	1129ft	☐
Whiteash Hill	2Tu	869ft	☐	Whitecairn Hill	2Tu	912ft	☐
Whitecamp Brae	D	1791ft	☐	Whitecastle Hill	2Tu	883ft	☐
Whitecleuch Fell	3Tu	1289ft	☐	Whitefield Hill	4Tu	1467ft	☐
Whitehill	U	473ft	☐	Whitehill Head	3Tu	1007ft	☐
Whitehope Heights	H	2090ft	☐	Whitehope Knowe	dDot	2011ft	☐
Whitehope Law	S	2044ft	☐	Whitekirk Hill	0Tu	252ft	☐
Whiteknowe Head	SuD	1683ft	☐	Whitelaw Brae	SuD	1893ft	☐
Whitelaw Hill	4Tu	1572ft	☐	Whitelaw Hill	1Tu	587ft	☐
Whitelaws	D	1670ft	☐	Whitelee Hill	2Tu	929ft	☐
Whiteside	4Tu	1581ft	☐	Whiteside Edge	D	1795ft	☐
Whiteside Hill	H	1818ft	☐	Whiteside Hill	H	1450ft	☐
Whiteside Hill	1Tu	587ft	☐	Whiteside Hill	4Tu	1444ft	☐
Whiteside Law	H	1490ft	☐	Whitespots Hill	1Tu	604ft	☐
Whitewisp Hill	S	2110ft	☐	Whitmuir Plantation	2Tu	923ft	☐
Whitslade Hill	3Tu	1197ft	☐	Whyntie Hill	0Tu	285ft	☐
Wiay	0Tu	200ft	☐	Wide Hope Shank	4Tu	1532ft	☐
Wideford Hill	M	738ft	☐	Wideopen Hill	3Tu	1207ft	☐
Wigg Knowe	4Tu	1611ft	☐	Wildgoose Hill	3Tu	1102ft	☐
Wildshaw Hill	3Tu	1230ft	☐	William Law	4Tu	1317ft	☐
Willieanna	4Tu	1411ft	☐	Willowgrain Hill	D	1690ft	☐
Willowgrain Hill West Top	4Tu	1594ft	☐	Will's Hill	2Tu	886ft	☐
Wilson's Hill	3Tu	1056ft	☐	Wiltonburn Hill	2Tu	925ft	☐
Wind Fell	S	2182ft	☐	Windford Dub Hill	1Tu	584ft	☐

Name	Class	Height		Name	Class	Height
Windgate Bank	SuD	1844ft	☐	Windlestraw Law	M	2163ft	☐
Windlestraw Law	4Tu	1627ft	☐	Windshiel Hill	2Tu	974ft	☐
Windy Dod	4Tu	1391ft	☐	Windy Hill	M	912ft	☐
Windy Hill	3Tu	1037ft	☐	Windy Hill	0Tu	197ft	☐
Windy Law	3Tu	1129ft	☐	Windy Standard	M	2290ft	☐
Windy Standard	H	1762ft	☐	Windyheads Hill	H	758ft	☐
Windyrise	4Tu	1519ft	☐	Wintercleuch Fell	D	1804ft	☐
Winton Hill	1Tu	433ft	☐	Wishach Hill	4Tu	1388ft	☐
Wisp Hill	M	1952ft	☐	Witch Craig	2Tu	942ft	☐
Withi Gill	3Tu	1188ft	☐	Woden Law	4Tu	1384ft	☐
Wolf Craig	S	2346ft	☐	Wolfelee Hill	3Tu	1289ft	☐
Wolf's Knowe	1Tu	600ft	☐	Wood Hill	1Tu	390ft	☐
Wood Hill	0Tu	171ft	☐	Wood Hill	3Tu	1096ft	☐
Woodbus Fell	U	1480ft	☐	Woodcock Air	1Tu	423ft	☐
Wooden Hill	1Tu	650ft	☐	Woodhead Hill	M	846ft	☐
Woodhead Hill	U	466ft	☐	Woodheads Hill	1Tu	643ft	☐
Woodheads Hill	3Tu	994ft	☐	Woodstone Hill	1Tu	600ft	☐
Woodycleuch Dod	D	1765ft	☐	Wool Law	D	1812ft	☐
Worm Hill	H	1775ft	☐	Wormadale Hill	1Tu	499ft	☐
Wrae Hill	3Tu	1010ft	☐	Wuddy Law	1Tu	433ft	☐
Wull Muir	4Tu	1421ft	☐	Wylies Hill	S	1996ft	☐
Wyndburgh Hill	D	1663ft	☐	Wyre	0Tu	105ft	☐
Yadburgh Hill	4Tu	1555ft	☐	Yamna Field	1Tu	531ft	☐
Yardstone Knowe	D	1683ft	☐	Yarn Cole	0Tu	102ft	☐

Yarngallows Knowe	4Tu	1562ft	☐	Yearngill Head	D	1804ft	☐
Yellow Hill	2Tu	656ft	☐	Yellow Stack	0Tu	148ft	☐
Yetholm Law	2Tu	761ft	☐	York Tower	1Tu	338ft	☐